Wolfgang von Wangenheim

Der verworfene Stein
Winckelmanns Leben

Wolfgang von Wangenheim

Der verworfene Stein

Winckelmanns Leben

Matthes & Seitz Berlin

Inhalt

Der Mann, dessen Geschichte hier erzählt werden soll, war berühmt schon zu Lebzeiten. Sein Werk hat Epoche gemacht; sein Leben hat Aufsehen erregt. Er war Schriftsteller: er schrieb Aufsätze und Bücher über Kunst, Stil, Geschmack; Auskunft über seine Person gab er in zum Teil ausführlichen Briefen, von denen fast tausend erhalten sind, dazu Vorarbeiten zu einer Autobiographie. Alle diese Umstände laden ein zur literarischen Darstellung. Die hier vorgelegte Biographie ist nicht die erste; neu aber ist ihre Perspektive.

Sie orientiert sich an der eigentümlichen Spannung zwischen Werk und Leben. Das eine galt der Wiederentdeckung und Neubewertung der Kunst der klassischen Antike — das andere wurde bestimmt und weitgehend getragen von Institutionen des Christentums. Sinnbild für die Leistung dieses Mannes und die von ihm ausgehaltene Spannung ist der von ihm beispielhaft beschriebene *Torso* im Belvedere zu Rom (Herkules). Der Titel des vorliegenden Buches weist auf die berühmte Skulptur und ihre inspirierte Deutung; er stammt aus einem epischen Gedicht jüngerer Zeit zum ehrenden Gedenken des Deuters selbst. Da heißt es am Schluß:

UND DER VERWORFNE STEIN

WIRD STEIN DER ECKE.

9

In Psalm 118, einem Dankgebet an Gott für erlittene Demütigung und anschließend erfahrene Hilfe, findet sich Vers 22, folgendes Gleichnis: „Der Stein, den die Bauleute verworfen haben, ist zum Eckstein geworden."

Die Kinder Israels errichteten größere Bauten aus Feldsteinen; um Wände und Türen mit geraden Ecklinien zu erzielen, mußten mit großer Mühe Kanten gehauen werden. Bisweilen aber bietet die Natur Steine mit passender Kante. Wenn nun ein solcher bereitliegt, der Fachmann ihn jedoch, den genau passenden, den durch seine Form ausgezeichneten, nicht verwendet? Dann bedarf der verkannte Stein, um in die ihm zustehende prominente Position aufzusteigen, der Erwählung durch eine höhere Macht.

Der Psalmist artikuliert die Zuversicht, daß Israel von seinem Gott trotz mancher Demütigung „auserwählt" sei. In den Evangelien wird sein Satz aktualisiert: Jesus zitiert ihn nach seinem Einzug in Jerusalem, um seiner geschmähten Anhängerschaft Mut zu machen; Petrus und Paulus wiederum deuten ihn, nach Jesu Kreuzigung, als Voraussage seiner eigenen Himmelfahrt. Diesen bedeutungsschweren Satz nun legt der Schriftsteller und Philologe Max Kommerell, aus der Perspektive des Jahrzehnts nach dem Ersten Weltkrieg, Winckelmann in den Mund. Auch dessen Herkunft war dürftig, auch seine Wirkung gewaltig; auch er starb eines gewaltsamen Todes und wird nicht zuletzt darum von der Nachwelt zu den „Unsterblichen" gezählt. Doch spricht er hier nicht als „Erlöser", sondern, passend zu seinem Vornamen, als dessen „Johannes".

Kommerell stand dem Kreis um den Lyriker Stefan George nahe, mit dem er den Wunsch nach einer „Wiedergeburt" Deutschlands, nach Rückbesinnung auf dessen vermeintliche Wurzeln teilte. In Konkurrenz zu den Franzosen, die sich auf ihre Abstammung von den lateinisch geprägten Galliern berufen, konstruierte diese Schule eine Herkunft der Deutschen aus dem antiken Griechenland. Den Grund hierzu, den die Geschichte nicht liefert, suchte und fand sie in jenem Manne, der im 18. Jahrhundert als Deutscher der Welt die griechische Kunst erschloß, wozu er nur deswegen fähig war, weil – so die Hypothese – er selber ein Grieche war, und zwar ein antiker.

Dazu war er qualifiziert, wie bereits Herder und Goethe meinten, nicht nur durch seine profunde Kenntnis der Sprache, Geschichte, Literatur und Kunstliteratur, sondern vor allem durch seine Befähigung, im Erotischen zu fühlen „wie die Griechen". Zum sozialen Schema von unten und oben tritt so das moralische von verwerflich und vorbildhaft. In ihm gründet die Nähe des Georgekreises zum Griechentum, nämlich in der „griechischen" Liebe, jener Ausprägung des Sexuellen, die von den Autoren der Bibel auf das schärfste verworfen, von den Griechen der Antike aber gepflegt, ja regelrecht kultiviert worden war. Und nun war ihr in diesem Mann der Neuzeit wieder ein Fürsprecher erwachsen, der sie an Werken der klassischen Dichtung und der bildenden Kunst dingfest machte und darüber hinaus sich selber zu erkennen gab als Sympathisant!

Das war gefährlich und zeugt von Mut. Manche Zeitgenossen werden es ihm gedankt haben; den meisten muß Offenheit in diesem Punkt peinlich gewesen sein; nicht wenige haben reagiert mit Spott und Verachtung. Gegen solche Verachtung setzte Stefan George seinen hochfahrenden Dichterton, gegen sie mußte Kommerell mit starken Worten ankämpfen. Deshalb geht der Erzählung von Winckelmanns ungewöhnlichem Leben die Geschichte der gewöhnlichen Verachtung voraus. Sie gehört zur Sache.

Verachtung ist die symbolische Vernichtung eines Gegenübers, vollzogen von der Instanz des Gefühls. Um dessen individuellen und kollektiven Ausdruck geht es, um das Auf und Ab der Bewertung, um Schimpf und Schande, Lust und Lorbeer. Es geht speziell um den Nutzen der Antike für die Lebensführung, allgemein um die Selbstbehauptung eines Menschen als Akt der Aufklärung.

Einführung

Der Name stand einmal für eine Epoche. *Winckelmann und sein Jahrhundert* lautet der Titel von Goethes Gedenkbuch. *Winckelmann und seine Zeitgenossen* überschrieb Carl Justi, einer der Gründerväter des akademischen Lehrfaches Kunstgeschichte, seine dreibändige Biographie. Bekannt und berühmt wurde Winckelmann 1755 durch die Publikation eines Essays über Kunstbetrachtung. Sein Hauptwerk, die 1764 erschienene *Geschichte der Kunst des Alterthums*, wurde begeistert aufgenommen und in mehrere Sprachen übersetzt; bald schon galt es der auf ihm fußenden Wissenschaft als überholt und dem Publikum als verstaubt; doch die Diskussion darüber hält bis heute an. Darüber hinaus animiert die Geschichte dieses Lebens bis zum heutigen Tage Erzähler in aller Welt zur Nachdichtung. Denn Winkkelmann hat wie niemand zuvor in der deutschen Sprache Auskunft gegeben über sich selbst, über seine seelische und seine erotische Disposition, und dies zu einer Zeit, in der Offenheit in diesen Dingen nicht ratsam, ja sogar sehr gefährlich war. Und er wurde ermordet.

Er war fünfzig Jahre alt und durch seine Tätigkeit als Kunstführer in Rom, durch seine Druckschriften und eine umfangreiche Korrespondenz vielen Zeitgenossen bekannt. Im Frühjahr 1768 hatte er eine Reise angetreten, die ihn zu deutschen Freunden und Fürsten führen sollte; doch bei der Fahrt durch die Alpen war er schwermütig geworden und in Wien ernsthaft erkrankt. Sein Begleiter setzte die Reise fort, während er allein nach Triest fuhr, von wo er per Schiff nach Ancona übersetzen wollte. Eine Woche wartete er im städtischen Hotel; dann, am Morgen der Abfahrt, reisefertig in seinem Zimmer zwischen gepackten Koffern, wird er vom Bewohner des Nachbarzimmers erstochen. Die Nachricht von seinem jähen Ende erschüttert die ganze gebildete Welt. Ausgerechnet ihm, dem Freund und Verkünder des Schönen in der Kunst, war im Leben das ganz Schreckliche widerfahren. Die Irritation wirkt bis heute nach.

Denn er war — wie soll man es sagen? Sein Jahrhundert hätte *Sodomit* sagen können. Er selber hat das so nie ausgedrückt, er hat gerade das abgestritten, wie hier sogleich zu lesen sein wird. Er hat sich dabei so beredt und gewissenhaft und gewandt und ehrlich heraus- und hineingeredet, daß die Aureole deutlich sichtbar wird. Herder und Goethe haben in ihren Nachrufen derselben Vermutung Ausdruck gegeben: daß ein solcher Tod mit einer solchen Disposition in Verbindung steht.

Nichts davon läßt sich aus den Gerichtsakten herleiten. Der bis dahin leise Verdacht, daß er so sei, wurde gleichsam spontan laut in der Literatur, nachdem er selber als offenherziger Briefschreiber den Grund hierzu gelegt hatte. Winckelmanns Briefe waren zu seinen Lebzeiten unter Freunden herumgereicht worden und wurden bald nach seinem Tode Gegenstand freundschaftlicher Publikationen, gewidmet dem ehrenden Andenken. Dabei ist manche detaillierte Mitteilung der Zensur des besorgten Empfängers zum Opfer gefallen, und furchtsame Herausgeber haben das Reduzierte noch einmal reduziert: das Geschlechtliche regelrecht „kastriren müssen"[1]. Eine einzige unzensierte Aussage ist uns erhalten, überliefert nicht von ihm selbst, sondern von einem, der seiner Neigung ein durchaus freundliches Interesse entgegenbrachte. Mit ihr soll die Darstellung beginnen.

Darauf folgen Blicke in die Briefe und Schriften sowie weitere Zeugnisse von Zeitgenossen. Dabei wird all jenes summarisch behandelt, was in Justis Biographie aus dem späten neunzehnten Jahrhundert und der von Wolfgang Leppmann von der Mitte des Zwanzigsten ausführlich dargestellt ist. Was bei diesem unzureichend und bei jenem fast gar nicht erscheint, nämlich die sexuelle Veranlagung als Ursache der gewählten Lebensweise und als Triebkraft seines Arbeitens, das ist Gegenstand dieses Buches. Deutlicher als bisher soll hervortreten, was Winckelmann persönlich an der Antike interessiert hat und wie dieses Interesse fruchtbar geworden ist in seinem Werk.

Wenn nun die hinterlassenen Schriften über das gelebte Leben in diesem einen Punkte keinen rechten Einblick gewähren, so geben sie anderseits reiche Auskunft über den geistigen und emotionalen Horizont eines Kunstforschers im 18. Jahrhundert, der Männer liebte. Wir wissen, was er gelesen hat, denn es steht, von ihm selbst säuberlich abgeschrieben, auf 7500 Seiten in Kladden und Heften. Die französische Germanistin Elisabeth Décultot hat in ihren *Untersuchungen zu Winckelmanns Exzerptheften* diesen Schatz, von dem wir bislang nur Ungenaues wußten, gehoben und ausgewertet. Darin zeigt sie, wie Winckelmann sich das, was er liest, zu eigen macht: wie für ihn das Lesen fremder Werke bereits zum autobiographischen Akt wird.

Er legt damit eine Spur, die zwar wenig über seine realen Taten und Leiden verrät, um so mehr aber über den Typus und darüber, was einem Gebildeten seiner Zeit als Reich geistiger Bewegung und Ort des Selbstentwurfs offen stand. Dazu müssen wir seine Lektüre an einigen Stellen wiederholen, und dies mit Blick sowohl auf den gelesenen Autor als auch auf ihn, der daran selber zum Autor wird. Wir müssen außerdem einige der Kunstwerke, die er beschrieben hat, betrachten und im Detail erneut beschreiben.

Manches Wichtige wiederum läßt sich nur indirekt, das heißt mit Hilfe anderer Autoren darstellen. Zum Beispiel war Winckelmann viermal in Neapel, dem Eldorado aller Bildungsreisenden mit einem Hang zu Fischerknaben. Weil er selber so wenig erzählt von dem dort Erlebten, soll es hier in einer Zusammenfassung von Berichten anderer Autoren wenigstens spiegelbildlich und als Genre erscheinen. Und manches Stichwort von ihm verlangt nach Kommentar und Exkurs, so gleich im Anschluß an die einleitende Episode, in der er sich gezwungen sieht zu einer Selbstbestimmung.

Zuerst sehen wir ihn selbst. Im siebenten Buch seiner Autobiographie *Histoire de ma vie*[2] erzählt Giacomo Casanova von seiner Begegnung mit dem Abbate Winckelmann. Das war in Rom im Jahr 1760; er selber war 35, Winckelmann 43 Jahre alt. Sie verstanden sich spontan und pflegten bis zu Casanovas Weiterreise vertrauten Umgang miteinander. Die folgende Passage bietet Antwort auf drei Fragen: Wie hat Winckelmann gelebt? Wie hat er das in Worten ausgedrückt? Worauf hat er sich zu seiner Rechtfertigung berufen? Die dritte Frage weist über die Person hinaus auf die Sache, die hier an der Person beispielhaft dargestellt werden soll.

Casanovas Bericht, Winckelmanns Kommentar

„Am nächsten Abend aß ich bei Mengs und seiner Familie. Nach Tische waren wir alle ziemlich angeheitert. Winckelmann schlug auf dem Fußboden Purzelbäume zusammen mit den männlichen und weiblichen Kindern von Mengs, die ihn heiß liebten. Dieser Gelehrte scherzte gern mit der Jugend im Stil von Anakreon und Horaz: Mille puellarum, puerorum mille furores —

Liebesglut für tausend Mädchen, tausend Jungen. Was mir eines Morgens bei ihm begegnet ist, verdient festgehalten zu werden.

Ich trete zu früher Stunde ohne anzuklopfen in sein Arbeitszimmer und sehe ihn, wie er sich rasch löst von einem jungen Burschen, der hastig seine Hosen in Ordnung bringt. Ich tue so, als hätte ich nichts gesehen, und verharre in Bewunderung vor einem ägyptischen Götterbild, das sich hinter der Tür befindet. Der *Bathyllos*, der wirklich sehr hübsch ist, verschwindet; Winkkelmann kommt lachend auf mich zu und sagt, er glaube nicht, mich, nach dem Wenigen, was ich gesehen, daran hindern zu können, auf den Rest zu schließen; doch schulde er sich selbst eine gewisse Rechtfertigung und bitte mich, diese anzuhören.

Sie müssen wissen, mein lieber Casanova, sagte er, ich bin kein Päderast, und nicht nur das. Ich habe mein Leben lang gesagt, es sei unvorstellbar, daß ein solcher Geschmack die Menschheit so sehr verführt hat. Nach dem, was Sie gesehen haben, müssen Sie mich für einen Heuchler halten. Doch es verhält sich folgendermaßen. Durch meine jahrelangen Forschungen bin ich erst zum Bewunderer, dann zum Verehrer der Alten geworden, und die waren, wie Sie wissen, fast alle *b*... und haben es nicht verheimlicht, und viele von ihnen haben den holden Gegenstand ihrer Zärtlichkeit durch Gedichte oder herrliche Standbilder unsterblich gemacht.

Als mir das klar wurde, habe ich einen Blick auf mich selber geworfen und mich klein gefühlt; ich empfand eine Art Scham darüber, daß ich in diesem Punkte meinen Helden so gar nicht glich. Ich fand mich auf Kosten meines Selbstgefühls auf eine gewisse Weise verachtenswert; und da ich meinen Unverstand nicht überwinden konnte durch die kalte Theorie, beschloß ich, mir darüber Klarheit zu verschaffen durch praktische Versuche, in der Hoffnung, durch die Analyse der Materie meinen Geist zu erhellen und zu lernen, das Wahre vom Falschen zu unterscheiden. Da ich mich nun einmal dazu entschlossen habe, arbeite ich seit drei, vier Jahren an der Sache und wähle mir dazu die schönsten *Smerdies* von Rom — ohne Erfolg. Wenn ich mich ans Werk mache, *non arrigo* — dann erigiere ich nicht. Zu meiner Verwirrung sehe ich stets, daß eine Frau in jeder Weise vorzuziehen ist. Aber ich mache mir nichts aus Frauen, und darüber hinaus fürchte ich den schlechten Ruf, denn was würde man sagen in Rom und überall, wo man mich kennt, daß ich eine Mätresse habe?"

Der Besucher hat etwas gesehen; Winckelmann weiß das und reagiert taktisch; er nimmt seine Stellung erheblich zurück und baut sie im Hinterland neu auf. Casanova wiederum ist nicht überrascht; er weiß längst davon und teilt dies im voraus mit, als Lateiner mit Blick auf einen Lateiner und den des Lateinischen kundigen Leser. Er sieht den gelehrten Herrn als lieben Onkel herumtollen mit den *bambini* Mengs — da fällt ihm, im Anblick der *puellarum* und *puerorum*, eine Zeile seines geliebten Horaz ein, der aber meint keine Kinder, sondern junges Volk, tangibel, nubil, post-pubertär in der ersten körperlichen Reife. Die Verszeile wird uns noch beschäftigen.

Casanova fällt das Zitat ein, weil er Winckelmanns Ruf bereits kennt. Der wiederum ahnt, was man von ihm sagen könnte; brieflich äußert er, es sei ihm egal, was man „über diesen Punct von mir denken möge" (591), aber vermeiden möchte er doch, sich „öffentlich selbst zu beschreyen" (667). In diesem Sinne setzt er hier gegen den groben, den vernichtenden Vorwurf die Apologie des sokratisch Liebenden: Päderast? Ich? Das kann gar nicht sein! Das zugrundeliegende griechische Wort *pais*, im Plural *paides*, bezeichnet übrigens, wie im lateinischen Beispiel, sowohl die kleinen Kinder wie auch die dem Kindesstand entwachsenen Jugendlichen. Casanova nennt in seinem Bericht den jungen Römer einen *Bathyllos* nach dem Geliebten des Dichters Anakreon: Für ihn ist die Situation eindeutig.

Wie nun zieht sich Winckelmann aus der Affäre? Die Lage scheint ernst — er lacht. In seiner Untersuchung über die Mechanik des Witzes deutet Sigmund Freud das Lachen als ein Zeichen der Erleichterung. Etwas, das eigentlich unsagbar ist, wird auf einem Umweg oder umständehalber unter leichtem Zwang doch gesagt — und akzeptiert. So auch hier. Der Augenschein klagt an, das Problem läßt sich zerlegen. Zuerst das Schimpfwort in den Raum gestellt: „Päderast!" Dazu noch einmal das Urteil der schimpfenden Mehrheit: „Ein „solcher Geschmack" — „unvorstellbar"! Unerträglich ist die Vorstellung für den, der sie auf die eigene Person anwenden muß, selbst wenn er nicht allein steht, vielmehr massenweise Mittäter heranzitieren kann, eine ganze verführte „Menschheit".

Dann kommt, was der Sodomit sein Leben lang üben muß: „Rechtfertigung". Winckelmann verwendet hier den nichtkanonischen Ausdruck, den umgangssprachlichen. Er wird das Wort voll ausgesprochen haben, und der Autor Casanova setzt voraus, daß sein Leser versteht, was er im Schriftbild ausläßt: *b*... steht für *bugiarone*, die populäre Variante zu *Sodomit*. Was er hier drei Jahrzehnte später formuliert, entnimmt er nicht nur seinem fabelhaften Gedächtnis, sondern auch den lebenslang geführten Tagebüchern. Dort sind die direkten Zitate festgehalten, darunter auch jenes drastische *non arrigo* (aus dem ein Lektor bei Brockhaus ein *non arrivo* gemacht hat, das seither durch alle Ausgaben geistert). Das Wort *Sodomit* nimmt Winckelmann als Autor nicht in den Mund.

Aber nun, welche Rechtfertigung? Es ist zum Lachen: er rechnet einfach andersrum, indem er die „Alten" einmal mehr zum eigenen Vorbild nimmt und sich selber hinstellt als Sünder wider den antiken Geist, der in seiner Schwachheit dem hohen Exempel nicht nachfolgen kann. Das erinnert an eine Szene, die sich zwei Jahrhunderte zuvor in Florenz zugetragen hatte, als der Bildhauer Benvenuto Cellini vor Cosimo di Medici und seinem ganzen Hof von seinem Konkurrenten, dem Bildhauer Bandinelli, sich anbrüllen lassen muß: „Schweig, elender Sodomit!" Es war nämlich etwas derartiges von ihm ruchbar geworden. Aber Cellini, toll-kühn, erwidert: „Du Narr! Du überschreitest alle Grenzen" – so etwas zu sagen, vor dem Fürsten! – „wollte doch Gott, ich wüßte eine so edle Kunst auszuüben. Man liest doch, daß sie Jupiter im Paradies mit Ganymed praktiziert, und hier auf Erden üben sie die größten Kaiser und Könige! Ich bin nur ein niederes und be-scheidenes Menschlein, und ich könnte nicht und wüßte nicht, wie ich mich auf eine so wunderbare Sache einlassen sollte!"[3] Wie reagieren Fürst und Hof? Sie lachen.

Winckelmann, der die Memoiren des Cellini nicht gekannt hat, war von gleicher Schlagfertigkeit. „Scham" empfindet er, sagt er, aber nicht länger die des Christenmenschen angesichts seiner Abweichung vom Pfade der Orthosexualität; er schämt sich sei-nes Ungenügens umgekehrt, nämlich in Hinblick auf die *imitatio Iovi*: Den Jupiter nachzuahmen mit seinem bildschönen troischen Mundschenk — dazu fehlt die Kraft! Nicht im Geiste, denn der ist willig. Er will ja, was kein Christ wollen darf; er schreitet zur Sündtat — da patzt das Fleisch. Es „arrigiert" nicht! Wer so spricht, der will sich nicht entlasten. Dem nimmt man Probleme mit den Folgen sexueller Verhaltung durchaus ab; Frigidität nach strenger Sexualerziehung kommt auch vor in kirchlich gesegne-ten Hochzeitsnächten. Es war gar nicht einfach, in Rom die neue Freiheit zu genießen.

Der Rest ist reine Wahrheit. In „Verwirrung" stürzt ihn der Blick der praktischen Vernunft auf die Regel, die da sagt, Frauen seien „vorzuziehen". Daß eine Mätresse seinem Ansehen nicht schaden würde in Rom, wo jeder zweite Kardinal eine hat, weiß er selbst. Er selber nimmt in die Sommerfrische, wie er in einem Brief schreibt, einen hübschen jungen Mann mit, und es schadet ihm nicht: „Niemand kanzelt mich hierüber ab" (764). Privatim kann er nämlich tun, was er will; weibliche Gesellschaft aber will er nicht, dazu fehlt ihm das grundsätzliche Interesse: „je ne m'en soucie pas", sagt er zu Casanova. Gehört er etwa zu jenen seltenen Menschen, denen es an jeglichem sexuellen Impuls mangelt? Oder was sonst wäre sein *souci*?

In seinen Briefen kommt er oft darauf zu sprechen und beläßt es stets bei Andeutungen. Wäre er alt geworden wie Casanova, er hätte sein Leben ebenfalls ausführlich beschrieben — doch kaum mit der gleichen Offenheit. Was einem Schwulen – nicht nur im 18. Jahrhundert – das Leben und das Schreiben darüber erschwerte, das sei zunächst dargestellt anhand der Schimpfnamen und einiger Exempla der Bestrafung.

Namen und Strafen

Um zu verstehen, was da verhandelt wurde zwischen zwei aufgeklärten Erotikern des 18. Jahrhunderts — um zu ermessen, was für einen von ihnen auf dem Spiel stand, bedarf es eines Blicks auf die Geschichte. Die gleichgeschlechtliche Liebe, dieses jegliche Kultur fördernde Moment der Natur, wurde von den einzelnen Kulturen unterschiedlich verstanden und behandelt, wobei sich im Grundsätzlichen zwei Richtungen abzeichnen. Im alten China, in Japan, bei den Maya und den Indianern Amerikas konnte ein Homosexueller seine Differenz ausleben; die alten Griechen stilisierten die Sonderform zeitweilig zur einzig vorzeigbaren; die Römer hielten sie verborgen als Privatsache zwischen Herr und Dienerschaft, übernahmen später das griechische Vorbild. Unter dem Kreuz hingegen hört die Liebe hier auf. Diese Religion, die das Wort *eros* nicht kennt, hat zwar mit der Propagierung der ungeschlechtlichen Nächstenliebe der Menschlichkeit eine historische Bresche geschlagen, doch sie entstammt messianischem Fanatismus und kennt daher das Böse ebenso entschieden wie das Gute; die archaische Lust am Totschlag der Nachbarhorde bewahrt sie in ihrem Haß auf den Feind: auf den Juden, auf den Heiden, auf den Schwulen.

Beginnen wir mit dem Sprachgebrauch. Im fünften Kapitel des dritten Buches seiner *Essais* stellt Montaigne sich und dem Leser die folgende Frage: „Wie kommt es, daß die Menschen vom Geschlechtsakt, der doch so natürlich, so notwendig und richtig ist, nicht ohne Scham zu reden wagen und daß er aus allem ernsthaften und ordentlichen Gespräch verbannt ist? Wir reden ungehemmt vom Töten, vom Ausrauben, vom Verratüben; und das da bleibt uns zwischen den Zähnen stecken? Heißt das nicht: Je weniger davon wir in Worten ausströmen, desto mehr schwemmt es unser Denken auf?“

Alles Sexuelle hat offenbar die Tendenz, sich dem direkten sprachlichen Ausdruck zu verweigern. Das gilt auch für die primären Geschlechtsmerkmale. Cicero hat dem Thema einen ganzen Brief gewidmet. Jacob Grimm ist ihm nachgegangen in seinem Wörterbuch-Artikel *Fotze*: „In beinahe allen sprachen werden die zeugungsglieder beider geschlechter nach dem begrif der scheu und der scham benannt“. Nur dieses eine Wort scheint ihm, wiewohl erst im Mittelhochdeutschen belegt, die sprichwörtliche Ausnahme von der Regel zu sein, denn er sehe nicht, woher es entlehnt sein könnte. Negativ formuliert lautet Grimms Regel: Die menschlichen Geschlechtsteile haben keine originäre Benennung wie „Arm“ oder „Bein“. So ist in der Tat das französische *con* aus dem lateinischen *cunnus* hervorgegangen, und dieses seinerseits muß ein anderes Wort verdrängt haben. Denn es ist eine bildhafte Entlehnung im Zusammenhang mit *cuniculus*, mit der Vorstellung von Höhle und Kaninchenbau.

Was das Geschlechtsteil des Mannes angeht, so behilft der Gebildete sich mit dem abstrakten *membrum*, „Glied“, während der Volksmund den Umweg nimmt über ein derbes Bild und *Schwanz* sagt, so wie er im Mittelalter *zagel* sagte oder *zwatzler*. Genau dasselbe bedeutet der lateinische *penis*; der griechische *phallos* ist eigentlich nichts anderes als der Holzpfahl. Dem Mann des Alten Testaments schließlich wird mit der Entfernung seiner Vorhaut, für die es ein Wort gibt, das Trägerorgan zu einem Numinosum, das er durch Nichtansprechen heilig hält wie seinen Gott.

Mit den Lust vermittelnden Körperteilen ist auch deren lustvolle Aktivierung der direkten Sprache entrückt: Das deutsche *ficken* und das englische *to fock* sind der Vorstellung des Reibens entlehnt; französisch *fouter*, italienisch *fottere* und lateinisch *futuere* gehen zurück auf das griechische *phyteuo*, welches „pflanzen" heißt und „zeugen" und „gebären". Das Substantiv *physis* kann stehen für „Geburt", „Gestalt" und „Geschlechtsteil". Die Ersatzwörter, durch den einschlägigen Gebrauch obszön geworden, sind ihrerseits ersetzt durch neue, frische, unverbrauchte, wie *fouter* durch *baiser* und *baiser* durch *faire l'amour*. Was unseren Sprachen an originären Wörtern für alles Sexuelle fehlt, das ersetzen ungezählte Bilder und Gleichnisse.

Die Sprachscheu gegenüber dem Sexuellen ist einer der Gründe für die Schwierigkeit des Benennens jener Gruppe von Menschen, deren sexuelles Verhalten von dem aller übrigen abweicht, denen gleichsam ein spezifischer Bettgeruch anhaftet. *Arschficker* sagt der Volksmund. Wo die Praxis zum Kriterium wird, gibt die Sprache so leicht kein Äquivalent für das Gemeinte her.

Montaignes zukunftweisender Gedanke, unsere Vorstellung werde durch das Sprachtabu erst richtig sexualisiert, läßt sich anwenden auf den Sonderfall: Je marginaler die Rolle der Homosexualität im öffentlichen Reden und Schreiben, desto zentraler ihr Wesen, ihr begrifflos gemutmaßtes Unwesen in den Köpfen. In dem Maße, wie sie aus dem Bereich des Ansprechens im Öffentlich-Täglichen verbannt wird, ist sie gebannt in Mythos, Dichtung, Kunst, Philosophie: ungreifbar west sie in den Köpfen; ein Schemen, ein Gespenst, das sich konkretisiert als das Scheußliche oder das Schöne, als das Schauerliche oder das Erhabene, als das Teuflische oder das Heilige. Sie ist jedenfalls immer mit von der Partie.

Grimms Formulierung „scheu und scham", abgeleitet von der griechischen *aidos*, weist auf die Bindung des Sexuellen an das Heilige. Zusammen mit der Todesangst ist Eros der große Religionsstifter; Reglementierung und Tabuisierung sind Aspekte eines einzigen und ursprünglichen Vorgangs. Unser Sexualverhalten wird mitbestimmt von frühgeschichtlichen Entscheidungen, die aufbewahrt sind und fortwirken im Gewand des Mythos. In produktive Spannung zueinander treten die beiden Aspekte des Vollzugs: die Unvernunft des Lustaktes und die Vernunft des Zeugens. Zum Bild vom Heroentum der Frühzeit gehört der uralte Männerwunsch, ohne Frauen auszukommen, der zu der Vorstellung führt von heiliger Bisexualität und vom großen Zeuger als tüchtigem Gebärer: Zeus fungiert zweimal als Leihmutter, indem er Athena in seinem Kopf austrägt und Bacchus in seinem Schenkel. Der Gott Israels macht Adam ein Kind aus dessen Rippe. Aber wie gegensätzlich sind Wertung und Weltgefühl! Der Götter-Vater triumphiert in seiner Lust — der Erdenkloß hat an den Folgen der seinen zu leiden bis an der Welt Ende. Jener ruht bei seinem Mignon aus von zauberischen Frauenjagden — dieser hält sich monogam und monotrop und schwitzt aus dem Gesicht.

Wir Mitteleuropäer berufen uns auf zwei Traditionen, die einander in Bewertung und Praxis des Sexuellen kraß widersprechen. Die altgriechische Mythenwelt und die altjüdische sind nebeneinander entstanden und durch das Christentum in Konkurrenz zueinander getreten. Zunächst hat die Bibel den Olymp verdrängt; doch dann, nach langer Latenz, begannen die Götter, dem Gott seine Universalität dort streitig zu machen, wo er, leibloser Vater — leidender Sohn, am schwächsten war: im Schönen, in der unmittelbar wirkenden leiblichen Erscheinung, im Eros.

Auch die Griechen benutzten Deckwörter für die Geschlechtsteile; sie nannten sie aidoia und die angemessene Haltung ihnen gegenüber *aidos*. Damit meinten sie freilich mehr die „Scheu" als die „Scham", mehr das Heiligen als das Wegstecken.

Denn sie zeigten jene Partien ja durchaus vor, nicht unterschiedslos alle, sondern – wie Winckelmann hervorhebt – nur die männlichen, und dies sowohl an ihrer Götter Menschenbild wie auch als integralen Bestandteil lebendig-jugendlicher Reize im öffentlichen Raum, was Winckelmann als Autor zum Enthusiasten werden ließ. *Ta paidikà* heißt „die Dinge, die sich auf Knaben beziehen"; das Wort bezeichnet den jüngeren Geliebten eines Mannes. Die Griechen waren im Erotischen ambivalent; sie unterschieden nur zwischen guter und schlechter Praxis. Die eine entsprang der freien Neigung und Gegenliebe — die andere war käuflich. Ferner gab es regionale Unterschiede darin, wie öffentlich das Private gelebt wurde; *lakonízein* und *chalkidízein* hieß, es so ostentativ zu treiben wie die Männer aus Sparta oder Chalkidike.

Den Verfassern der Bücher des Alten Testaments war alle Sexualpraxis grundsätzlich suspekt und konnte jederzeit vor dem Gott ihrer Prägung zum Gräuel werden. Anderseits war ihnen das Zeugen teuer als Voraussetzung des Bestandes ihres eigenen Volkes. Denn sie unterschieden streng zwischen Juden und Nichtjuden, und sie machten den Umgang mit Sexualität zu einem Kriterium der Zugehörigkeit. Ihre Weltgeschichte beginnt mit einem Geschlechtsakt als Treuebruch: Genesis 3. Eine frühe Hochwasser-Katastrophe deuten sie als Wiederholung: Weil „die Söhne Gottes", also Engel, bei den „Töchtern der Menschen" liegen: Genesis 6, schickt Gott als zweite Strafe die Sintflut. Und weil die Männer der Stadt Sodom Loths Gäste, zwei „Engel des Herrn" fleischlich begehren, läßt Gott als dritte Strafe auf fünf Städte „Schwefel und Feuer regnen": Genesis 19. Die Geistlichkeit einer ethnischen Minderheit dringt militant auf die innere Festigung eines Staatswesens, dessen äußere Schwäche kompensiert werden soll durch die Vorstellung von einem übernatürlichen Schützer: Wir haben den besseren Gott! Und durch ethische Abgrenzung gegenüber den Wirtsvölkern: Wir haben die besseren Sitten!

Moraltheologie: Alle Sexualität wird von Anfang an problematisiert als Verhalten gegenüber diesem Gott. Der Verkehr von Mann und Frau wird, bei großen Bedenken, legalisiert als gottgefällig, insofern er das Volk der Gottgläubigen mehrt. Die Fähigkeit der Männer zur Liebe untereinander wird gänzlich in Beschlag genommen von Gott selbst, dessen maßlose Eifersucht gegenüber konkurrierenden Göttern und Männern den Schrecken seiner uralten vulkanischen Herkunft wach hält. Seine Erfinder machen ihn zum absoluten Ausbeuter der Triebkräfte des Sexuellen und erklären Homosexualität zur Gottesfeindschaft und damit zur Staatsfeindschaft, zu Hochverrat. Sie wird zum Merkmal des Anderen, des Schlechten, des Fremden. Lot, Abrahams Neffe, ist in Sodom zugereist — mit der Hilfe Gottes werden die Einheimischen zu Exoten, zur moralischen Minderheit, die ausgelöscht gehört. Darum wird sie ausgelöscht.

Juden und Christen haben, wenn sie vom Homosexuellen sprechen, dieselbe Schriftstelle im Kopf: Erstes Buch Mose, Kapitel 19. Sie müssen nicht nur die grundsätzliche Scham und die partielle Sprachlosigkeit gegenüber allem Sexuellen respektieren, sondern obendrein den Zorn ihres Gottes und sein Gebot des Vermeidens, welches auch ein Gebot des Verschweigens ist. Da bleibt ihnen zur Benennung nichts als die mosaische Beschimpfung. Die Wörter *Sodomie* und *Sodomit* entstehen im Mittelalter und gelten bis ins achtzehnte Jahrhundert; sie stehen noch im Hauptwerk der Aufklärung, der durchaus antiklerikalen *Encyclopédie*.

Mit der Differenzierung des christlichen Abendlandes in Nationalstaaten wird der alte Abgrenzungsmythos modernisiert. Zur Zeit der Reformation wiesen Deutsche mit dem Finger nach Italien und tadelten *der Walen* (Welschen) *ketzerey*; sie schufen auch die Wörter *Florenzer* und *florenzen*, weil in dieser Stadt der Künstler und der Platoniker das christliche Verbot mit mehr Erfolg als anderswo unterlaufen wurde durch Toleranzedikte, die freilich stets bald wieder aufgehoben wurden. Und in ganz Italien war die Unterdrückung und Verfolgung nie so konsequent wie anderswo. Darum sprachen die Engländer im achtzehnten Jahrhundert von sodomitischen Landsleuten als *men of Italian taste*, während die Franzosen zur Zeit der Eulenburg-Prozesse bei sich den *vice allemand* entdeckten. Bereits im Mittelalter ging ein Name durch ganz Europa; die Italiener sagten *buzzerone* oder *bugiarone*, die Spanier *bujarron*, die Franzosen *bougre*, die Briten *bugger*, die Deutschen *Pulscherun*, *Busserant* oder *Buseron*. Sie alle meinen die *Bulgari*, Anhänger der religiösen Bewegung der Bogumilen, welche von Bulgarien ausgegangen war. Deren Ablehnung der Ehe wurde von Außenstehenden interpretiert als Freibrief für Promiskuität, als Legalisierung des Schlimmsten. Die Bogumilen nannten sich selber „die Reinen", griechisch *katharoi*; im Deutschen wurde *Ketzer* daraus. Und dieses Wort mußte, genau wie das englische *miscreant*, herhalten zu Bezeichnung des sexuellen Abweichlers, wofür es ein eigenes Wort nicht gab.

Im Jahr 1648 gab der Wittenberger Theologe Samuel Baumgarten in seinem pompösen Mahngedicht *Feuriger Schweffel-Regen über Sodom und Gomorra* die Schuld an dem soeben zu Ende gehenden Dreißigjährigen Krieg den Erben von Sodom. Denn noch immer täten Männer mit Männern „eine stumme That, (...) die weder von sich sagt, noch von sich sagen läßt". Gott habe nicht nur diese beiden Städte zu Asche gemacht, sondern auch viele andere ähnlich abgestraft, so zuletzt die deutschen Lande, denn da „rauchet Sodom noch". Das ist frühchristliche, das ist altjüdische Weltschau: die Behauptung, daß Seuchen, Erdbeben und Kriege ausgelöst würden durch Sünde, durch das Fehlverhalten von Menschen, auf das Gott dann reagiere. Begründet und gerechtfertigt wurde so in ganz Europa bis ins frühe 19. Jahrhundert die Verfolgung, Verurteilung und öffentliche Hinrichtung von Homosexuellen.

Die bisher genannten Ausdrücke verbindet, daß das Gemeinte nicht direkt zur Sprache kommt. Man verständigt sich durch den

Hinweis, jemand sei wie die Männer von Berlin, wie die Männer von Florenz, wie die Männer von Sodom. Wer zur Sache reden und sich dabei nicht mit Wörtern beflecken möchte, der macht das Tabu selbst zur Bezeichnung und spricht von „stummer That" oder vom „unmentionable vice". In einem Gedicht des von Oscar Wilde geliebten Alfred, später Lord, Douglas fällt die so behauptete Distanz in sich zusammen: „I am the Love that dare not speak its name." Die Todesstrafe war damals seit einem Vierteljahrhundert ersetzt durch das Zuchthaus. Im Deutschen wurde der entsprechende Gesetzesparagraph zum letzten Namensgeber; noch in den fünfziger Jahren drohten Schande und Strafe dem „Hundertfünfundsiebziger".

Genauere Verständigung und ausdrückliche Auseinandersetzung mit der Sache selbst waren zunächst möglich nur in der Fachsprache von Altar, Katheder und Richtstuhl. Als Winckelmann sich von Casanova ertappt sah und Tacheles reden mußte, tat er es auf lateinisch. Und noch im Jahr 1867, als Karl Heinrich Ulrichs dem Deutschen Juristentag einen Antrag auf Revision des geltenden Strafrechts vorlegte mit dem Ziel, die Sexualität zwischen Männern zu entkriminalisieren, kam es zu derart heftigen Protesten, daß der Präsident den Redner aufforderte, das Weitere lateinisch vorzutragen. In dieser Sprache war seit Augustinus jener Liebe das Urteil bereits gesprochen; vom *peccatum* der Geistlichen hatten die Juristen ihr *crimen* abgeleitet und die Mediziner ihr *morbus*. Gemeinsame Grundlage war die Vorstellung des *contra naturam*, des Verhaltens im Widerspruch zur Natur, wie die Religion sie verstand. Aus dem Vorurteil des *contra* sind dann die ersten Fachausdrücke abgeleitet wie die *Inversion* des Neurologen und Freud-Lehrers Charcot und die „conträre Sexualempfindung" des Psychiaters Westphal.

Die Nachhut des Fluchs bildet der Spott, wenn etwa Rousseau von den „chevaliers de la manchette", Casanova von der „clique de la manchette" spricht; gemeint ist nicht das „Ärmelchen", denn *manche* bezeichnet nach Auskunft eines *Dictionnaire Comique* aus dem frühen achtzehnten Jahrhundert eben das, was keinen eigenen Namen hat, das *membre viril*. Der Volksmund spottet gern über das Ungewöhnliche, das jeder sehen und wahrnehmen kann, bei auffallend femininen Männern eben das Unmännliche: *Tante, Trine, Tucke*, was „Puppe" heißt, *folle*, auf französisch eigentlich „die Verrückte", und englisch *faggot*, was zunächst „Reisigbündel" heißt und vom Französischen *fagot*, „Kleiderbündel" die Bedeutung übernommen hat: jemand, der sich seltsam kleidet, seltsam aufführt.

Wichtigster Aspekt der Bezeichnung scheint jedoch die Angst vor unerwünschter Annäherung und unliebsamer Körperstrahlung zu sein, ausgedrückt in den Eigenschaftswörtern *warm* und *schwul*. Derlei drang selten in die Literatur und fast gar nicht in die Wissenschaft von der Literatur. Grimms Wörterbuch bringt zu *warm* nur den knappen Hinweis auf Schmellers *Bayerisches Wörterbuch*, wo es verzeichnet ist als mundartliches Sprechen von Personen, als „ein zweideutiges, eben nicht empfehlendes Beywort"; daneben steht in Klammern und mit Fragezeichen die Bedeutung „wollüstig" und schließlich *e warmi* in der Bedeutung „mannssüchtige weibliche Person". Das Wort *schwul*, was die mittelhochdeutsche Lautform von „schwül" ist und in dieser Bedeutung uralt, hat im Grimm keinen Artikel, und was dort zu den Ableitungen *Schwuler* und *schwulen* steht, läßt sexuellen Sinn nicht einmal ahnen. In seiner heutigen Bedeutung von „homosexuell", die umgangssprachlich alt sein dürfte, ist es nach Auskunft von Heinz Küpper seit der Mitte des 19. Jahrhunderts nachzuweisen; erst im 20. Jahrhundert gelangt es in die Hochsprache und die Literatur.

Als im fünfzehnten Jahrhundert italienische Humanisten die Schriften Platons wiederentdeckten, schufen sie für das, wovon *Das Gastmahl* und der erste Teil des *Phaidros* handeln, den lateinischen Ausdruck *amor socraticus*. Um seine Bedeutung wurde gestritten; die einen verstanden darunter eine von schönen Schülern inspirierte Pädagogik, die anderen eine mit schönen Worten verbrämte Päderastie. Von Voltaires Resümee dieses Streites wird noch zu reden sein. Im Lauf des achtzehnten Jahrhunderts ist die Benennung abgerückt worden von der Person des geheiligten Philosophen und abstrahiert worden zur *griechischen Liebe*, von der nunmehr, soweit sich das aus den wenigen und späten Belegen erkennen läßt, in apologetischer Absicht gesprochen wurde und in Opposition zum christlichen Schimpf: zwar die Sodomer — aber die Griechen! Die Sache selbst ist so noch einmal in die Ferne gerückt, geografisch und historisch. Der früheste Beleg für diesen Gebrauch in deutscher Sprache stammt, soweit ich sehe, aus der Feder des Historikers Johannes von Müller; auf diesen selbst wiederum wendet der mit ihm nicht verwandte Kanzler Friedrich von Müller in seiner Aufzeichnung eines Gesprächs mit Goethe vom 7. April 1830 den Ausdruck *griechische Liebe* an, während der Geheimrat offenbar von *Knabenliebe* gesprochen hat.

Damit ist endlich einmal die Sache benannt, die Richtung dieser Liebe, wenn auch hier das Kind für den Mann stehen muß wie der Putto für den Eros. Wahrscheinlich war es Lessing, der das Wort in die deutsche Sprache eingeführt hat. „Knaben liebt' ich wohl auch", dichtete Goethe gelegentlich, was ihm aber niemand abnahm; und der *Knabenliebhaber* konnte sich nicht gegen das gleichbedeutende, aber bösere Wort *Päderast* durchsetzen. Reich belegt sind hingegen die negativen Urteile der Rechtswahrer und Moralisten wie *Knabenschänder*, *Knabenverderber*, *Knabenverführer* und *Knabenkredenzer* als Reim auf *Florenzer*.

Im Französischen wurde aus dem Wort *mignon*, welches „Kindchen" heißt, am Hof des Königs Heinrich III. gegen Ende des sechzehnten Jahrhunderts die offiziöse, maliziöse Bezeichnung für dessen geliebte Jünglinge. Von den Indianern Nordamerikas brachten französische Forschungsreisende im achtzehnten Jahrhundert das Wort *bardache* mit, welches Casanova verwendet; Winckelmann selbst nennt Ganymed als Geliebten des Jupiter dessen *bardaße* (379). Die Indianer bezeichneten mit diesem Wort, ohne Häme, den jugendlichen Beischläfer eines Häuptlings. Casanova charakterisiert den jungen Römer, den er bei Winckelmann in eindeutiger Haltung antrifft, als dessen *Bathyllos*, womit er anspielt auf den Geliebten des Anakreon, den dieser in etlichen Gedichten verewigt hat; dies tut Casanova ebenfalls ohne Häme. Winckelmann selber nennt ihn nach einem anderen Geliebten desselben Autors *Smerdies*. Gewöhnlich griffen Wohlmeinende zur Benennung eines geliebten Knaben aus ihrem Bekanntenkreis zum erhabenen klassischen Vorbild *Ganymed*.

Nicht ins Deutsche gedrungen ist eine sehr diskrete Benennung aus dem Französischen, die das Besondere des Verhaltens wertfrei wiedergibt: *l'indifférent*. Watteau hat ihn gemalt als Typ,

entweder als glänzenden Solisten, elegant, flatterhaft, selbstverliebt oder unter jungem Volk im Grünen mitten im allgemeinen Gekose ganz in sich gekehrt und isoliert. Die Gleichgültigkeit, die hier benannt wird, gilt dem anderen Geschlecht. Cocteau macht daraus den *Bel indifférent*.

Den Schritt vom freien Ansprechen zum Anspruch auf Freiheit wagten zwei Franzosen, ohne freilich ihre Haltung in der Öffentlichkeit durchsetzen zu können. Des Grafen Mirabeau als Pornographie mißverstandene Schrift zur Emanzipation der Sexualität mit einem Kapitel über *l'amour lesbien* und einem über *homophilie*, erschienen 1783, wurde überdröhnt vom Totalitarismus der Tugend-Religion Robespierres. Als Charles Fourrier um 1820 sein Gesellschaftssystem der Wohn- und Arbeitsgemeinschaften *Phalanstères* entwarf, sah er auch die Entwicklung einer selbstverantwortlichen und vielseitigen Sexualität vor und prägte hierfür das Adjektiv *unisexuel*; leider blieben die Stellen mit eindeutigem Gebrauch unveröffentlicht, so daß die Zeitgenossen sich begnügen mußten mit einer vielsinnigen „affection unisexuelle".

Vom Ende des achtzehnten Jahrhunderts stammen die ersten Versuche, das Gemeinte im Deutschen nicht abwertend und zugleich für jedermann verständlich auszudrücken. Das war nicht einfach und nicht ungefährlich, und man merkt der angestrengten Formulierung an, daß hier Berührungsangst zu überwinden war. „Zärtliche Freundschaft" schrieb Lessing, „griechische Freundschaft" und „männliche Liebe" Herder, „Männerliebe" im Jahr 1775 ein gewisser Christoph Meiners. Goethe berichtete 1787 aus Rom von der „Liebe der Männer untereinander". Schiller setzte 1788 „leidenschaftliche Freundschaft" gegen „leidenschaftliche Liebe", womit er die Männer-Geschichte im *Don Carlos* umschreibt, die er in dem Projekt eines Malteser-Dramas zur alleinigen Konstellation machen wollte; in den Entwürfen hierzu benutzte er auch den Ausdruck „Männerliebe".

Erst in den sechziger Jahren des neunzehnten Jahrhunderts trat ein Verteidiger auf, der zugleich Bekenner war: der Jurist Karl Heinrich Ulrichs. Auch er wirkte sprachschöpfend, auch er konnte seine Prägungen nicht durchsetzen, weder die „mann-männliche Liebe" noch den „Uranier", welchen er der Venus Urania in Platos *Gastmahl* nachgebildet und dann gestrafft hatte zu Urning, was wie „Hunding" klingt und alte Männertreue so trefflich suggeriert, daß unlängst der Historiker Karl-Heinz Janßen in der ZEIT schreiben konnte, das Wort sei das originär altgermanische.

Damals wurde auch jenes Wort erfunden, das sich durchsetzen sollte. Der deutsch-ungarische Schriftsteller Karl Maria Kertbeny bildete das Adjektiv *homosexual*, der Zoologe Gustav Jäger griff es auf und schrieb von *Homosexualität*. Kaum aber war das Wort da, übernahm es den ganzen Schimpf von *Sodomie*. Und wie es bei Säkularisationen zu gehen pflegt: Im neuen Verständnis blieb etwas erhalten vom alten, das geprägt ist von Glaube und Wahn. Es trat auf mit dem Gestus von Wissenschaftlichkeit und der Wucht des Altsprachlichen, wenn es auch aus Latein und Griechisch krude gemischt ist wie das *Automobil*, und wurde so zu einer Keule, zu einem Schwert überm Kopf. Die gehobene Umgangssprache mied es und hatte es immer präsent; noch in den fünfziger Jahren war der *Homo* ein Unhold im Kamelhaarmantel, ein parfümierter Wegbereiter der letzten Tage der Menschheit.

Zurück ins achtzehnte Jahrhundert! Damals steckte in den Namen der Schande immer auch die Androhung realer Strafe. Noch galt im Heiligen Römischen Reich die Gerichtsordnung Kaiser Karls V., derzufolge nachgewiesene Sexualhandlungen unter Männern auf das schärfste zu ahnden waren, nämlich durch das Feuer, *igne*, in welchem der Täter *cremetur*, verbrannt werden sollte, und zwar bei lebendigem Leibe. In der Praxis waren die Scharfrichter allmählich dazu übergegangen, die Qual zu verkürzen, indem sie vor dem Verbrennen den scharfen Todesstich führten. Drei Beispiele mögen vor Augen führen, auf welche Weise im Jahrhundert Winckelmanns erwiesene Sodomiter zu Tode gebracht wurden.

Am 31. Januar 1729 wurde zu Berlin der dreißigjährige Bäkker Ephraim Ostermann wegen „schändlicher und unmenschlicher Unflätereyen" – er soll dem Lehrjungen Martin Köhler einen „geblasen" sowie eine Stute besprungen haben – zuerst auf dem Richtplatz enthauptet und anschließend auf dem Scheiterhaufen verbrannt.[4] Bei der Urteilsverkündung erlitt er einen Schlaganfall, so daß er gelähmt und halbtot zur Prozedur gekarrt werden mußte. Sechs Jahre später zog der achtzehnjährige Hans Winckelmann für ein knappes Jahr nach Berlin, um auf dem Köllnischen Gymnasium die griechische Sprache zu lernen. Von dem spektakulären Ereignis wird man an der Spree im Jahr 1735 noch gesprochen haben.

Im Jahr 1730 wurde in Utrecht um des gleichen Verbrechens willen ein Prozeß gehalten; das war zwar weit von Berlin, machte aber um so größeres Aufsehen, als Schuld und Strafe in einem Flugblatt mit sechs expliziten Abbildungen und einem Lehrgedicht publik gemacht wurden samt Rechtfertigung des ungewöhnlichen Umstandes, daß eine Sache, die am besten im Verborgenen zu erledigen wäre, hier an die große Glocke gehängt wurde. Ein Netz schwuler Beziehungen quer durch die Niederlande war freigelegt worden, rund tausend Personen wurden verfolgt, Hunderte angeklagt. Getötet wurden neunundfünfzig Männer und Jugendliche, die meisten durch Erhängen; einundzwanzig von ihnen, darunter ein Junge von fünfzehn und einer von vierzehn Jahren, wurden öffentlich erdrosselt und dann verbrannt.[5]

Im Jahr 1770 – Winckelmann wäre zweiundfünfzig Jahre alt, wäre er nicht zwei Jahre zuvor ermordet worden – weilte Casanova in Neapel. Die folgende Episode führt er ein mit genau den Worten, die er auch für den ertappten Winckelmann verwendet:

„An jenem Tag ist mir etwas zugestoßen, das wert ist, aufgeschrieben zu werden." Im Gasthof meldet sein Diener, ein „venezianischer Eremit" bäte um ein Gespräch; herein tritt ein Landstreicher im größten Elend, bärtig, zerlumpt, hohläugig, zitternd, mit Stock. Casanova empfindet Entsetzen und Angst. Auf die Frage, wer er sei, antwortet der Fremde mit der Bitte um eine warme Mahlzeit; er habe tagelang nichts Richtiges gegessen, im übrigen aber Interessantes mitzuteilen. Er wird zum Essen geführt und erneut vorgelassen. Casanova behält zur Vorsicht den Diener in seiner Nähe. Der Fremde sagt:

„,Ich bin Albergoni.'

Ich erkenne ihn sofort wieder. Er war adelig und stammte aus Padua; vor fünfundzwanzig Jahren hatte ich freundschaftlichen Umgang mit ihm. (...) Er hatte nicht viel Geld, um so mehr *esprit* und Charakter; er war weltgewandt und stellte sich mit aller Kraft den Ausschweifungen der Venus und des Bacchus. In seinen Sitten war er äußerst frei und in seinen Reden ein gewaltiger Spötter auf Regierung und Religion. Dabei war er kühn bis zur Verwegenheit und als Spieler beim Betrügen durchaus unvorsichtig. Und er folgte der *école antiphysique*, der widernatürlichen Richtung, deren Vertreter einst das himmlische Feuer auf die fünf Städte (auf Sodom und Gomorrha) herabzog. Obendrein war der Mann, der da vor mir stand in seiner ganzen Scheußlichkeit, bis zum Alter von fünfundzwanzig Jahren eine große Schönheit gewesen.'"

Und dann spricht Albergoni selbst:

„,Wir waren eine Gruppe von zehn, zwölf jungen Männern und unterhielten auf der Insel Giudecca ein Lusthaus, wo wir uns amüsierten und keinem Menschen etwas zuleide taten. Irgend jemand aber setzte sich in den Kopf, unsere Treffen hätten Unerlaubtes und gesetzlich Verbotenes zum Gegenstand. Daraufhin wurde Anklage erhoben gegen uns, und zwar unter äußerster Geheimhaltung, und das *casino* wurde polizeilich geschlossen. Die Betreiber konnten sich rechtzeitig in Sicherheit bringen, außer mir und einem gewissen Branzardi. Wir wurden verhaftet. Zwei Jahre darauf wurde Branzardi verurteilt zum Scheiterhaufen, wobei er zuvor mit dem Schwert enthauptet wurde. Ich erhielt zehn Jahre Gefängnis."[6] Im Jahr 1765 sei er entlassen und sogleich aus Padua vertrieben worden; er habe versucht, in Rom Fuß zu fassen, dann zwei Jahre als Eremit in Neapel gehaust. Casanova spricht ihm Mut zu und gibt ihm Geld; für die Zeit seines Aufenthalts im Hotel bietet er ihm freien Tisch. Zwei Tage später spricht ganz Neapel von Albergoni: Er hat sich an der Tür eines anderen Gasthofes, splitternackt, erhängt.

Als Sodomiter im 18. Jahrhundert zu überleben war nicht leicht. Kam es heraus, war der kleine Handwerker ebenso dran wie der gebildete Herr; wer einmal von städtischer Rechtspflege belangt wurde, dem blieb nur Flucht oder Untergang. Schutz vor Verfolgung boten die Höfe, auch der des Papstes. Sicherheit und Freiheit garantierten hoher Rang und fürstliche Geburt. Einen Tag nach der Selbstrichtung Albergonis speiste Casanova in bester Gesellschaft beim Prinzen von Francavilla, einem Vetter des Königs. Der Prinz, ein „reicher Epikuräer, spendabel und geistvoll", hatte sich an das Meer ein Becken bauen lassen, wo er nach Tisch „vor unseren Augen alle seine Pagen schwimmen ließ, und zwar ganz nackt, bezaubernde Burschen von fünfzehn, sechzehn, siebzehn Jahren; sie alle waren die *mignons* dieses liebenswürdigen Prinzen, der von Natur her das männliche Geschlecht dem weiblichen vorzog."

Nach einem Prozeß in Utrecht vom Jahr 1730 waren etliche der überführten Sodomiter ertränkt worden. Es gibt eine Zeichnung des römischen Grafikers Bartolomeo Pinelli, entstanden kurz nach 1800, welche die ständig lauernde Gefahr anschaulich macht in einer klassizistischen Vision großer alter Zeit. Antinous, der Geliebte des Kaisers Hadrian, schreitet zum Selbstopfer; drei Frauen geleiten ihn, eine schlingt um sein linkes Bein ein Tau, dessen anderes Ende am Sockel einer Statue festgemacht ist, und blickt dabei hinab in einen dunklen Spalt, den Ort des Opfers: das Wasser des Nils. Der ideal schöne Kopf des Jünglings ruht wie schlummernd auf seinem Unterarm, den die Frauen stützen. Noch waltet Schönheit — gleich wird das Schreckliche sich ereignen. Daß hier Antinous gemeint ist, verrät die Statue im Hintergrund: Es ist die bekannte Darstellung des verewigten Geliebten in ägyptischem Putz, Antinous als Osiris. In einer Radierung hat Pinelli zu dieser Liebesgeschichte den Moment des Glücks imaginiert: Hadrian zeichnet im Sitzen den vor ihm stehenden Freund; der steht nicht stramm wie der Todesgott, vielmehr lässig aufgestützt wie ein junger Lord auf Kavalierstour, der sich in Rom malen läßt.

Die Welt der Bücher

Johann Joachim Winckelmann hatte für seine Veranlagung keinen Ausdruck und wußte doch genau, was er wollte; er hat es *ex negativo*, als das Fehlende, das Ersehnte, unablässig beschrieben. Auch in seinen Notaten aus den Schriften anderer und in seinen Beobachtungen zur Kunst kommt Persönliches zu Wort, sein privates Urteil und dessen Motivation. Nimmt man diese Texte zu den direkten Selbstaussagen hinzu, so erfährt man, wer er war und was er wollte. Im folgenden soll er, zwischen gelebtem Anlaß und notierter Fiktion, Gestalt annehmen, und zwar als Typus, souverän als Leser und als Autor, dabei stets in dienender Enge: der Intellektuelle in spätsodomitischer Epoche.

Die nötigen Kenntnisse, um Autor werden zu können, erwarb er in den Jugendjahren fast ausschließlich aus Büchern. Von klein auf lernte er Sprachen: Latein, Griechisch, Französisch, Englisch, Italienisch. Und sogleich las er, was er in die Hände bekam: Dichtung, Geschichtsschreibung, Reiseberichte, Kunstbetrachtung. Das meiste lieh er sich aus und schrieb daraus ab, was ihn interessierte. Diese handgeschriebene Exzerpt-Bibliothek war der Schatz, aus dem er Ideen und Zitate schöpfte. Daneben besaß er in gedruckten Ausgaben einige Werke von griechischen und lateinischen Autoren, die er immer wieder las. Seine „Freunde" nannte er sie, er, dessen Leben eine einzige Suche war nach guten Freunden, nach dem Freund.

1717–1748: Altmark

Lernen und Unterrichten

Unter Winckelmanns hinterlassenen Papieren stammt ein Blatt
von der Hand seines Vaters Martin, Schuhmachermeister in der
Lehmstraße bei Sankt Peter zu Stendal. Dort steht neben anderen Angaben zur Familiengeschichte, daß am 9. Dezember 1717
„am Tage Joachimij (…) unser gelibtes Söhnlein Johann Joachim
Winckellman auf diese Wellt gebohren" wurde (IV, 209, 2). Er
blieb einziges Kind und wuchs auf bei seinen Eltern in einem kleinen Haus mit Strohdach und Butzenscheiben, das Wohnung und
Werkstatt zugleich war, eng, düster, schlecht geheizt. Der Sohn
wollte keinesfalls Schuster werden, sondern „studiren", wie ein
Freund aus jener Zeit später berichtet. Um jedoch überhaupt lesen zu lernen, mußte er aufgenommen werden in die Schule. Sie
unterstand der Kirche und war in einer ehemaligen Klosterkirche
untergebracht; auch dort war es eng, düster, schlecht geheizt. Be-

reits als Kind mußte er zu seinem Unterhalt selber beitragen; er sang in einem Chor, der gegen Bezahlung bei Festen wohlhabender Familien auftrat; außerdem „schaffte er sich Freitische an", er aß, so oft es ging, nicht zu Hause.

Als der alte Schulrektor Tappert erblindete, suchte er jemanden, der ihn führte und der ihm vorlas. „Die Wahl fiel auf Winkkelmann, welchen er zu sich ins Haus nahm und freie Stube gab. Dieser mußte ihm außer den Schulstunden etwas vorlesen, und die Zeit, welche ihm übrig blieb, wendete er zum unablässigen Studiren an. Hierdurch machte er solche Fortschritte, daß er in der Lateinischen und Griechischen Litteratur allen seinen Mitschülern zum Muster vorgestellet wurde."

„Anno 1733, da ich in die Stendalsche Schule allhier kam", fährt Konrad Friedrich Uden fort, der bereits zitierte Schulfreund, „hatte er die Aufsicht über die in einem Schrank verschlossene kleine Schulbibliothek, in welcher außer schönen Ausgaben Lateinischer Classischer Schriftsteller auch einige Bände von dem neu eröffneten *Adelichen Ritterplatz* verwahret wurden. In diesen letzteren las er sehr fleißig, und dadurch wurde in ihm die erste Idee von den berühmten Kunstwerken der Mahlerey und Bildhauerkunst erreget." (IV, 104) In den fünf Büchern dieses Schulbuchs für gehobene Stände, 1715 in Hamburg erschienen, steht weitschweifend beschrieben und mit unbeholfenen Stichen bebildert alles, was ein Junker wissen und können muß, nämlich erstens Fechten, zweitens Reiten, drittens Jagen; ferner manches über das Beurteilen und Sammeln von Münzen und „Modernen Medaillen", „samt einer Liste der bew(a)ehrtesten Sribenten, wie auch der vornehmsten Cabinetten und Kunst-Kammern". In der Tat weisen einige Sätze im zweiten Kapitel dieses fünften Buches, überschrieben *Von Vergleichung der neuen mit den alten Medaillen*, voraus auf spätere Vorstellungen Winckelmanns: auf seine Bewunderung der Antike, auf seinen Unmut über die gegenwärtige Imitation des französischen Geschmacks bis in die Sprache hinein, und auf die Erhebung der historischen Völker zu Subjekten der Kunstgeschichte: „Die künstliche *Sculptur* / so sich auf den Griechischen und Römischen Müntzen befindet / (…) wird besonders gerühmet / und erwecket gegen dieselbe eine *particulaire Vénération*. Man trifft diese *beauté* vor allem bey den größeren Sorten an / so man sonsten Medaillons nennet. Und sind die Alten von dem Ehrgeitz geplagt / so seynd ihre Nachkommen nicht minder hiemit *vexirt*; bey denen zugleich eine löbliche *Emulation* (Wetteifer) herrscht, es nicht allein denen Griechen und Römern gleich zu thun / sondern es findet sich auch daß eine *Nation* vor der andern zu *excellieren* / und den Ehren-Preiß zu *disputiren* sich emsig bemühe / und angelegen seyn lasse."

Die deutsche Sprache steht vor einer fremden Welt und traut sich nicht hinein. Das Umgehen mit Werken der bildenden Kunst scheint eine französische *spécialité* zu sein, etwas Modisch-Exotisches, gegründet auf Zeitlos-Erhabenem: dem Latein der Lateinschule. In dieser Sprache tun sich dem Schüler die Wunder der Welt auf und die Geheimnisse des Lebens: Gefühle in Versen, Ereignisse und Taten in Epen und Dramen. Dazu die Geschichte der Menschheit, erlebt und reflektiert und beschrieben von Römern, längst verstorbenen; nur ihre Sprache ist gegenwärtig in Büchern und wird erst im Kopf des Lesers lebendig. Später in Dresden und vor allem in Rom wird der *cicerone* und Autor Winckelmann, wie niemand vor ihm, lehren und vormachen, wie man Werke der Kunst betrachten und dabei über die Welt und sich selbst tiefe Einsichten gewinnen kann. Er wird nicht nur die Kunstliteratur kennen, sondern auch die Werke selber in all ihren Gattungen, von denen er eine vor allen liebte: die Skulptur. Das Höchste, was der Mensch hervorgebracht habe, sei sein plastisches Ebenbild; und unter allen Menschen-Bildern das höchste, das an Ausdruck von Sinnlichkeit und Geistigkeit reichste sei die völlige Offenbarung des Körpers: der Akt. Was hat Hans Winkkelmann in Stendal zu allererst gesehen?

Vor dem Rathaus steht ein „Roland" aus Stein, kolossal mit finsterer Miene und blankem Schwert, Bürgerstolz gegen Fürstenwillkür, altertümelnd ritterhaft im Harnisch, für Kinder ein Riese, ein Alb mit Knickbeinen, denn er steht nicht richtig, was aber weniger auffällt als die Übergröße und die scharfe Nase samt Drachenblick. Das war die zentrale Freiplastik der Stadt. Und was konnte man drinnen sehen in Kirche und Schule? Überall zuerst den männlichen Körper, hängend, geschunden und verblichen. Lebendig Nackte gab es nur als klägliches Sünderpaar Adam und Eva.

Im Jahr 1735 schickte ihn Rektor Tappert nach Berlin auf das Köllnische Gymnasium, um bei dem Gräzisten Tobias Damm ordentlich Griechisch zu lernen. Eine wohltätige Stiftung in Stendal gewährte ein winziges Stipendium; den Freiplatz verdiente er sich wie schon in Stendal durch Unterricht jüngerer Knaben. Über den Abschluß der Schulzeit, über Eltern und Freunde in jener Zeit ist nichts bekannt, und nichts über Konfirmation und Pubertät. Wie sehr die beiden Aspekte der Entwicklung damals aufeinander bezogen wurden, zeigt die entsprechende Stelle in dem ein halbes Jahrhundert später veröffentlichten Roman *Anton Reiser* von Karl Philipp Moritz, der hier seine eigene Jugend erzählt:

„Die Frau F. hielt ihm an dem Tage, da er zum Abendmahl ging, eine lange Predigt über die bösen Lüste und Begierden, die in diesem Alter zu erwachen pflegten, und wogegen er nun kämpfen müsse. Zum Glück verstand Reiser nicht, was sie eigentlich damit meinte, und wagte es auch nicht, sich genauer danach zu erkundigen, sondern nahm sich nur fest vor, wenn böse Lüste in ihm erwachen sollten, sie möchten auch sein von welcher Art sie wollten, ritterlich dagegen anzukämpfen. Er hatte bei seinem Religionsunterricht (…) zwar schon von allerlei Sünden gehört, wovon er sich nie einen rechten Begriff machen konnte, als von Sodomiterei, stummen Sünden, und dem Laster der Selbstbefleckung, welche alle bei der Erklärung des sechsten Gebotes genannt wurden, und die er sich sogar aufgeschrieben hatte. Aber die Namen waren auch alles, was er davon wußte; denn zum Glück hatte der Inspektor diese Sünden mit so fürchterlichen Farben gemalt, daß sich Reiser schon vor der Vorstellung von diesen ungeheuern Sünden selbst fürchtete, und mit seinen Gedanken in das Dunkel, welches sie umhüllte, nicht tiefer einzudringen wagte."[7] Ähnlich dürfte Winckelmann mit den Anfängen seiner Sexualität umgegangen sein.

Nach Abschluß der Schule drängte er aus seiner Enge heraus zur Wissenschaft. Nur ein einziges Fach stand ihm als Unbemitteltem offen: die Theologie. Sein Tageslauf blieb eingespannt zwischen Unterrichten und Lernen. Uden schreibt: „Um Ostern 1738 ging er nach Halle zur Universität und genoß ein kleines Stipendium aus preußischen Kirchen-Kollekten für die Ausbildung von Pfarrern, welches aber nicht hinreichend war ihn zu erhalten. Er mußte deswegen sich der Unterstützung seiner Landsleute bedienen und ging mit ihnen auf die Dörfer, auch wohl in der Stadt in sehr verdächtige Häuser, allwo er, ohne an ihren unerlaubten Zeitvertreiben Theil zu nehmen, sich in einen Winkel setzte und den Aristophanes las."

Er las griechisch, doch nicht das Neue Testament, sondern den nicht unverdächtigen Bühnenautor Aristophanes, etwa dessen Komödie *Lysistrate*, in der die Frauen von Athen sich ihren kriegstollen Männern sexuell verweigern; oder die *Wolken* mit der ironischen Lobrede auf die Knaben der guten alten Zeit, die später in Winckelmanns erstem Essay eingegangen ist: „Und wenn sie in der Ringschule saßen, mußten den einen Schenkel nach vorn nehmen / Die Knaben, damit sie den draußen Stehenden nichts Grausames zeigten. / Wenn dann einer aufstand, mußte er den Sand verwischen und dafür sorgen, / Daß er seinen Liebhabern nicht den Abdruck seiner Jugend hinterließ. / Und kein Knabe hätte sich damals unterhalb des Nabels gesalbt, und so / Blühten auf seiner Scham Tau und Flaum wie auf Äpfeln."[8]

Winckelmann habe vormittags immer konzentriert über Texten gesessen, nachmittags aber sei er gesellig gewesen und ein munterer Unterhalter. Damals bereits habe er erwogen, nach Rom zu gehen, und in dieser Absicht auch in Klöstern vorgesprochen: er wolle einst dort konvertieren. Für das ungeliebte Studium hat er am Ende, wie er später selber schreibt, „mit sehr großer Noth ein sehr kahles Theologisches Zeugnis" (723) bekommen. Damit hätte er sich um eine Pfarrstelle bewerben können, mit Aussicht auf jahrelanges Warten neben etlichen anderen Kandidaten. Also mußte er sich umsehen nach einer bezahlten Stellung, und so wurde er, wie so viele Absolventen theologischer Studien, zunächst einmal Hauslehrer für Kinder besserer Leute oder, wie man damals sagte: Hofmeister. Die Funktion war ihm vertraut, weil er schon als Schüler und als Student sich etwas verdient hatte mit Nachhilfe bei Gleichaltrigen.

Hofmeister wurden schlecht bezahlt wie alle Domestiken. Was er verdiente, reichte nicht, um die Eltern in Stendal zu unterstützen. Das früheste schriftliche Zeugnis aus seiner Feder ist der Entwurf zu einem Bittbrief, datiert auf den 22. Juli 1742, gerichtet an den Generalsuperintendenten der Altmark, Pfarrer Johann Rudolf Nolte. Nach umständlicher Einleitung heißt es da: „Haec semper a Deo precatus sum — Ich habe unablässig zu Gott gefleht, er möge es nicht zulassen, daß meine Eltern aus der Armut absinken in Schande und Schmach (…) ich kann ihnen nicht helfen (…) Wer kann es, wenn nicht Sie?" (2) Und am Ende, beschwörend: „Sie sind die auserlesene Hoffnung der Armen — O egregia pauperum spes!" Nolte verspricht Hilfe und erntet überströmenden Dank: „Litteras Tuas ad os oppressi et ad pectus — Ihren Brief habe ich an Mund und Herz gedrückt" (3). Die ersten Briefe sind lateinisch geschrieben und gerichtet an Pfarrer und Gelehrte, die angeredet werden zwar als *tu*, da das Lateinische in der Anrede das förmliche „Sie" nicht kennt, im übrigen jedoch mit Titeln und Ausdrücken der Ehrerbietung. Über Winkkelmanns Leben geben sie wenig preis; der Rede wert sind hier allein die *musae*, die Schulfächer.

Ein Jahr lang hielt er es in seiner Stelle aus; dann begann er in Jena ein zweites Studium: mathematische Medizin, was er bald aufgeben mußte aus schierer Not. Der versuchte er sich zu entziehen durch eine Reise, wie immer zu Fuß, nach Paris — bereits in Gelnhausen mußte er umkehren. Im Sommer 1742 war er wieder Hofmeister, diesmal in dem Dorf Hadmersleben bei Magdeburg. Dort betrieb die Stadt eine Domäne, geleitet von dem Oberamtmann Lamprecht. Der saß auf dem großen Hof in einem Herrenhaus wie ein Edelmann und suchte einen Lehrer für seinen Sohn Peter; für diese Tätigkeit bot er 20 Reichstaler im Jahr, dazu Unterkunft und Verpflegung. Das war fast nichts, aber es gab damals viele arbeitslose Pfarramtskandidaten; der Bewerber hatte keine Wahl. Behandelt wurde er wie Anton Reiser: „Einst schickte die Frau Amtmann Herrn Winckelmann sauer Bier; dies schickt er zurück. Nun geht dieselbe zu ihm, und gibt ihm dieserwegen Maulschellen." Der Hofmeister verschwand und blieb unauffindbar. Seine Mutter kam nach Hadmersleben, um zu vermitteln und ihrem Sohn seine „Station" zu retten: arme Leute „müßten sich doch alles gefallen lassen." Zwei Wochen hielt Winckelmann sich beim Dorfpfarrer versteckt, dann kam er heraus und ließ sich versöhnen.

Als im Frühjahr 1743 an der Lateinschule zu Seehausen bei Stendal eine Stelle frei wurde, bewarb er sich und bat den scheidenden Lehrer, den er vom Studium her kannte, um Fürsprache. Dieser erinnerte sich später an die Begegnung im Gasthof von Hadmersleben: „Er war (...) schlecht bekleidet, und von einem alten Kummer dergestalt entstellt, daß ich ihn kaum noch kannte. Mit einer Wehmut, die mein ganzes Herz durchdrang, entdeckte er sich mir, und bat mich, ihn nach Seehausen zu meiner Stelle zu empfehlen. (...) Das Äußere dieses Mannes nahm mich wenig für ihn ein, gewaltig aber seine griechische Gelehrsamkeit, und noch mehr der religiöse Sinn, den er mir dadurch zu erkennen gab, daß er sich meine Nachfolge auch darum wünschte, weil die Nähe der

Stadt Seehausen ihm den Vorsatz erleichterte, seinem armen Vater (…) an die Hand zu gehen." (IV, 107/108)

Winckelmann erhielt die Stelle und wurde *Konrektor*, Lateinlehrer in Seehausen. Von 1743 bis 1748 wirkte er dort: fünf Jahre der „Knechtschaft" (94), wie er später schreiben wird. Die Schule unterstand der Kirche; zu den Pflichten der Lehrer, die alle Theologie studiert hatten, gehörte das Predigen. Winckelmann lehnte dies ab; er ging zwar mit zum Gottesdienst und nahm auch das Abendmahl; doch während der stundenlangen Predigt las er unter der Kirchenbank einen antiken Autor. Seinen Unterricht beschränkte er auf die Vermittlung der alten Sprachen. Daran waren die Schüler weniger interessiert. Sie müpften so heftig auf gegen seinen Unterricht, daß er von da an nur noch die Anfänger bekam.

Dabei hätte er lieber die Fortgeschrittenen unterrichtet und ihnen jene schöne vorchristliche Literatur vermittelt, welche ihn seit Jahren beschäftigte, Autoren wie Vergil, Horaz, Ovid.

Amores

Die erste Publikation des Ovid galt der Liebe. Ihr Titel wäre zu übersetzen mit „Liebschaften", was zu abschätzig klingt; aber die deutsche „Liebe" kennt keinen Plural. Sehr wohl kannte ihn der junge Ovid, geboren im Jahr 43 vor Christus und aufwachsend in Rom unter der neuen Zentralherrschaft des Augustus. Überliefert ist nur die von ihm selbst in reiferen Jahren veranstaltete zweite Ausgabe, doch die meisten der Gedichte haben noch den Gestus frischer Sprach- und Liebeslust. Heldenepen habe er dichten wollen, behauptet er eingangs, doch *Cupido* selbst, also „das Begehren" oder „die Liebe" habe eingegriffen in sein Dichten und ihn zu einem leichteren Versmaß für eine leichtere Muse gedrängt. In der Tat stehe ihm einschlägiger Stoff, der eines solchen Tones würdig wäre, reichlich zur Verfügung:

aut puer aut longas compta puella comas[9]
— sei es ein Knabe oder ein Mädchen mit schönen langen
  Haaren.

Puer und *puella*: Ovid erweist hier den Vorgängern Catull und
Horaz seine Reverenz, die beide in ihrer Liebeslyrik sowohl
Frauen als auch Männer besungen haben; sein eigener poetischer
amor zielt ausschließlich auf Damen und Sklavinnen, auf Frauen
und Mädchen. Ein Name, leider nur fiktiv, kehrt immer wieder:
Corinna. Einst, an einem heißen Tag, seien sie heimlich zur Siesta
verabredet gewesen; lang habe er warten müssen auf seinem Ru-
hebett, doch dann stand sie vor ihm, und

Deripui tunicam
— riss ich herunter das Gewand.

Noch wehrt sie sich, schon steht sie nackt:

Singula quid referam?[10]
— Muß ich Einzelheiten aufzählen?

Nun wäre alles gut — wenn die Geliebte immer nah wäre; wenn
sie länger ausbleibt und ihn der Stachel Cupidos quält, greift er
zu ihrer Dienerin. Bisweilen treibt er es mit zweien zugleich; und
das findet er dann im Gedicht „abscheulich", doch es walten mil-
dernde Umstände:

utraque formosa est[11]
— sie sind beide so schön!

Ovidius Publius Naso gibt bekannt, er habe es des öfteren
dreimal hintereinander getrieben in einer Nacht, zuletzt mit seiner *Corinna* gar neunmal: *novem* — Casanova kam nur auf sechs.
Aber auch Ovid hat, wie Casanova, wie Winckelmann, das krasse
Gegenteil an sich erfahren müssen; die Augenblicke der Opulenz
erwähnt er nämlich nur, um den der Karenz um so greller zu be-
leuchten: Sie war schön, sie war da, sie war bereit — ich lag da
wie tot! Ich hatte es mir so gewünscht, so schön ausgemalt! Sie tat,
was sie konnte:

molliter admota sollicitare manu

— mit sanfter Hand ihn zu reizen.

Und dann, als er partout nicht stehen will, sagte sie nur:

,Quid me ludis?' — ,Willst du mich verarschen?'
Und ging.
Und jetzt, da ich dies schreibe: da steht er im Wege![12]

Bisweilen jedoch wird die Liebe so erhaben, daß Venus selbst an göttlichem Rang hinter die Geliebte treten muß, und die ganze Götterwelt relativiert wird durch die Glaubwürdigkeit einer Frau:

Esse deos, i, crede — fidem iurata fefellit.

— Daß es Götter gibt, daran glaube, wer will! Die geschworene Treue hat sie gebrochen.

Aber Götter bewerten schöne Mädchen nach eigenem Maßstab:

di quoque concedunt, formaque numen habet.

— Auch die Götter geben es zu; ja, Schönheit selbst ist eine Himmelsmacht.

Wie der junge Ovid wird der junge Heinrich Heine bitter scherzen über seine Leiden; und wie Heine zweifelt Ovid bereits an der Existenz von Göttern:

aut sine re nomen deus est frustraque timetur
et stulta populos cedulitate movet,
aut, siquis deus est, teneras amat ille puellas
et nimium solas omnia posse iubet.

— Entweder ist ›Gott‹ ein Name ohne Inhalt und wird grundlos gefürchtet
und bewegt das Volk durch törichte Leichtgläubigkeit,
oder, wenn es einen Gott gibt, dann liebt er zarte Mädchen
und befiehlt ihnen, zu allem fähig zu sein.

Und schließlich jener Vers, welcher den Christen maßlos erbittert und einen Winckelmann gewiß – *mutatis mutandis* – von Herzen erfreute:

formosas superi metuunt offendere laesi
atque ultro, quae se non timuere, timent.[13]

— Schönen Mädchen weh zu tun scheuen sich die Götter,
auch wenn sie verletzt sind
mehr noch: Fürchten die Mädchen die Götter nicht, so
fürchten diese jene!

In einem der letzten Gedichte tritt die *coniux* auf, die „Gattin", die vermutlich bei der Revision hinzugekommen ist. Aber auch dort, wo jugendliche Emphase sich ausspricht, gibt es ernste und ergreifende Stellen, etwa wenn der Dichter bedauert, die Geliebte im Affekt geschlagen zu haben oder wenn er sich darüber entsetzt, daß sie abgetrieben hat.

Einmal deutet Ovid an, daß wir uns in polymorph-perverser Gesellschaft befinden und daß die griechisch-kanonische Männerliebe im frühkaiserlichen Rom immer mitpraktiziert wurde. In der achten Elegie des ersten Buches rät er der Geliebten zynisch, ihre Jugend zu nutzen und sich einen reichen Verehrer zu suchen; auch schön darf er sein, aber umsonst laß ihn nicht ran! Zahlen soll er, und das Geld soll er sich seinerseits besorgen bei seinem männlichen Liebhaber.

In der dritten Elegie des ersten Buches umreißt er sein Thema und stellt sich dar als ein Opfer des Gottes *Cupido*; seine Eltern seien nicht reich, aber von Adel und gebildet. Von seiner weiter unten geschilderten Karriere als allseitig Liebender weiß er hier noch nichts:

non mihi mille placent, non sum desultor amoris;
tu mihi, siqua fides, cura perennis eris.[14]

— Mir gefallen nicht Tausende; ich bin in der Liebe kein
Springer;
wenn es denn Treue gibt, bleibe ich ewig dir treu!

Er spricht diese erste Geliebte nicht mit Namen an; aber so innig, so ausschließlich empfiehlt er sich nirgends sonst. In keinem der folgenden Gedichte zeigt sich Ovid so erschüttert, so aus

51

heiterem Himmel getroffen. Der *desultor* war im alten Rom ein Zirkusartist, der von Pferd zu Pferd sprang in tollen Volten. Ein solcher Springer will er nicht sein — ist er später aber doch geworden, wie aus den weiteren Gedichten der Sammlung hervorgeht. Winckelmann wird diese Zeile zitieren und sich zur Lebensregel machen. Überhaupt werden die prägnanten Formulierungen Ovids, auch aus dessen späteren Werken, ihm zu Leitsätzen seiner eigenen *vita*.

„Male mir den Bathyllos"!

In jener Zeit hat Winckelmann sich auch mit einer Sammlung erotischer Gedichte in griechischer Sprache befaßt. Der junge Lehrer scheint gehofft zu haben, über das Pflichtfach Latein hinaus einen Pfarrerssohn oder Adelssproß gewinnen zu können für diese Sprache. Er jedenfalls war vorbereitet, den Einstieg so leicht und lustvoll wie möglich zu gestalten. Dazu hat er jene zwei Hefte angelegt und beschrieben, die heute in Hamburg aufbewahrt werden: in schwungvollen griechischen Lettern zwölf Oden des Anakreon reinlich wie gedruckt, und zwar zweimal, also getrennt zu lesen, so daß jeder, Lehrer und Schüler, den Text vor Augen hat.

Und welch ein Text! Lieder sind es über Jugend und Alter, Wein und Weib, Knabe und Gesang; die Genüsse und die Geschlechter liegen in edlem Wettstreit und scheinen austauschbar. Diese Lieder waren im 16. Jahrhundert erstmals gedruckt und reizten Lyriker um den jungen Goethe zur Nachahmung in deutscher Sprache; heute weiß man, daß sie selbst Anakreontik sind, Nachahmungen im Stil des Dichters Anakreon, der im 6. Jahrhundert vor Christus lebte und von dessen Werk nur Bruchstücke überliefert sind. Was Winckelmann vor Augen hatte und so schön abschrieb, sind Werke griechisch schreibender Autoren der ersten christlichen Jahrhunderte. Wir bleiben bei der alten Zuschreibung, weil die Nachwelt bei der Nennung des Namens „Anakreon", entsetzt oder entzückt, an ein bestimmtes Gedicht dachte.

Es ist gestaltet als Porträt in Worten. Ein Maler wird angesprochen und erhält den Auftrag, den Geliebten zu malen. Ein solcher Auftrag war bereits das vorausgehende Gedicht: Der Maler soll die mit Namen nicht genannte Geliebte des Dichters darstellen in der ganzen Schönheit ihres Gesichts, mit flammendem und feuchtem Blick, sehnend nach Liebe und Liebe weckend, im übrigen aber bekleidet, wenn auch so leicht, daß der Körper zu ahnen ist. Dann folgt unser Gedicht, das Winckelmann in seiner Abschrift voranstellt:

Male mir den Bathyllos so,
Den geliebten, wie ich dir ansage:
Das Haar mach ihm glänzend,
Schwarz in den Tiefen,
Die Spitzen hell von der Sonne,
Leicht gebunden und frei fallend mir
Die Locken, ungekämmt
Laß sie fallen, wie sie wollen.
Und die junge Stirn

Bekränze mit taufrischen Brauen,
Dunkler als ein Drache.
Schwarz muß das Auge sein und wild,
Gemildert durch heitere Stille;
Das eine nimm von Ares,
Das andere von der schönen Kythära,
Damit man sich vor dem einen fürchte,
Mit dem anderen sich Hoffnung mache.
Rosig und wie von einer Quitte
Der Flaum, so gestalte die Wange;
Errötend, von Scham
Einen Anflug male, wenn du kannst.
Die Lippe — ich weiß noch nicht,
Wie du sie gestalten sollst –
Weich, mit Kraft der Überredung.
Das Ganze, das Bild selber
Soll schweigend reden.
Unterhalb des Gesichts soll man sehen,
Schöner als bei Adonis,
Den Nacken aus Elfenbein.
Mal eine schöne Brust
Und zwei Hände wie von Hermes,
Schenkel wie von Polydeukes,
Wie von Dionysos den Bauch.
Über den weichen Schenkeln,
Den Schenkeln voller Feuer,
Mach ihm eine glatte Scham,
Die aber schon zur Liebe bereit ist.
Neidvoll gestehen muß deine Kunst,
Daß sie die Rückseite
Nicht zeigen kann — das Beste.
Was soll ich sagen zu den Füßen?
Nimm den Preis, den du verlangst.

Vergiß Apollon,
Male Bathyllos.
Wenn du nach Samos kommst,
Male Apoll genau wie Bathyllos.[15]

War derlei pädagogisch zu vermitteln? Sprachlich ist es leichte
Kost, ethisch ein Brocken. Die Philologen jener Zeit pflegten
Erotisches bei den Dichtern, wenn sie es nicht direkt verdamm-
ten, hinweg zu erklären als bloßes Gleichnis für das Empfinden
vertrauter und tugendhafter Seelen. Das ging hier nicht. Soeben
war in deutscher Übersetzung *Herrn Peter Baylens Historisches und
critisches Wörterbuch* erschienen, worin es heißt – Winckelmann
hat es getreulich abgeschrieben –, daß Anakreons Liebe „gegen
den Bathyllus für eine offenbare Knabenschänderey gehalten worden" sei, von den Gelehrten nämlich, hinter deren Meinung der
Autor die seine zurückhält, nicht ohne Klartext zu liefern.

Pierre Bayles Wörterbuch

Der Polyhistor Pierre Bayle hatte bereits am Ende des
17. Jahrhunderts in Frankreich mit seinem Riesenwerk *Dictio-
naire historique et critique* das *Siècle des Lumières* eingeleitet, das
Zeitalter der Aufklärung. 1741, mit einem halben Jahrhundert
Verspätung und gleichzeitig mit der vierten französischen Auflage, erschien es in deutscher Sprache, übersetzt von Johann Christoph Gottsched. Wir wissen nicht, wo und wann genau Winkkelmann den Bayle für sich entdeckt hat, ob in der Hofmeister-
zeit oder in Seehausen; aber wir haben noch die umfangreichen
Hefte, in die er exzerpiert hat, was ihm wichtig schien: 700 Seiten
Manuskript. Das *Wörterbuch* bietet in vier dicken Folio-Bänden
Stoff und Reflexionen zu einer Kulturgeschichte Europas und der
Mittelmeerländer, angelegt als alphabetische Folge von Stichworten mit Erläuterungen; suchen muß man nach dem Namen von

Personen und Orten aus Religionen und Mythen, aus Geistes-, Kunst- und Weltgeschichte. Innerhalb der einzelnen Artikel stehen die Mythen und Dogmen der verschiedenen Religionen einander gegenüber wie zu einem gelehrten Disput. Hier erfährt man alles Wissenswerte über Aaron, Abdera, Achilles, Adam, Adonis, Anakreon, Antinous, Apelles, Aretin (Peter), Aristoteles, Augustin, Babylon, Bathyllus — bis Zenon und Zoroaster.

Dem Lexikon vorangestellt ist eine Biographie des Verfassers, deren Ähnlichkeit mit der Lebensgeschichte Winckelmanns auffällt. Pierre Bayle war in seiner Jugend derart versessen auf Lesen und Studieren, daß er darüber seine Gesundheit ruinierte; er war Protestant und konvertierte zum Katholizismus; er blieb unverheiratet und scheint ein im Leiblichen anspruchsloser Geistmensch gewesen zu sein; er sei jedoch rechtgläubig fromm gewesen und habe keine Affären gehabt. Beides war wichtig, denn in seinem Lexikon stehen die Zitate von Kirchenvätern und Heidendichtern, stehen die absoluten Wahrheiten und die leisen Zweifel so offen gegeneinander, daß der Leser bereits durch die Kombination und Konfrontation der Ideen dazu angeregt wird, alles, was da vorgetragen wird an Ideen und Dogmen und Lebensformen, zuerst einmal zu relativieren. Jeder Artikel auf eine Person, ob mythisch oder historisch, bietet eine Fülle von Informationen und Mutmaßungen zum Privatleben, alles belegt durch köstliche Zitate. Ein solches Lexikon gab es noch nicht. Dem Protest der Frommen gegen seine Technik der Wiedergabe von Sitte und Sünde begegnete Bayle in der zweiten Auflage mit einer ausführlichen Begründung des Zitierens von *obscénitez*.

Auf Bayles Verteidigung läßt der deutsche Übersetzer aus eigener Feder seine Kritik folgen: Er schäme sich für das, was Bayle beibringe an „Unfläterey" und „schlüpfrigen Sachen", die jenem offenbar „lieb" gewesen seien und durch die er den „Abgang" des Lexikons habe „vermehren" wollen. Im Zorn des Gerechten hat Gottsched einen frommen Einfall: „Wäre es nicht zu wünschen, daß das Andenken aller Üppigkeit vormaliger Zeiten mit einer ewigen Nacht bedecket, und die Stellen alter Bücher, wo Zoten stehen, zu lauter Lücken würden!" Von der Lücke zum kategorischen Reinemachen ist es dann nur ein Gedankenschritt: „Und was würde wohl der lateinischen Welt entgehen, wenn wir gleich den ganzen Catull, und Petron, oder den halben Ovid, Martial und Horaz verlohren hätten? Bloß unsere verkehrten Hercules" – Bayle und seinesgleichen – „würden viel dabey einbüßen, die anstatt einen Stall auszumisten, vielmehr allen Unflat, den sie finden können, in ihre Sammlungen zusammenschleppen."

Der Benutzer des Lexikons merkt sich: Catull! Petronius! Ovid! Martial! Horaz! Er schlägt sogleich die ihnen gewidmeten Artikel auf und findet Üppigkeiten aller Art angedeutet und nacherzählt, wobei die antiken Zitate samt „schlüpfrigen Sachen", wie Bayle anmerkt, „stets lateinisch gelassen" wurden — hier kommt die Lateinschule zu Ehren und das Schullatein! Der Schüler wird fleißig; er bemüht Wörterbuch und Grammatik, um herauszukriegen, was da steht. Zum Beispiel über *Achilles*: „Die Geilheit des Achilles war eine frühzeitige und dauerhafte Frucht". Allerhand deftige Frauengeschichten werden ihm zugeschrieben, aber nicht nur solche: „Es sind einige, welche wollen, daß Troilus, des Priamus Sohn, unter den Umarmungen des geilen Achilles erstickt, und todt geblieben sey, als er ihn mit Gewalt schänden wollte und bey demselben allzu starken Widerstand fand." Mit einem gewissen Antilochus soll er „etwas unrechtes" gemacht haben. „Allein vornehmlich hat man gegen den Patroklus der Zärtlichkeit des Achilles eine strafbare Auslegung gegeben. Was soll ich von den zween Versen des 43. Sinngedichts des 11. Buchs des Martial sagen?

Bryseis multum quamvis avera jaceret,
    Aeacidae proprior levis amicus erat."

Wer nicht entmutigt ist von der Tendenz des Verses, der greift nach der angegebenen Stelle und liest das ganze Gedicht:

Deprensum in puero tetricis me vocibus, uxor,
  corripis et culum te quoque habere refers.
Dixit idem quotiens lascivo Iuno Tonanti!
  ille tamen grandi cum Ganymede iacet.
Incuruabat Hylan positu Tirynthius arcu:
  tu Megara credis non habuisse natis?
Torquebat Phoebum Daphne fugitiva: sed illas
  Oebalius flammas iussit abire puer.
Briseis multum quamvis aversa iaceret,
  Aeacidae proprior levis amicus erat.
Parce tuis igitur dare mascula nomina rebus
  teque puta cunnos, uxor habere duos.

— Erwischt hast du mich mit einem Knaben, meine Gattin,
  und schreist mich wütend an, auch du habest einen *culum*.
Genau das sagte Juno zu ihrem Donnerer (Jupiter)
  und doch schlief dieser gern mit Ganymed, der kein Kind
  mehr war.
Der Heros von Tiryns (Herkules) legte den Bogen weg und
  streichelte den Hylas.
  Glaubst du, daß Megara keine Arschbacken hatte?
Als Daphne vor Apollon floh, da machte sie ihn rasend,
  doch die Flamme der Liebe löschte der oebalische Knabe
  (Hyakinthos)
Wie oft auch Briseis ihm ihr Hinterteil darbot,
  dem Enkel des Aiakos war lieber der bartlose Freund.
Hör auf, dem, was du hast, männliche Namen zu geben
  und mach dir klar, daß du, meine Gattin, zwei *cunnos* hast.

Derlei gehörte nicht zum Schulpensum; Winckelmann las es
heimlich für sich. Die Lektüre von Bayles Lexikon aber war sein
Studium Generale, von welchem uns hier nur eine Facette beschäf-
tigt: der Ausblick auf Sitte und Sinnlichkeit der Alten. Und wie
Bayle das macht: umständlich hantierend mit dem christlichen
Sittengesetz, damit er das, was jenem zuwider ist, ohne Schaden

für sich selbst zitieren kann — Winckelmann wird sein ganzes Leben lang, trotz wachsender Selbstsicherheit, diese Schutzregel beachten. Bei Pierre Bayle fand er sie prägnant formuliert. Noch einmal der Artikel *Anacreon*: „wenn er nicht allen Abscheu verdienet, den ein christlicher Poet in diesem Falle verdiente, weil man diese Art der Liebe mit keinerlei solchen Schande belegte, als in den Ländern der Christenheit; so muß die Verstockung seiner Zeit für ihn bezahlen: ich will sagen, daß der Unwillen der Leser bey allem demjenigen auf diese Zeit fallen muß, was man nicht einer jeden Privatperson aufbürden darf." Später in Rom, als Casanova ihn in Rom mit einem „Bathyllus" überrascht, wird er genau so argumentieren und die „Verstockung" einfach auf seine Seite nehmen: Die Griechen seien in vielem nachahmenswert gewesen, aber doch in manchem ganz anders begabt als wir!

Wenige Seiten weiter erfährt der Leser im Artikel *Antinous*, daß dieser der Geliebte des Hadrian war und nach seinem sehr frühen Tod vom trauernden Kaiser zur Gottheit eines neuen Kultus erhoben wurde; und dies war zwar ein Gräuel, aber auch ein Segen: „Die Kirchenväter bedienten sich dieses thörichten Aberglaubens sehr vorteilhaft, die Eitelkeit der heidnischen Religion begreiflich zu machen. Man konnte ohne Mühe bis auf die Quelle in Ansehung dieser neuen Gottheit zurückgehen, und hierauf den Ursprung aller andern verdächtig machen."

Wir wissen heute, daß in der römischen Kaiserzeit schon vor dem Sieg des Christentums die von den Griechen übernommene Offenheit der Schriftsteller in Hinblick auf Sexualität allmählich abnahm und schwand. Es waren Ärzte, die zur Enthaltsamkeit rieten, weil sie das Leben verlängere, während jede sexuelle Erregung zu einem Verlust von Körpersaft führe und damit von Lebensdauer. Sperma galt ihnen als entfärbtes Blut, und von dem habe der Mensch nur eine bestimmte, einmal gegebene Menge. Das war nicht allen Christen geläufig, aber es paßte gut in ihr neues Schema vom Gotteslob durch Enthaltsamkeit. Exemplarisch an sich selber haben die Kirchenväter dies vorgelebt, und Bayle schreibt in seinem Artikel *Augustin*, den Winckelmann exzerpiert hat: Auch er habe geliebt, ja er sei zeitweilig in „unerlaubtem Umgang mit Frauenvolke" regelrecht „ersoffen" gewesen. In seiner Jugend habe er etliche Jahre eine Frau geliebt und kurze Zeit einen Knaben, bekennt Augustinus selber in seinen *Confessiones*; die schreibt er, um der ganzen Welt zu sagen, wie leid ihm das nunmehr tut und wie sehr doch das sexuelle Lieben die Gottesliebe verhindere und unterlaufe. Wo er Liebe zwischen Männern erwähnt, da verdammt er sie; er selber schämt sich seiner Affären mit der Frau einschließlich des Sohnes, der daraus hervorgegangen war, dessen Existenz immerhin Gottes Wille entspräche, weshalb er ihn *Adeodatus* nennt und mit Freuden sieht, daß jener seine Qualen nicht zu kennen scheint, vielmehr aus eigenem Antrieb enthaltsam lebt zur höheren Ehre Gottes. Augustinus verachtet nicht nur die derbe Zuschauerlust der Römer bei ihren Circus-Spielen, sondern auch seine eigene antike Bildung; den frivolen Homer habe er gelesen, und sogar den Vergil: das sei eine Sünde! Im vierten Jahrhundert unter Christus läutet Augustinus moraltheologisch das Mittelalter ein; und das war im achtzehnten Jahrhundert noch nicht vergangen, zumindest nicht in Kirche und Schule.

Schulstaub

Der damalige Rektor von Seehausen publizierte zwanzig Jahre später, als der jüngere Kollege in Rom berühmt geworden war, einen Abriß von dessen Leben: In seiner Schule habe Winckelmann sich eigentlich nur mit Sprachen befaßt, mit Griechisch und Latein samt der „Ausforschung der Alterthümer", ferner mit dem Erlernen von Englisch und Italienisch. In dessen eigener Erinnerung waren die fünf Jahre Unterricht dort eine „Märteley", und Seehausen nannte er von Rom aus „Sauhausen": „Ich habe den

Schulmeister mit großer Treue gemacht, und ließ Kinder mit grindigten Köpfen das Abc lesen, wenn ich während dieses Zeitvertreibs sehnlich wünschte, zur Kenntniß des Schönen zu gelangen, und Gleichniße aus dem Homerus betete." (673) Im selben Brief aus dem Jahr 1764 zitiert er jene Zeile aus der *Odyssee*, wo der in seiner Heimat verkannte und geschmähte Odysseus zu sich selber sagt (20, 18):

τέτλαθι δή, κραδίη· καὶ κύντερον ἄλλο ποτ' ἔτλης
— Herz, halt aus! Du hast schon Hündischeres erduldet.

Derlei „Gleichnisse" sprach er, „betete" er in sich hinein, um seine Verzweiflung zu besänftigen mit schöner Kenntnis. „Er war friedfertig und leutselig gegen jedermann", heißt es in dem Lebensabriss weiter, „aber ein Feind des andern Geschlechts". Als Winckelmann dies zwanzig Jahre später las, protestierte er: Feindschaft sei der falsche Begriff; die Frauen seien ihm als solche gleichgültig. „Er besaß die größte Sparsamkeit, und lebte bey eingeschränkten (…) Einkünften so enthaltsam, daß er, wie auf den hohen Schulen, in Ermangelung eines ordentlichen Tisches, mit kalter Küche und einem Trunk Wassers vorlieb nahm." Das traf zu, desgleichen die Beobachtung, er sei „ein großer Liebhaber der Einsamkeit" und „recht geitzig auf die Zeit"; denn er ging „sonderlich im Sommer, nicht ordentlich zu Bette, sondern er legte sich einige Stunden lang auf einen Ruhestuhl" und saß, bevor es hell wurde, wieder über seiner Lektüre.

Hier traf sich sein Geiz auf die Zeit, den „unerkannten großen Schatz", wie er später in seinem ersten Essay schreiben sollte, mit Enthaltsamkeit anderer Art. In Seehausen lebte er nämlich, wie Uden berichtet, eine Zeitlang zusammen mit Peter Lamprecht, den der Amtmann zu ihm in Pension gegeben hatte; er „schlief in der Kammer, wo auch Winckelmann sein Bette zu stehen hatte. Dieser war aber den ganzen Winter hindurch mit keinem Fuße ins Bett gekommen, sondern saß in einem Lehnstuhl in einem Winkel vor einem Tisch; auf beyden Seiten stunden 2

Bücher Repositoria (Regale). Den Tag über brachte er mit der Information in der Schule zu, und nachher mit dem Unterricht seines Lamprechts. Um 10 Uhr ging dieser zu Bette und W. studirte für sich bis um 12 Uhr, da er sein Lampe auslöschte und bis um 4 Uhr auf seinem Stuhle feste schlief. Um 4 Uhr wachte er wieder auf, zündete sein Licht an und studirte für sich bis um 6 Uhr; da sein Unterricht mit dem jungen Lamprecht wieder anging, bis zur Schule."

Im Schoße der Freundschaft

Enge und Willkür der Herrschaft auf der Domäne Hadmersleben hatte Winckelmann eingetauscht gegen die Zwänge einer konfessionell gebundenen Lehranstalt. Den Übergang erleichterte die Erlaubnis, seinen Privatschüler mitzunehmen. Uden datiert seinen Besuch in Seehausen auf das Jahr 1747; er muß zwei Jahre früher stattgefunden haben, denn so lange währte die Zweisamkeit nicht. Am 16. Februar 1744 schreibt der Lehrer dem Schüler, der offenbar gerade bei den Eltern in Hadmersleben zu Besuch war:

Ad delicias suas.

Optarem ego iam nunc ex Te coram percipere, quam tibi mentem excitare potuerint novissimae litterae.

— Mein Schatz! Ich wüsste zu gerne, was mein neuer Brief Dir an Gedanken eingibt.

Die Anrede ist intim und zugleich literarische Konvention: So beginnt ein lateinischer Liebesbrief. Peter Lamprecht war damals 14 oder 15 Jahre alt und seit zwei Jahren Winckelmanns Zögling. Das Problem, um das es geht, ist angedeutet, leider nicht benannt; vermieden werden soll, „Peinliches ins Gespräch zu bringen, damit die Sache nicht noch einmal passiert". Sich selber nennt der Verfasser „homo Tui amantissimus — den, der Dich sehr, sehr liebt", und den Empfänger „ocelle mi – mein Augenstern". Und „per ocellos tuos venustulos — um Deiner allerliebsten Äuglein willen sollst Du das Angedeutete bitte in Deinem Herzen verbergen. Alles ließe sich leichter mündlich klären als durch endlose Briefe. Aber wenn nicht der Zephir" – der Westwind mit den feuchten Schwingen – „mir aus Deinem Munde andere Nachricht bringt, so scheint mir mein Besuch bei Dir jetzt ganz unpassend. En! Heu tu! ecquid agunt vestrates Musae Latinae?" Die Nähe ersetzen soll eine pädagogische Mahnung mit Knüffen „He, Du!", auf daß der Schüler während seiner Abwesenheit die lateinischen „Musen" nicht vernachlässige. Am Ende bittet der Schreiber, dem ebenfalls *amantissimus* genannten Vater und der *exoptatissima* Mutter – der mit dem Sauerbier – den lieben und verehrten Eltern also samt Schwester die ergebensten Grüße ausrichten zu wollen.

Die Erlaubnis dafür, daß der Schüler dem Lehrer folgen durfte in dessen Wohnung, mußte dem Vater abgebettelt werden. Vom Januar 1746 stammt Winckelmanns ältester Briefentwurf in deutscher Sprache, in welchem der Konrektor dem Oberamtmann überschwänglich dankt für die „Verlängerung meiner mir aufgetragenen Aufsicht über Dero Herrn Sohnes Studien". (30) Drei Monate später saß dieser fern von seinem Hofmeister in einem Internat, von wo er ihm einen Brief schrieb. Leider ist er, wie alle Briefe Peter Lamprechts an Winckelmann, verloren; erhalten hat sich nur der Entwurf zu dessen Antwort:

„Mit was für Zärtlichkeiten soll ich doch Deine angenehmen Zeilen beantworten? Ad os oppressi et ad pectus. Ach könntest Du sehen, was in meiner Seele vorgeht! Allerliebster Bruder, soll es Leben und Ehre gelten, mein Hertz würde sie für Dein Heil aufopfern. Man müßte der Welt solche Freunde zum Muster vorstellen." Leben, Ehre, Opfergang — hier bereits spielt Winckelmann mit dem Gedanken, die doppelte Not der unerwiderten Liebe und des fernen Geliebten aufzuheben in einem Gewaltakt, einer heidenmäßigen Heldentat, für welche die beteiligten Helden ein Denkmal verdient hätten. Doch dieses Heldentums Krone kann nur von oben kommen: „Der Himmel muß uns gutes thun um unsere Redlichkeit." Denn hier ist nicht, wie im alten Athen, ein Tyrann zu töten, sondern Luthers „altböser Feind", Anton Reisers „böse Lüste".

Weil der Geliebte so fern ist, kann der Ausdruck der Liebe rein und voll werden: „Mein Auge weint allein um Dich. Ich bin in solchem Zustande nicht anders, als Diogenes beim Lucian, gantz verlassen, ein Feind der Menschen, ohne Freundschaft und Gesellschaft. Mein Geist weicht aus seinen Schranken, wenn ich an Dich gedenke wie Plato zum Dion sagt. Du verlangest mich zu sehen; aber ich kann nicht." (34)

Zum Vergleich führt er zwei Philosophen an, die Pädagogen waren und ihren Schülern in Liebe zugetan; dazu eine Verszeile aus Ovids Sammlung fiktiver Briefe berühmter Liebender, in der Dido dem Aeneas schreibt, nachdem dieser sie verlassen hat:

Adspicias utinam, quae sit scribentis imago.[16]
— Ach, sähest du doch, welchen Anblick ich biete, da ich
  dieses schreibe.

Von Tränen entstellt wie Dido, versucht Winckelmann am Ende sich selber Mut zu machen: „Nun erkenne ich die Stärke der Liebe. Aber vielleicht kann niemand mehr einen Freund so hertzlich und sehnlich lieben. (…) Mein einziger Trost in meiner Verlaßenheit ist, daß sich etwas in mir befinden muß, das mich so fest mit Dir verbindet. Dieses muß das einzige sein, was sich großes bei mir befindet. Ich werde Dich lieben, so lange ich lebe und ersterbe —" Die konventionelle Formel der Ehrfurcht bekommt hier einen unkonventionellen Sinn. Zuletzt steht auf dem Blatt noch ein gestammeltes, nicht für den Brief bestimmtes „Lieb Lieb".

Sechs Wochen später schreibt Winkelmann erneut an Peter Lamprecht: „Ich habe Ihr angenehmes Schreiben den 8. September erhalten." Der Duzfuß ist dem Argwohn des Vaters geopfert. Der Konrektor war am Wochenende, wie früher schon oft, zu

Fuß von Seehausen nach Hadmersleben gegangen, um „den Hrn. Oberamtmann zu bewegen", seinen Sohn doch wieder in seine Obhut zu geben. Der reagierte abweisend, und nun sieht Winkkelmann sich genötigt, die räumliche Distanz in der Anrede zu verdoppeln, damit nur ja kein Verdacht aufkommen kann: „Ihrem (Wunsch) zufolge berichte, daß ich den Sonntag gantz früh gegen 5 Uhr in Seehausen gesund angelanget bin. Wie aber mein Hertz beschaffen gewesen, läßt sich nur gedenken nicht schreiben. Ich verlohr sogar den großen breiten Weg nach Wolmirstadt,

Vix oculis ereptus eras, tum denique flevi."[17] (38)

— Kaum warst du mir aus den Augen, da weinte ich schon.

Wieder zitiert er aus Ovids Briefgedichten heroischer Liebe, diesmal die von Theseus verlassene Ariadne, wobei er das erste Wort ändert: „iamque", schreibt sie, wo er „vix" setzt, das heißt: „Erst als du mir aus den Augen verschwunden warst, konnte ich weinen." Dem Zitat folgt ein zweites, ebenfalls nach Ovid, wieder aus der Perspektive einer aus Liebe leidenden Frau, hier Medea:

Tristis abis oculis, abeuntem prosequor udis.[18]

Setzt man das Komma hinter „abis", so heißt das:

— Traurig gehst du; mit nassen Augen folge ich deinem Gang.

Das beschreibt demnach den Augenblick zuvor und hat in der Reinschrift des Briefs vermutlich die Reihe der Zitate eröffnet. Ein drittes Zitat folgt und wirkt hier wie ein Ringen um Fassung. Die griechische Fürstin Laodamia grüßt ihren Gatten Protesilaos, der in den Trojanischen Krieg gezogen ist:

Mittit et optat amans quo mittitur ire salutem.[19]

— Hier liebt jemand und schickt Segenswünsche und hofft, sie kommen an.

„Nun habe ich", fährt Winckelmann fort, „alles miteinander aufgegeben, Hoffnung, Glück, Ehre, Ruhe und Vergnügen. Ich bin wie Diogenes beim Lucian, verlaßen, ohne Freunde und ohne Gesellschaft und wünschte mir mein nichtswürdiges Leben zu endigen." Lukian zeigt im ersten seiner *Totengespräche* den Polydeukes oder Pollux, einen der Dioskuren, der als Halbgott nur halb sterblich ist und darum im Wechsel mit seinem Bruder Castor von Zeit zu Zeit auf die Erde zurückkehren darf, im Gespräch mit dem ganz toten Philosophen Diogenes, der ihm etliche Botschaften an die Lebenden mitgibt, darunter eine an die „Schönen und Starken"; denen möge er ausrichten: „Bei uns – im Hades – gibt es weder blondes Haar noch schwarze blitzende Augen, noch blühendes Rot des Antlitzes, noch straffe Sehnen und kraftvolle Schultern mehr, sondern bei uns ist nichts als Staub, wie man sagt, nackte Schädel, aller Schönheit bar." Das deutet an, wie Winckelmann Peter Lamprecht sah — und wie Seehausen, ohne ihn, zu einem Ort todesgleicher Öde wurde.

Und noch einmal zitiert er Ovid, und zwar den jungen, der an seinem ersten Liebesschmerz arbeitet:

Non sum desultor amoris.[20]

— Ich bin in der Liebe kein „Springer".

Wir müssen annehmen, daß der Schüler die Gefühle seines Lehrers nicht erwidert hat. War diesem der Satz, wie schon dem Ovid, voreilig entschlüpft? Im Entwurf ist er durchgestrichen, stand also wohl nicht im abgeschickten Brief; er drückt aber genau das Gefühl für Peter Lamprecht aus, das ihn sein Leben lang begleitete.

Winckelmann bekam nach der Trennung für kurze Zeit einen neuen Pensionär, mit dem er sich gern dauernd verbunden hätte. Er hieß Friedrich Ulrich Arwed von Bülow und scheint sich, anders als Lamprecht, von Anfang an eindeutig erklärt zu haben: er liebe die Frauen. Aus Winckelmanns Briefentwürfen geht hervor, daß sich Bülow dem Werben ebenso höflich wie bestimmt entzogen hat. Der Lehrer reagiert mit einem Schwall von Empfehlungen zur Weiterbildung; in einem zweiten Schreiben wird er deutlicher, nicht auf Lateinisch, sondern auf französisch; „beau jeune homme" nennt er ihn:

„Ihr gütiger Brief hat mich entzückt, er ist glänzend formuliert und wird für immer aufgehoben werden als das genaue Abbild Ihrer Begabung und Ihrer Zärtlichkeit. Glückselig wer sie genießen kann! Ich bestehe nicht länger auf meinen alten Rechten, den Sie als schöner junger Mann sollen freie Wahl haben, (...) Ich werde mich in ein dumpfes Schweigen hüllen und mich freimachen von einer passion, die meiner Seele ihre Ruhe genommen hat" – hier springt der Gedanke unvermittelt in sein Gegenteil – „einer passion, (...) qui fera mon étude unique et que je ne perdrai jamais de vue — einer Leidenschaft, die ich zum einzigen Gegenstand meines Forschens machen werde und die mir nie aus dem Blick kommen wird. Niemand wird mich davon abbringen. Da die Natur mich nicht dazu gemacht hat, geliebt zu werden, wie ich es wünschte, und da mein Unstern mich abzieht von meinen Freunden, will ich gegen den Drang meines Herzens nicht länger auf Freundschaft hoffen und diese vielmehr für eine Wahnidee halten. Die eine Genugtuung kann ich Ihnen geben, daß ich niemals mehr mit irgend jemandem eine enge Verbindung eingehen werde. Meine ganze passion soll sich zusammenziehen in der Erinnerung an unsere Freundschaft, die ich aufgebaut habe und an der mir unendlich viel lag. Dabei wollen wir es jetzt belassen. (...)

Je suis, Monsieur, Votre ami passionné

Winckelmann." (50)

Zwar geht aus dem Entwurf nicht eindeutig hervor, wem der Brief gelten sollte, doch er enthält eine Aussage Winckelmanns zur eigenen Person, welche an Schärfe alle anderen übertrifft: Diese passion – und nichts anderes – werde er, da er sie nicht ausleben könne, zum Gegenstand seiner wissenschaftlichen Arbeit machen, um sie wenigstens mit dem Verstande bewältigen zu können!

Bülow war eine Episode — mit dem Namen Lamprecht blieb das tiefste Gefühl verknüpft auf lange Zeit. Er taucht immer wieder auf, einmal sogar neben dem eines anderen Freundes. Dabei geht es wieder um eine der trauernden Heldinnen Ovids, diesmal um die Liebes-Göttin selbst. In einem Heft mit historischen Notizen steht unvermittelt auf einer freien Stelle:

An Lambrecht und Berendis.

Altius actum

Vulnus erat specie, primoque fefellerat ipsum. – – –

Hunc tenet, huic comes est, assuetaque semper in umbra

Indulgere sibi, formaque augere colendo. – – –

Inque sinu iuvenis posita cervice reclinis

(Sic ait) ac mediis interserit oscula verbis.[21]

Es sind sechs Zeilen aus dem zehnten Buch der *Metamorphosen*; die Geschichte der Liebe der Göttin Venus zu dem schönen Jüngling Adonis ist durch die Überschrift travestiert und dazu an einer Stelle verändert.

— Tiefer gegangen

War die Wunde, als es erst schien; er selbst hatte es nicht gleich gemerkt.

Die Wunde, von der Ovid hier spricht, ist nicht jene, an welcher die Göttin ihren Geliebten sterben sehen wird, vielmehr ihre eigene vorhergehende Verletzung, unter der sie menschlich leidet. Sie hat sich versehentlich an einem Liebespfeil ihres Sohnes Amor geritzt und infiziert; ihr erster Blick danach trifft auf den soeben wundersam aus einem Baum geborenen und mit einem Schlag jünglingsreifen Adonis, und sie verfällt ihm rettungslos. Ganz so jäh wird es nicht abgelaufen sein zwischen dem jungen Gelehrten und seinem Schüler, aber irgendwann zwischen Unterrichtung und Lustwandeln in Garten und Gehölz ist die Liebe aufgegangen, stärker als alle Vernunft. Wie der Geliebte reagiert hat, erfahren wir nicht; eine mögliche Reaktion beschreibt Ovid. Himmel und Erde sind der Göttin gleichgültig geworden, sie sieht nur noch den jungen Menschen:

— Ihn hält sie, ihn begleitet sie ständig, und sie, die stets im Schattigen saß,

Beschäftigt mit ihrer Toilette, damit sie noch schöner werde.

Sie geht von nun an mit ihm, dem leidenschaftlichen Jäger, auf die Jagd und schlüpft gar in die Rolle der Diana. Den Hasen jagt sie mit und den Hirsch, Wolf und Bär, sogar den Löwen — beim Anblick eines Wildschweins ahnt sie, daß Adonis durch ein Tier dieser Gattung den Tod finden wird; von da an möchte sie ihm das Jagen ausreden mit süßen Worten und wird zur Pädagogin, die ihrem Schüler, mitten in der eigenen Liebesgeschichte, die eines anderen Paares erzählt: die von Atalante und Hippomenes. Die Waldherrin Atalante, jungfräulich wie Diana, wird von Freiern umworben, doch sie will nur den heiraten, der sie im Wettlauf besiegt; ist sie schneller, muß er sterben. Bisher hat sie alle Bewerber hinter sich gelassen. Da kommt Hippomenes, verliebt sich, will den Wettlauf wagen und bittet sie – Venus – um Hilfe. Die gibt ihm drei goldene Äpfel, welche er fallen lassen soll, sobald sie ihn überholt. Und tatsächlich läuft sie schneller, dreimal will sie überholen, dreimal wirft er einen Apfel, dreimal bückt sie sich danach; so siegt er und bekommt sie. Sucht mit ihr sogleich ein bräutlich Gemach — und vergisst, ihr – der Venus – zu danken. Da zürnt sie und jagt in die beiden ein derart jähes Liebesverlangen, daß sie sofort sich vereinen, mitten im Wald, nah bei einem Tempel, das ist Sakrileg! Und darum erleiden sie als Strafe ihre Metamorphose, die Verwandlung in wildwütige Löwen.

Das alles erzählt die Liebende dem Geliebten in dem einzigen Augenblick, da sie einander ganz gehören:

— Und gelehnt in den Schoß des Jünglings, den Nacken an
    seiner Brust,
Redete sie und mischte Küsse unter die Worte.

Winckelmann spielt in Gedanken die Szene der Venus nach; dazu macht er im ersten Vers aus *ipsam* ein *ipsum*, aus dem sie ein er. Im weiteren folgt er Ovids Text und läßt auch das weibliche assutea stehen, wo es doch assuetoque heißen müßte, wenn hier ein Mann sitzen soll anstelle einer Frau. Was will er damit über sich sagen? Er war weder schön noch eitel. Aber wie die Göttin der

Liebe an ihrer idealen Erscheinung zu arbeiten hat, so er, der Gelehrte, an seiner Wissenschaft, die – nach dem französisch formulierten Bekenntnis – im tiefsten Grunde Wissenschaft vom Lieben sein will. Aber hier ist ein junger Bursche in sein Leben getreten und zieht ihn hinüber zu Belustigungen anderer Art, irgend etwas Burschenmäßigem, ihm gänzlich Fernliegendem. Auf etwas dergleichen scheint sich die Widmungs-Überschrift zu beziehen. Wem aber gilt der zweite Name?

Hieronymus Dietrich Berendis stammte aus Seehausen und war unter den Gleichaltrigen der vertrauteste und verläßlichste Freund. An ihn schrieb Winckelmann so offen wie an keinen anderen. Von Dresden aus, wohin er selber gezogen war, hat er ihm eine Anstellung vermittelt bei seinem dortigen Dienstherrn. In jener Phase großer Veränderungen in seinem Leben wurde Berendis ihm der wichtigste Mensch — nach Peter Lamprecht.

1748–1755: Sachsen

Die Bewerbung

Im Jahr 1748 dringt nach Seehausen die Kunde, daß der bekannte Historiker und Privatgelehrte Heinrich Graf von Bünau auf seinem Schloß Nöthnitz bei Dresden eine wissenschaftliche Hilfskraft sucht zur Unterstützung bei seinem riesenhaften Werk, der *Teutschen Kayser- und Reichs-Geschichte*, von der bisher vier Bände erschienen sind. Es ist nicht gerade das, was Winckelmann sucht; besser als die Arbeit in der Schule ist es allemal. Und es winkt die Aussicht auf eine Bibliothek, deren Ruhm und Rang das entstehende Werk überstrahlt. Er bewirbt sich.

„Monseigneur,

J'ose ici faire avancer cette Lettre du fond de la poussiere d'école devant les yeux éclairés de Votre Excellence — Hoher Herr, aus dem Schulstaub heraus wage ich diesen Brief Euer Excellenz vor Augen zu legen." Auf französisch stellt der Deutsche dem Deutschen sich vor. Griechisch lese er gut, englisch leidlich. Der Schuldienst werde ihm unerträglich. „Setzen Sie mich in einen Winkel Ihrer Bibliothek — Placez moi dans un coin de Votre Bibliotheque." (51) Der Graf bittet um einen Lebenslauf, ein *Curriculum Vitae*. Winckelmann antwortet:

„Illustrissime Comes!

Litterae Tuae (…) ad os oppressi et ad pectus." Und führt alles auf, was er bisher getan, vor allem: was er gelesen hat. „Baylii Dictionarium bis perlegi, et vastum inde volumen Miscellaneorum conscripsi. (…) litteras graecas retractavi." (53) Also die vier Folianten des Bayle zweimal ganz, wobei ein dickes Heft mit Auszügen entstanden ist. Dazu habe er historische Werke in verschiedenen Sprachen gelesen, Italienisch und Englisch zu lernen begonnen; auch erwähnt er seine Hofmeisterarbeit an dem filio Lambrecht. Darauf antwortet Bünau in deutscher Sprache, und Winckelmann schreibt, er sei fertig zur Reise; im übrigen scheide er freiwillig aus seiner bisherigen Stelle: „Es ist nichts, was mich zwinget, von hier zu gehen." (54)

Schloß Nöthnitz

Heinrich von Bünau stammte aus altem sächsischen Adel, hatte Jura studiert und war vom Recht über die Rechtsgeschichte auf die Geschichte, die Geschichtsschreibung gestoßen. Da seine Hoffnungen auf ein hohes Amt am Dresdner Hof gestört und schließlich zunichte gemacht wurden von dem berühmten Grafen von Brühl, der Minister mit seinem Stadtpalais *Belvedere* und seiner Bildergalerie auf dem Wall, seitdem *Brühl'sche Terrasse* genannt, konnte Bünau lange Zeit ungestört seiner wissenschaftlichen Neigung nachgehen. Von Jugend auf hatte er Bücher gesammelt — auch Brühl sammelte Bücher, Bünau aber pflegte die seinen selber zu lesen. Als ihm durch seine zweite Frau das Gut Nöthnitz zufiel, verlegte er seine Bibliothek, die auf 40.000

Bände anwachsen sollte, in den Seitenflügel des Schlosses. Dorthin wurde Winckelmann engagiert; dort wohnte er auch, eine halbe Meile vor der Stadt, 4 Kilometer südlich von Dresden.

Seine Aufgabe war es, Urkunden und Bücher zu durchsuchen nach Angaben und Daten zu den Personen und Ereignissen, über die Bünau dann schrieb. Das meiste war geschrieben im Latein des Mittelalters; nichts davon interessierte ihn. Um so mehr zog ihn an, was an Autoren der schönen Literatur in Nöthnitz stand: alles Wichtige, was damals in gedruckter Form vorlag, Lyrik, Epik und Dramatik in den alten und den neueren Sprachen. Ferner die theoretischen Schriften zur Dichtkunst, worin besonders die Franzosen brillierten; und schließlich die antiken und die neuzeitlichen Werke über die bildende Kunst, über die Künstler und ihre Werke sowie zu Fragen der Kunst-Geschichte und der Ästhetik. Alle diese Werke standen ihm dort zur Verfügung — außerhalb der Dienstzeit. „Zu meinen eignen Studiren wende ich die Morgenstunden an von 3 Uhr, wie es kommt, bis 7 vor und nach Tische und ein paar Stunden des Abends. (…) Die Morgenstunden aber sind dem Griechischen gewidmet." (65) Die meisten der umfangreichen Exzerpthefte sind in solchen „Nebenstunden" (80) entstanden. Die Nächte müssen kurz und prosaisch gewesen sein; wir ahnen, wie dürftig er gewohnt, wie bescheiden er gegessen hat und daß so etwas wie ein Privatleben nicht möglich war. Vermutlich hatte er keins, so daß er in der unkomfortablen Einsamkeit mit Menschlichem nur lesend in Berührung kam. Das immerhin scheint ohne Störung möglich gewesen zu sein und ihm erlaubt zu haben, die Seehausener Praxis zu vertiefen.

Homer

Den Homer habe er im Winter 1753/54 dreimal gelesen, und zwar „mit aller application, die ein so göttliches Werck erfordert". (98) Buchausgaben von *Ilias* und *Odyssee* waren rar. Winkkelmann besaß damals noch keine eigenen, doch in Nöthnitz waren ihm mehrere zur Hand, dazu lateinische Kommentare und Übertragungen ins Englische und ins Französische. Griechische Epen aus archaischer Zeit im Original zu lesen hieß auch für einen Kenner der Sprache: Vokabeln lernen, Schwieriges neu übersetzen, Wichtiges abschreiben. Dazu brauchte man Fleiß, *application*; freilich wuchs von Mal zu Mal mit dem Verständnis auch der Genuß. Die Werke Homers haben Winckelmann sein Leben lang begleitet; aus der Fülle der darin verarbeiteten Motive soll hier nur eines zur Sprache kommen, nämlich die Beziehung zwischen Achill und Patroklos. Wie verhält sich ihre früheste Darstellung zu dem, was die von Bayle zitierten antiken und neuzeitlichen Kommentatoren behaupten und mutmaßen?

In der *Ilias* ist von Sexualität sehr wenig und in bezug auf zwei Männer gar nicht die Rede. Unter den griechischen Heerführern, die seit neun Jahren mit ihren Mannen vor der Stadt Troja lagern und unter den Stadtmauern mit den Trojanern kämpfen, ragt Achilleus hervor, der jüngste, der schönste, der stärkste. Der Heerführer Patroklos ist sein Freund seit Kindertagen; von ihm, dem etwas Älteren, lässt er sich bedienen und regelrecht aufwarten. Einmal „schlafen" sie zusammen in des Wortes übertragener Bedeutung: der Feldherr mit der Diomede, und „gegenüber" sein Assistent mit der Iphis, „die gab ihm der göttliche Achilleus".

Aus dem zehn Jahre dauernden Krieg um Troja greift Homer eine Phase heraus: das Nachlassen des Kampfes, verursacht durch den *Zorn* des Achilleus auf Agamemnon, den obersten Feldherrn, weil dieser eine schöne Gefangene, die jener erbeutet hat, für sich fordert und vom Rat der Feldherren zugesprochen erhält. Das ist jene Briseis, von der Martial spricht; bei Homer kommt sie dem Achilleus nicht näher als die Beischläferin Diomede. Achill ist schwer gekränkt und sitzt tagelang fern vom Kampf zürnend *bei den Schiffen*. Die Griechen drängen ihn, doch wieder mitzukämpfen, denn nur mit seiner Hilfe könne Troja bezwungen werden.

Da Achilleus nicht nachgibt, der Krieg aber weitergehen soll, muß zuletzt Agamemnon sich fügen und die Beute Briseis zurückgeben, die er, wie er betont, nicht berührt hat.

Gleichzeitig mahnt Patroklos den Freund, man dürfe die Troer nicht entlassen aus ihrer Angst; man müsse wenigstens einmal wieder ein Zeichen setzen, und wenn nicht durch ihn, den Schrecklichen, selbst, dann wenigstens durch seine schrecklich-schöne Rüstung; er, Patroklos, würde gern einmal in ihr auftreten. Nach einigem Widerstreben und nach anhaltenden Verlusten der Griechen erfüllt Achill dem Freund seinen Wunsch. Der betritt das Schlachtfeld in voller Montur und weckt sogleich Schrecken und Verzagen, denn es scheint, als sei Achilleus in den Kampf zurückgekehrt. Unter den Troern kann nur einer neben ihm bestehen. Und schon rast er heran: Hektor. Herrlich kämpft er, ein zweiter Troer hilft, und der Grieche, inzwischen als Patroklos erkannt, fällt. Sofort raubt Hektor dem Toten die Rüstung, und es wird einen gewaltigen Gruppenkampf kosten, um wenigstens den Leichnam nicht in Feindeshand fallen zu lassen.

Die furchtbare Nachricht vom Tod des Freundes überbringt der Held Antilochos dem Achilleus, wobei er dessen Hände faßt und festhält aus Furcht, er möchte sich im ersten Schmerz „die Kehle abschneiden mit dem Eisen". Was darauf folgt in der *Ilias*, ein Viertel des Epos immerhin, ist dieser Trauer gewidmet, die den anfänglichen Zorn vergessen läßt; und hier endlich kommt die tiefe Verbindung, die Liebe zwischen den beiden Männern zur Sprache. „Hellauf weinend" wirft Achilleus sich über den Toten; und die restituierte Briseis, das Ehrgeschenk, sagt etwas sehr Feines und Ehrendes über den – irgendwie doch – Rivalen.

Achill rast vor Schmerz und drängt zur Schlacht; erst muß noch eine neue Rüstung geschmiedet werden, und dann erlebt der Zuhörer, wie der Held einen Troer nach dem anderen hinmetzelt, bis der Fluß Skamandros rot wird von Blut. Nur einer von denen, die sich ihm entgegen stellen, unterliegt nicht, weil eine

Göttin ihn rechtzeitig hinwegnimmt. Zuvor aber hat dieser Gelegenheit, sich vorzustellen; und mitten im Getümmel, zwischen Mordgeschrei und Todesröcheln, erklingen die edlen Namen vom Stammbaum der Königsfamilie: Er, der Kämpfer, heiße *Aineias* – daraus wird Vergil *Aeneas* machen – und stamme ab vom Gründer der Stadt; sein Großonkel gar sei unsterblich geworden: *Ganymedes*. Der sei nicht alt geworden und nicht gestorben, sondern, weil er „der Schönste der sterblichen Menschen" war, in voller Jugendblüte lebend aufgefahren zum Olymp.

Τὸν καὶ ἀνηρείψαντο ξεοὶ, Διὶ οἰνοχοεύειν
κάλλεος εἵνεκα οἶο, ἵν' ἀξανάτοισι μετείη.[22]

— Ihn rafften die Götter hinweg, damit er Weinschenk sei
  dem Zeus,
  wegen seiner Schönheit, daß er unter den Unsterblichen weile.

Das erotische Motiv erscheint diskret verteilt auf alle Olympier, und vor dem Hintergrund der Schlacht wird noch ein anderes sichtbar. Das jähe Sterben der Helden erinnert an den schrecklichsten aller Todesfälle, den ganz unadäquaten: den blühender Jugend. Wen die Götter lieben, den holen sie jung! lautet ein alter Versuch zu trösten, wo aller Trost versagt. Dies ist die Geschichte dazu. Es gibt in griechischer Sprache und im Stil Homers, aber später als dessen Werk entstanden, einen Hymnus auf Aphrodite, in dem ausführlich des armen Vaters gedacht wird, den der große Gott trösten muß mit außerordentlichen Gaben. Im übrigen wird Zeus noch eine zweiter Zugriff auf schöne Jugend nachgesagt, auf eine Nymphe mit Namen *Kallisto*, der dasselbe bezeichnet, was von Ganymed behauptet wird: Sie ist „die Schönste" und wird deshalb verführt und hernach an den Himmel versetzt als „Bärin", wo Ganymed sichtbar ist als „Wassermann", Sternbilder als Trost für trauernde Eltern.

In der *Ilias* klagt Achilleus unablässig um den Freund; er träumt von ihm, und am Ende läßt er den Leichnam auf einem Scheiterhaufen verbrennen. Der französische Maler Jacques Louis

David wird in seiner Studienzeit an der französischen Akademie, beeinflußt von Winckelmanns Schriften, in Rom die Szene verarbeiten zu einem barocken Historienbild; im Zentrum, hier als Ausschnitt gezeigt, gibt der Trauernde dem Toten einen Heldenkuß. Bei Homer kein Wort davon! Er läßt die *Ilias* enden mit Sportwettkämpfen, ausgetragen zu Ehren des Toten. Und als der oben genannte Antilochos im Wettkampf brilliert, da

> ... μείδησεν δὲ ποδάρκης δῖος Ἀχιλλεὺς
> χαίρων Ἀντιλόχῳ, ὅτι οἱ φίλος ἦεν ἑταῖρος.[23]
> — lächelte der fußstarke göttliche Achilleus
> und freute sich über Antilochos, denn er war ihm ein lieber
> Gefährte.

Von Platon zu Ficino

Ein zweiter Grieche, den Winckelmann immer wieder las, war Platon. Dessen frühestes Werk wurde sein berühmtestes, das *Symposion*, zu deutsch *Gastmahl*. Es ist zugleich der älteste und erste

Traktat über das Wesen der Liebe und ihren rechten Gebrauch. Der Autor spricht nicht selbst, jedenfalls nicht direkt, sondern er läßt die Teilnehmer an einem Bankett Reden halten zum Lob des Eros, des vergöttlichten Geschlechtstriebes und seiner Wirkung auf Leib und Geist, auf Individuum und Gesellschaft. In den vorgebrachten Thesen und Beispielen spiegeln sich Denken und Tun männlicher athenischer Bürger am Ende des fünften Jahrhunderts vor Christus. Sie sprechen nicht von Ehe, nicht von Beziehungen zwischen sozial Ungleichen, die auf Verfügung und Verfügbarkeit beruhen. Ihr Gegenstand ist das sexuell begründete Liebesverhältnis zwischen Freien und Gleichen ihres Geschlechts, seien sie Knaben, Jünglinge oder Männer. Ihre Liebe zueinander wird nicht stilisiert zu etwas grundsätzlich Anderem oder gar zu etwas wesentlich Besserem als die Liebe zwischen Mann und Frau, die immer mitgedacht wird; sie ist nur das reinere Paradigma, frei von den Zwängen erwünschten oder unerwünschten Zeugens, das Ideal der Liebe als Forderung an die Seelen. Die einzelnen Vorträge, an deren Folge uns Platon teilhaben läßt, sind inspiriert vom Wein und von der erotischen Disposition der Anwesenden. Sie handeln von dem, worauf eine solche Herrenrunde wohl meistens hinausläuft, aber mit der Absicht, der freien Liebe eine Form, eine Ordnung, einen Sinn zu geben.

Sie kommen nicht als Traktate daher, sondern altertümlicher: in der Gestalt des Mythos. Eros erscheint da als vielgestaltiger Drang nach Vereinigung, der in einem einförmigen Streben nach Vergeistigung aufgehoben werden soll. In märchenhaften Bildern und Geschichten entfalten die Redner eine Folge von Begründungen für das Unsagbare und die Vielfalt sexuellen Begehrens und Erlangens. Nachdem so der Horizont des Erlaubten und Praktizierten sehr weit abgesteckt ist, stellt Platon seinen Lehrer Sokrates heraus als Muster der Weisheit und der Mäßigkeit.

Der Philosoph setzt gegen das Wettreden der Freunde sein Grundsatzreferat: Das ideale Objekt der Liebe ist ein schöner junger Mann. Problem ist nicht die Disposition zu einer solchen Liebe, sondern ihre Verwirklichung in einer konkreten Beziehung. Denn sie ergreift zwar den Leib, doch sie zeugt nicht im Fleische, und dies empfindet er als Mangel. Damit geht er weiter als seine Vorredner und nimmt zugleich dem Paradigma sein spezifisches Moment von Freiheit. Er biologisiert es, mit weitreichenden Folgen. Ersatz für das Fehlende sucht er nämlich in der Vorstellung von einem „Zeugen in Schönheit", aus dem am Ende ein „geistiges Zeugen" wird. Damit reduziert er die Rolle des Körpers bei der Liebe auf das Wecken eines Begehrens, das im Körper nicht gestillt werden sollte. Das Begehren entspringt dem Schauen; es vertieft sich im Gespräch; es differenziert sich ein wenig aus in der Berührung, doch das Wesentliche bleibt den Augen vorbehalten: Sokratisch lieben heißt, die Schönheit betrachten. Und so „gebiert" der Liebende die Vorstellung vom Glück der Übereinstimmung und der Verbindung mit dem Geliebten, er gebiert sie wie Zeus die Athena: in seinem Kopf. Die heterosexuelle Vereinigung der Leiber ist das Modell, die homosexuelle Vereinigung der Geister ist das Ideal.

Kompensation bestimmt die Rede des Sokrates noch in anderer Hinsicht. Er ist alt und sucht den Verlust seiner Jugend zu verwinden, vor allem die wachsende Differenz zwischen der Schönheit, die er begehrt, und der Häßlichkeit, die er anzubieten hat. Daraus entwickelt er ein Schema zunehmender Enthaltsamkeit, in dem er die eigene Erfahrung spiegelt und idealisiert: In der Jugend seien die Bedürfnisse von Körper und Seele gleich stark und hätten beide ihr Recht; wer älter werde, der mache Erfahrungen mit immer mehr Menschen, wobei das sexuelle Moment abnehme, bis er zuletzt an allen Menschen nur noch das Schöne suche, um es aus der Distanz zu genießen als ästhetische und ethische Qualität. Der Alte, wenn er denn weise geworden ist, schaue das Schöne als geistiges Prinzip; sein Lieben sei ein Philosophieren geworden.

Das Älterwerden bedingt also ein Training des Begehrens mit dem Ziel, daß der Kopf allein darüber verfügt; und „Training" ist der ältere Sinn des griechischen Wortes *Askesis*, das Sokrates hier bereits verwendet in der Bedeutung von Enthaltsamkeit. Wie wohltrainiert er selber war und welch ein Meister im Sport der Selbstzucht, bezeugt am Schluß des *Symposion* der junge Alkibiades, indem er erzählt von seinem Versuch, im Philosophen den Satyr wach zu küssen, der gescheitert sei an dessen väterlich-keuscher Zurückhaltung. Mit Nietzsche möchte man gern hier Platon für einen Legendenschöpfer halten vor Christus; doch es geht nicht um den Sokrates, wie er womöglich gewesen ist, sondern um die literarische Figur und wie sie gewirkt hat, insbesondere auf Winckelmann.

Vor der christlichen Morallehre konnte Sokrates nur bestehen, wenn seine Altersabstinenz gedeutet wurde als intuitives Vermeiden von Sünde, wenn er also den Heiligen Antonius und Augustinus nahe gerückt wurde. Da nun das Schöne in Menschengestalt, an dem sein Philosophieren sich entzündete, nicht als Teufelswerk abgetan werden konnte, galt es, die von ihm angelegte Unterscheidung zwischen Leib und Geist weiter zu treiben zum absoluten Gegensatz. Für dieses Um- und Weiterdenken gab es eine Autorität, an der noch im achtzehnten Jahrhundert niemand, der sich mit Platon beschäftigte, vorbeikam: der Florentiner Marsilio Ficino mit seiner 1469 erschienenen Paraphrase und Erläuterung des *Symposion* in lateinischer und italienischer Sprache.

Beispielhaft für seine Neudeutung des *Symposion* ist eine Stelle aus der Rede des Pausanias. Dieser unterscheidet zwischen zwei Aphroditen, der pandämischen und der uranischen, zwischen einem irdischen *Eros* und einem himmlischen. Der erste gelte mehr dem Körper als der Seele; er suche sich geistig weniger entwickelte Menschen, sowohl Frauen als auch Knaben. Der zweite wende sich ausschließlich geistig fortgeschrittenen Menschen zu, und das können, meint Pausanias, nur Jünglinge sein und unter den

Knaben nur die ganz früh reifen. Den Einwand, es könne durchaus auch einmal eine Frau zu den gehobenen Geistern aufsteigen, hätte er vermutlich gelten lassen. Kriterium der uranischen Liebe ist die Hinwendung nicht zum eigenen Geschlecht, vielmehr die zur geistigen Liebe. Sie zielt auf die Bildung des Geliebten und auf die Athletik der Seelen. Sexuelle Handlungen sind nicht selbstverständlich; sie dürfen nicht Selbstzweck werden. Sie dienen als Ansporn und Prämie auf dem Weg zur sittlichen Vollendung.

Das schreibt Ficino um und entzieht damit denen, die sich auf die Griechen berufen möchten und kein Griechisch verstehen, das Argument der antiken Freizügigkeit; an dessen Stelle setzt er ein Schema kombinierter Frustration. Aus dem *Eros* wird ein *Amor*, und Platonismus heißt von nun an: Dem Mann allein gehören Liebe und Geist; im Liebesakt sucht er beide zu vereinigen, und gerade dies ist unmöglich. Er muß lernen, zu trennen zwischen irdischer Liebe, die den Frauen gilt und sich im Zeugungsakt erschöpft, und himmlischer, die unter Männern bleibt, wo sie Platz findet nicht für das Körperliche, nur für das Geistige. Dabei ist freilich immer noch Leibliches im Spiel, nämlich Schönheit. Sie ist nach Ficino „ein Lichtglanz, welcher die menschliche Seele zu sich hinzieht." Dieses Licht von innen mache den Körper strahlend, und dieses Strahlen könne nur das Auge wahrnehmen und genießen. Das „Gelüste des Tastsinns hingegen" sei „eine Art von Unkeuschheit und Verirrung eines niedrigen Menschen", der Übergang vom Anschauen zum Berühren ein „Absturz".[24]

Der eine *Amor* führt in die Ehe mit einem möglichst schönen Weibe, der andere in den Beruf des Lehrers von möglichst schönen Schülern. Auch hier kommt es bisweilen soweit, daß die Partner sich „fleischlich mischen". Das liegt an ihrem Horoskop, also an ihrer Veranlagung. Bereits Ficino weist hin auf den beobachteten Widerspruch zwischen der Natur und dem Gesetz, dessen mosaische Strenge sich durchgesetzt hat gegen die Erfahrung. Natur muß also angepaßt werden an die religiösgebundene Vernunft. „Nature is Christian; preaches to mankind", dichtet Winckelmanns Zeitgenosse Edward Young in seinen *Night Thoughts*.

Vom irdischen *Amor* spricht Ficino genau so kalt wie Kant von der Ehe; den himmlischen domestiziert er zu einem Umsorgen ohne Umarmen, einem Anrühren ohne Berühren, einem Führen ohne Verführen. Gefährlich werden ihm Frauen und Männer, soweit sie es irdisch meinen. Denn noch immer galt die medizinische Lehre der Spätantike, wonach der Mann mit dem Sperma Substanz verliert von seinem Leben; Keuschheit hingegen verlängere es und bewahre den Schmelz der Jugend: „Durch den geschlechtlichen Umgang verzehren sich die klaren Lebenssäfte, und die edlen Züge werden entstellt."

Wer dem himmlischen Amor folgt – das kann, im Gegensatz zur Darstellung Platons, bei Ficino nur der Mann sein –, der setzt sich dem inneren Widerstreit aus von *temperantia* und *furor*, von Zügelung und Ausbruch der Leidenschaft, der allein in Gott gelöst und aufgehoben ist. Nach Ficino ist platonische Liebe eine Leidenschaft der Seele, in die antike Momente aufs christliche Maß gebracht worden sind. Sie folgt dem Beispiel milder Wangenküsserei, welche im Neuen Testament *Agape* heißt, nimmt jedoch im Gegensatz zu jener ihren fleischlichen Auslöser durchaus wahr. Mehr noch: Sie läßt ihn ästhetisch gelten und genießt ihn moralisch. An die Möglichkeit einer solchen Liebe muß man freilich ebenso glauben wie an die einer unbefleckten Empfängnis.

Ficino hat in seinem Leben mindestens einen Jüngling geliebt; ihm hat er sein *Commentarium in Platonis Convivium* gewidmet, und ihn fordert er brieflich auf, doch etwas mehr Liebe in seine Antwort zu legen als bisher — es gibt wenig Neues auf Erden, und Winckelmann hat ihn natürlich gelesen, zitiert aber nur einmal beiläufig dessen lateinische Übersetzung einer Stelle bei Platon (169). Den hat er immer zur Hand im griechischen Original.

Bukolik und Satire

Zwei literarische Gattungen sind noch zu erwähnen, wo der *Eros* anschaulich wird in dem Spiel, das die ihm Unterworfenen aufführen, und zwar auf Fußflügeln der Ironie oder auf den Stelzen der Parodie: als Schäferspiel oder als Roman.

Die *Satire* hat mit dem *Satyr* nichts zu tun; das erste Wort bezeichnet auf lateinisch ursprünglich etwas Kulinarisches: eine Bunte Platte, und dann literarisch ein Werk, das aus Vers und Prosa, Lyrischem und Epischen zusammengesetzt ist. Mit dem zweiten Wort benannten die Griechen einen kleinen Waldgott, den Böcken verwandt, Bild des Erwachens geiler Gefühle bei Ankunft auf dem Lande. *Bukolik* heißt wörtlich „Bockspoesie", meint aber nicht das Blöken des Naturtriebs, sondern die Vision vom naturhaften Leben der Hirten bei ihren Herden, ausgedacht und in Verse gebracht von Städtern, die ihre Milch vom Milchhändler beziehen. Die empfindsamen Hirten freilich sehen sich bedrängt von Satyrn und ihren eigenen satyrmäßigen Bedürfnissen. Und aus dem Idyll entspringt die Groteske, die auf der Bunten Platte gereicht wird. Drei Autoren dieser Genres zitiert Winkkelmann mit Vorliebe, wenn er auf eigene erotische Erfahrungen und Wünsche anspielen will: Theokrit, Vergil und Petronius.

Die lateinische Poesie erreicht ihre Blüte, als sie – unter Caesar und Augustus – sich der griechischen öffnet in der Absicht, es ihr gleichzutun und deren Meisterwerke in der eigenen Sprache zu vollenden. Vergil knüpft an bei der *Ilias* des Homer, um die an eigenen Sagen und Mythen arme Stadt Rom zu beschenken mit einem Ahnherrn aus Troja. Mit seinem ersten Werk, das lyrischerotisch gestimmt ist, erneuert er die Hirtendichtung des sizilianischen Griechen Theokrit. Der lebte im dritten Jahrhundert vor Christus und griff seinerseits auf die griechische Dichtung und die Mythen der klassischen Zeit zurück; sein Werk gehört zu dem, was heute „Hellenismus" genannt wird, wobei das bewährte Alte hier etwas eleganter und leicht ironisch auftritt. Das wird Vergil seinerseits bearbeiten und damit vollends ins Nostalgische heben.

In den Liedern des Theokrit tragen Hirten in freier, friedlicher Natur ihre größte Sorge vor: zu lieben und der Gegenliebe nicht sicher zu sein. Dabei stehen ihnen beide *genera* offen, Mädchen und Knaben. Nicht die Richtung des Begehrens ist das Problem, sondern einzig die Reaktion auf ihr Werben und was darauf folgt: Hoffnung, Glück, Kummer, Eifersucht.

Da singen zwei um die Wette; der Siegespreis ist eine Flöte. Der eine sehnt sich nach dem „schönen Milon", der so oft mit seiner Herde ungerührt an ihm vorüber geht; der andere verzehrt sich nach der „schönen Nais". Am Ende gewinnt der zweite die Syrinx und die Nymphe. Oder es spricht der struppige Riese Polyphem: Auch er, der Wilde Mann, sei einmal jung und proper gewesen; jetzt aber gelte er als ein Scheusal — was er nicht nachvollziehen könne; vor kurzem noch bei ruhiger See habe er sich im Wasser erblickt und sich nicht so häßlich finden können, wie die Sizilianer behaupten; auch sein eines Auge, mitten auf der Stirn, finde er eigentlich doch recht schön.

Die Welt der Hirten besteht aus Liebenden, Spröden und Selbstverliebten. Mancher Schöne gibt dem Werben eines reifen Mannes ein wenig nach und hält ihm doch das Beste vor, indem der leiblich Bezaubernde dem Liebenden seine Seele verweigert und mit dieser weiter umherflattert. Der Sänger gibt dem Angebeteten zu bedenken, daß auch *seine* Jugendblüte nicht ewig dauert und daß es weise wäre von ihm, sofort in die angebotene feste Beziehung einzutreten und treue Liebe zu belohnen:

ὅππως ἅνικα τάν γένυν ἀνδρεῖαν ἔχῃς,
ἀλλάλοισι πελώμεξ' Ἀχιλλέιοι φίλοι.[25]
— und wenn am Kinn dir männlich ein Bart steht,
dann werden wir Freunde sein nach Art des Achilles.

Eines des Lieder handelt von dem Glück, welches eintritt, wenn der Geliebte die Liebe erwidert. Davon sollen dann künftige Generationen noch singen: Hier liebten sich zwei auf gleiche

Weise; zurückgekehrt war das Goldene Zeitalter, wo Liebe Gegenliebe fand! Das Lied schließt mit einem Lob der Stadt Megara, wo die Knaben am Grab des Heros Diokles, welcher einst für seinen Geliebten gefallen war, jedes Jahr im Frühling einen Kuß-Wettbewerb austragen:

ὄλβιος, ὅστις παισὶ φιλήματα κεῖνα διαιτᾷ."[26]

— selig, wer über die Küsse der Knaben als Richter entscheidet!

Der junge Vergil debütiert, um das Jahr 40 vor Christus, mit der Liedersammlung *Eklogae*, auch *Bucolica* genannt; beides heißt *Hirtengedichte*. Da besingen Schäfer mit griechischen Namen, zum Teil übernommen von Theokrit, einander in lateinischen Versen; doch ihr schönes friedvolles Landleben findet nicht in den Albanerbergen statt, sondern in *Arcadien*, genannt nach einer Gegend auf dem Peloponnes, also im klassischen Griechenland, aber beschrieben von einem, der dort nie war, vielmehr ein unerreichbar fernes Land entwirft nach Büchern, die er gelesen hat, vor allem aber nach seinen eigenen Wünschen und Träumen.

Da leidet der *pastor* Corydon um den *formosum* Alexis, welcher die ihm angetragene Liebe nicht erwidert; dabei sei er, der Sänger, Besitzer einer riesigen Herde und auch nicht häßlich: „nec sum adeo informis — ich bin auch gar nicht ungestalt". Damit parodiert Vergil den Polyphem des Theokrit und läßt zugleich den Corydon spotten über das eigene Aussehen. Der fleht zwar: O, wärst du da, *formose puer*!, faßt aber sogleich die Differenz samt darin begründeter Distanz in schmerzlich-nüchterne Worte:

Rusticus es, Corydon; nec munera curat Alexis[27]

— Ein Bauer bist du, Corydon; und Alexis läßt sich von Geschenken nicht beeinflussen.

Melancholisch läßt er seinen Blick schweifen über seine Welt, über Stadtgötter und Waldgötter und den Wald als seinen liebsten Aufenthalt, wo alle feinere Kultur überwuchert wird von reinem Naturtrieb:

torva laena lupum sequitur, lupus ipse capellam,

florentem cytisum sequitur lasciva capella,

te Corydon, o Alexi: trahit sua quemque voluptas

— wild läuft die Löwin dem Wolf nach, der Wolf wieder der
Ziege,

die Ziege geht blühendem Klee nach;

Dir, o Alexis, der Corydon: kenntlich wird jedes an seinem
Begehren.

Da fällt er sich selber ins Wort: Lieben sei etwas anderes und zerreiße alle Tändelei:

me tamen urit amor; quis enim modus adsit amori?

— mich brennt Amor; gibt es irgend ein Maß für die Liebe?

Die Antwort findet er erst am Schluß der zehnten Ekloge, wo der ganze Zyklus mündet in jenen Satz, zu dem Caravaggio den *formosum puer* malen wird:

Omnia vincit Amor; et nos cedamus Amori.

— Amor besiegt alles; auch ich muß mich der Liebe ergeben.

Bei Donatus, dem antiken Biographen Vergils, heißt es: „Er war hochgewachsen und hatte dunkle Haut, ein Bauerngesicht und eine schwächliche Konstitution." An den *Bukolika* arbeitete er „drei Jahre lang, beraten von Asinius Pollio, der damals die Provinz Transpadania (zwischen den Alpen und dem Po) leitete: Diesen Pollio liebte (Vergilius) Maro sehr, und da auch jener ihn liebte, bekam er viele Geschenke. Einmal freilich, da er zum Essen eingeladen war, fesselten ihn die Schönheit und die feine Art des Alexander, welcher der Geliebte des Pollio war; und er bekam ihn zum Geschenk." Ob dies authentisch ist oder ob aus den Gedichten herausgelesen, läßt sich nicht mehr bestimmen. Für Winckelmann und sein Jahrhundert war „Corydon" ein Selbstporträt des Autors und die ganze zweite Ekloge eine poetische Suche nach Trost gegenüber einem Geliebten, der in diese Rolle als bloßes „Geschenk" sich nicht fügen will. Für die Epoche bezeichnend und für die Nachwelt schockierend ist ein anderes Moment: Der Biograph schrieb dies, im alten Rom, auf für seinen Sohn!

Von den stillen Wassern der Schäferstunden in den Sumpf der Stadt: Als Satire folgt hier keines der eleganten Gedichte jener Zeit mit sicherer Moral, sondern ein auch formal wild ausschweifender Roman, verfaßt um 60 nach Christus von Petronius, den die Zeitgenossen *Arbiter* nannten, weil er als Kunstkenner und Mann guten Geschmacks und Urteils galt. Er, der Vornehme und Gebildete, erzählt, unterbrochen von epischen Versen zu klassischen Themen, vom abenteuerlichen Leben eines jungen Mannes mit Liebeslust und Eifersucht, Gaunerei und Verbrechen, in Bädern, Bordellen und bei reichen Leuten. Der lateinische Roman trägt den griechischen Titel *Satyricon*, den die heutigen Ausgaben modifiziert haben zu *Satyrica*, also *Satyrgeschichten*, womit die Bunte Mischung angekündigt wird als eine priapisch erregte, die in einer griechisch sprechenden Stadt unweit von Neapel spielt. Dem überlieferten Text fehlen Anfang und Schluß; was wir haben, beginnt und endet atemlos.

Der Held Enkolp stolpert gleichsam in die Szene auf der Suche nach seinem geliebten Askyltos, der ihm „entwischt" ist; zuletzt behandelt ihn eine ältere liebeserfahrene Physiotherapeutin mit einem Lederpenis, um ihn aufzugeilen, nachdem ihm, der Frauen nicht verachtet, bei der allerschönsten – das alte Thema – der eigene Ständer ausgeblieben ist. Das höchste Ziel seiner Wünsche aber und zugleich das aller Männer, Burschen, Mädchen, Frauen ist der Knabe Giton. Ihn bekommt Enkolp nur selten zu fassen, dann freilich richtig — bis ausgerechnet Askyltos ihn entführt und probiert. Wie in der klassischen Tragödie folgt die große Aussprache zu dritt: Enkolp stellt Giton vor die Wahl; der wählt nicht edles Entsagen und auch nicht ihn, Enkolp, sondern Askyltos. Der Verschmähte will sich umbringen, Giton macht Anstalten, sich zu kastrieren; dann söhnen sie sich aus und unternehmen zu dritt eine Seereise. Auf dem Schiff treiben sie es so toll und frevelhaft, daß die Seeleute sie über Bord werfen wollen; doch auch sie haben Augen und Sinne: „Giton mirabili forma exarmaverat nautas — Giton mit seiner wunderschönen Gestalt entwaffnete die Matrosen."[28]

Nach etlichen Anspielungen auf die Dichtungen Homers parodiert Petronius das Motiv der Vereinigung von Achill und Patroklos im Grabe, wo der Verstorbene dem Trauernden im Traum erscheint und ihn bittet, seine Asche aufzubewahren, damit sie später zusammen mit der eigenen, Achills, in *einer* Urne bestattet werde. Hier nun kommt ein Sturm und verwüstet das Schiff; gleich bricht es auseinander, und Enkolp, triumphierend über Askyltos, küßt Giton zum letzten Male: „Das haben wir uns von den Göttern verdient, daß sie uns wenigstens im Tode vereinen!" Und der so oft sich entzog – jetzt zieht er sich aus und schlüpft unter den Peplos des Enkolp, will weitere Küsse und schlingt seinen Gürtel um beide: „so werden wir immerhin länger im Tode vereint dahin treiben"[29]. Wieder kommt es anders als erwartet; sie retten sich an Land; es folgt die Liebesnacht mit jener Circe, deren zauberische Weiblichkeit bei diesem jungen Mann nicht anschlägt: Er arrigiert nicht.

Parodiert und ironisiert wird auch das „Symposion". Auf seiner Suche nach dem Geliebten gerät Enkolp einmal in ein Gastmahl, wo Herren mit den feinsten griechischen Namen die ordinärsten Reden halten; der Hausherr Trimalchio beherrscht die Diskussion wie im Vorbild der Philosoph, doch was er bietet, ist Prunk und Prahlerei; und seine Vita steht im reinen Widerspruch zu der des Sokrates, denn er ist als Stricher zu seinem Vermögen gekommen und grabscht, vor den Augen der ebenso ordinären Gattin, am liebsten nach Knaben. Petronius zeigt eine Sitte im Absinken dorthin, wo sie seitdem für Skandale sorgt. Noch konnte ein Römer, wenn er sonst unbescholten war, ihr nachgehen, ohne Schelte fürchten zu müssen. Doch längst vom Sockel herunter war das platonische Vorbild. Als Enkolp einmal auch bei seinem Giton keinen Ständer bekommt, bedankt sich der, „daß du mich nach Sokratischer Art und Weise liebst! denn Alcibiades soll ja (…) eben so unberührt in dem Bettchen seines Lehrmeisters gelegen haben."[30] Der böse Witz weckt den Verdacht, daß auch dem Paradebeispiel für die reine Geistigkeit der Platonischen Liebe eine Unpäßlichkeit zu Grunde lag.

Der Roman ist eine Fundgrube für Erotiker und Moralisten. Die Lust am Zuschauen wird zum Thema, weil sie die eigene verdoppelt, wenn man durch einen Spalt in der Holzwand auf ein zweites Liebespaar blicken kann; hier bereits tritt das Argument von Casanovas Bekanntem Albergoni auf, das in so vielen neuzeitlichen Schriften zur Rechtfertigung der gleichgeschlechtlichen Liebe erscheint: Jupiter „fand in seinem Himmel nichts, was seine Wahl wert gewesen wäre, und verging sich auf Erden, ohne damit jemandem ein Leid zuzufügen — nemini tamen iniuriam fecit."[31] So dachte kein Grieche, aber wohl mancher Römer; es klingt, als zöge hier bereits tiefes Unverständnis auf und eine Vorstellung von Recht, die das nicht deckt. Weiterhin jedoch berufen die Römer sich auf die Sitte der Griechen: Ein Zuschauer im Text, selber Dichter, nennt den Knaben Giton einen *Ganymedes* — Casanova, der Zeitgenosse Winckelmanns, bezeichnet einen jungen Burschen, der Männern gefällt und auch ihm durchaus gefallen könnte, als *Giton*. Und Winckelmann selbst wird, als er zum ersten Mal einem Geistlichen seine selbst begangenen Sünden aufzählen soll, keine Registerarie anstimmen, sondern nur summarisch bekennen: wie bei Petronius!

Von Montaigne zu Voltaire

In Bünaus Bibliothek, deren Bestes er sich lesend und exzerpierend zu eigen machte, lernte Winckelmann einen anderen Gelehrten kennen, der zwei Jahrhunderte vor ihm schreibend in einem Bücher-Turm sich die Welt erschlossen hatte. Michel de

Montaigne stammte aus einer reichen Kaufmannsfamilie und war eine Zeitlang Bürgermeister von Bordeaux; sein Werk schrieb er zurückgezogen auf seinem Schloß, umgeben von der eigenen Bibliothek und angeregt von den Werken anderer Autoren, die er zunächst nur kommentieren wollte; auf dem Gedankenweg von einem zum andern brachte er ein, was ihm sonst noch einfiel; und mit wachsender Entschiedenheit und Freiheit wandte er sich dem zu, was ihn selber bewegte, was sein Leben und Empfinden ausmachte: der eigenen Person.

Unter den zahllosen Lebensgeschichten, die Winckelmann lesend sammelte, war keine, in die er sich stärker hat einfühlen können. Entsprechend umfangreich sind die Auszüge, die er sich aus den *Essais* gemacht hat. Seinen „Begriff einer heroischen Freundschafft", den er Berendis in Briefen entfaltet, hat er unter anderem aus Montaignes Essay *De l'amitié* gewonnen. Da beschreibt er sie als ein tiefes beglückendes Schwingen der Seele, ein Fühlen zu zweit, zu dem Frauen unfähig seien und das er, Montaigne, in seinem Leben nur einmal erfahren habe, nämlich mit seinem Jugendfreund, dem früh verstorbenen Estienne de la Boétie. Von dieser Freundschaft könne er nur so schreiben wie andere von der Liebe:

„Will man mit aller Gewalt von mir wissen, warum ich ihn geliebt habe: so merke ich, daß ich dieses nicht anders ausdrücken kann, als durch diese Antwort: Weil er es war, weil ich es war. Es zeigte sich darinnen, ich weiß nicht was für ein unbegreiflicher" – den Ausdruck wird Winckelmann wählen bei seinem zweiten brieflichen Liebesbekenntnis – „ein unbegreiflicher und unüberwindlicher Zug, welcher diese Vereinigung vermittelte, (...). Wir suchten uns, ehe wir uns gesehen hatten, und weil wir voneinander hatten reden hören; welches zu unserer Zuneigung mehr beytrug, als man hätte denken sollen; ich glaube, auf eine Verordnung des Himmels. Wir umarmten uns gleich das erste mal, als wir einander nennen hörten. Und als wir uns antrafen, welches bey einem großen Feste (...) geschahe, wurden wir so eingenommen, so bekannt, so vertraut mit einander, daß von der Zeit an einer dem andern beständig der liebste war. (…) wir waren beyde schon in unserm männlichem Alter, und er war noch einige Jahre älter als ich."

Wahre Freunde müßten „wirklich alles mit einander gemein haben, Willen, Gedancken, Urtheile, Güter, Weiber, Kinder, Ehre und Leben, und nach des Aristoteles sehr geschickten Erklärung eine Seele in zween Körpern sein. Es sei ein großes Wunder, sich in zwey Theile zu theilen." Vier Jahre habe er es genießen können, dann starb der Freund: „Ich war bereits so geübt und so gewohnt allerwegen den andern Mann abzugeben — estre deuxiesme par tout —, daß mir nicht anders ist, als ob ich nur noch halb wäre — n'estre plus qu'à demy."[32]

Montaigne lässt seine Gedanken wie stets um lateinische Zitate kreisen und verweist zudem auf griechische Autoren; Johann Daniel Tietz, der überaus sorgfältige und dabei sprachmächtige Übersetzer bietet in seiner 1753 erschienenen deutschen Ausgabe die griechischen Zitate im Original. Da treten auf: Ariost, Aristoteles, Aulus Gellius, Catull, Cicero, Diogenes Laertios, Horaz, Plutarch, Vergil und Xenophon, alle mehrmals, dazu einmal Lukians *Toxaris*, worin ebenfalls von Freundschaft die Rede ist. Montaigne distanziert sich, auch hierin Vorbild für Winckelmann, gegenüber dem Leser von der „licence Grecque — den unter den Griechen gewöhnlichen Ausschweifungen, welche von unseren Sitten mit allem Rechte verabscheuet" würden, um sogleich eingehend die Sitten der Alten zu skizzieren gemäß der Liebeslehre des Platon und die ethische Frage anzuschließen, wer denn der Würdigere von beiden sei: Liebender oder Geliebter. Darum und nur darum hätten die alten Griechen empört reagiert auf die Darstellung des Aischylos, der nämlich habe „bey dem Liebesverständnisse zwischen dem Achilles und dem Patroklus, dem Achilles, welcher noch in seinen jungen Jahren und noch nicht mannbar, aber der schönste Grieche war, als den Liebhaber vorgestellet."

Montaigne spielt hier an, ohne Zitat, auf einen Vers in dem fragmentarisch erhaltenen Drama *Die Myrmidonen*, den ich wiedergebe in der Übersetzung von Hubert Fichte. Achill steht vor dem erschlagenen Freund und klagt:

> Du nahmst nicht Rücksicht auf das heilige Kleinod deiner Schenkel, / Zu meinem Unglück mir vertraut durch tausend Umarmungen.[33]

Auch dem Engländer Shakespeare war diese Tradition vertraut, denn in *Troilus and Cressida* läßt er den Narren Thersites dem Patroklus ins Gesicht sagen, er gelte allgemein als Achills „Mann-Bube" und dessen „männliche Hure". Montaigne ist von solcher Drastik weit entfernt und schlägt im nächsten Satz den Bogen zum Nutzen derartiger Beziehungen, der nach Ansicht der alten Griechen für die Polis, für Stadt und Gemeinwesen entstehe. Dies erweise sich am Beispiel der Tyrannentöter aus Liebe, „der heilsamen Liebe des Harmodius und Aristogeiton". Winckelmann wird diesen Gedanken später phantasierend auf sich selber beziehen: mit Peter Lamprecht gegen den König von Preußen.

Shakespeare übrigens scheint der ungeheuer belesene Winckelmann nicht gelesen zu haben; er hat ihn jedenfalls nicht wahrgenommen als einen Autor, der gerade ihm und seiner Selbsterforschung viel hätte sagen können. In den Exzerpten herrschen Autoren vor, die wie er selbst unter dem Einfluß Montaignes standen, wie jener versiert waren in den alten Sprachen und, jeder auf seine Weise, alte Lebensweisheit zu vermitteln und zu erneuern suchten. Hierzu zählen Pierre Bayle und der mit diesem befreundete dritte Lord Shaftesbury sowie Alexander Pope, der die moralisch-emphatischen Prosagedanken des Lords in griffige Verse setzte — die Winckelmann zunächst in französischer Übertragung las und dann im Original auswendig lernte, um sein Englisch zu verbessern.

Zu jenen Essayisten zählt auch Voltaire, der als Dramatiker begonnen hatte noch ganz im Stil des 17. Jahrhunderts und sich dann in Streitschriften und Romanen Problemen der Gegenwart zugewandt hatte, vor allem dem des religiösen Fanatismus. Corneille, Molière, Racine las Winckelmann in Bünaus Bibliothek — die Werke Voltaires besaß er selber. Dazu gehört ein theologisch-philosophisches Lexikon, das dem von Bayle viel verdankt. Weit kühner noch als jener verfolgt Voltaire die Spur der historischen und philosophischen Kritik an Bibel und Dogma. Sokrates etwa erscheint wegen seiner frühen Bemühung um Aufklärung im Artikel *Athéisme* als der „Tugendhafteste aller Griechen". Doch zur Frage des *Amour Socratique* modernisiert und säkularisiert Voltaire den Ansatz des Ficino, indem er das Problem reduziert auf seine moralische Dimension: „Wenn die Liebe, welche die *sokratische* und *platonische* genannt wird, nur eine anständige Empfindung war, so gehört ihr unser Beifall; war sie jedoch lasterhaft, so müssen wir uns ihrer für Griechenland schämen." Dieser Moral widerspricht freilich sowohl der historische wie auch der gegenwärtige Befund. „Wie konnte es kommen, daß ein Laster, welches die Menschheit ausrotten würde, wenn es jedermann beginge — daß ein so ruchloser Anschlag auf die Natur so natürlich ist." Goethe wird das dem Kanzler Müller gegenüber wiederholen. Voltaire stellt die Liebe zum eigenen Geschlecht als einen „Irrtum" hin, welcher bei Jugendlichen und gegenüber Jugendlichen verzeihlich sei, nicht jedoch „bei einem holländischen Matrosen und einem Moskauer Ladenschwengel". Der Philosoph, der einmal ein sehr schöner junger Mann gewesen war und auf schöne junge Männer durchaus nicht ohne Leidenschaft blickte, plädiert für Nachsicht, aber gegen Toleranz. Ja, er möchte dem Verbot sogar rückwirkend Geltung verschaffen: „Ich kann nicht zulassen, daß behauptet wird, die Griechen hätten diese Zügellosigkeit offiziell erlaubt." „Cette licence grecque" — das Urteil Montaignes im 28. Kapitel der *Essais* war verbindlich für Voltaire und für Winckelmann.

Übrigens verbindet, über das Inhaltliche hinaus, die von Winckelmann gelesenen Autoren ihr distanziertes Verhältnis zu Frauen. Pope und Voltaire blieben Junggesellen, Montaigne und Shaftesbury hatten sich eingerichtet in einer mariage de raison. Wenn es nach ihm gegangen wäre, schreibt jener – und Winckelmann schreibt es aus vollem Herzen nach –: „von mir aus hätte ich es sogar abgelehnt, die Weisheit selbst zu heiraten, wenn diese mich hätte haben wollen — de mon dessein, j'eusse fuy d'espouser la sagesse mesme, si elle m'eust voulu."

„*Enfin* wer Dreßden nicht siehet…"

Die neue Anstellung schien zunächst nur neue Plackerei zu bringen, so daß Winckelmann schrieb, er finde kaum Zeit, „der schönen Gegend zu genießen" (58); doch bereits nach einigen Monaten verließ er an Feiertagen den Büchersaal, um in die Stadt zu gehen, die damals gerade jene Schönheit gewann, von der sie bis heute zehrt. Uden berichtet er, daß er sie Berendis gezeigt habe, und auch der finde sie schöner als „alle Herrlichkeit in Berlin", besonders die „Königliche Bilder Gallerie", die „schönste in der Welt" — und noch immer werden die Wörter für kulturelle Neuerungen aus fremden Sprachen besorgt: „Es ist ein eigenes großes *Palais* dazu eingeräumet. Jagd und Schildereyen" – das niederländische Wort für Gemälde – „sind des Königes größte *Passiones*. *Enfin* wer Dreßden nicht siehet hat nichts schönes gesehen. Diesen Winter wird die Catholische Kirche eingeweihet werden, und die Römische Kirche hat 1750 ihr *Jubiläum*. Wenn man gute Music hören will, gehet man in die Catholische Capelle um 11 Uhr wo alle Sonntage die größte *Symphonie* aufgeführt wird. Es sind mehr *Castraten* hier als in Berlin (…). Alle Königlichen Gärten sind öffentlich und dienen aller Welt zur *Promenade*. An den *Gala* Tägen kann ein jeder (…) den König speisen sehen (…). Als der Marschall Moriz von Sachsen" – Halbbruder des Königs und Feldherr in Frankreich – „an dem Geburts Fest des Königs in der Brühlischen Bilder *Gallerie* zum letzten Mal speiste, waren etliche 1000 Menschen die sich um die Tafel drängten, daß auch unzählige Gläser zerbrochen wurden. Sein Gesicht deutet auf den ehrlichsten Mann in der Welt, er siehet wie ein ehrbarer Bürger aus, gemein mit allen Leuten. Man macht hier viel daraus, daß er den Lutherischen Gottesdienst besucht. Die klüger sind, wissen wohl, daß er so wenig als andere Große in der Welt Religion (hat). Man hält sich nur an das äußere." (63)

Und um die Kunst herum drängte das Leben: Märkte, Parks, Terrassen, Flußauen voller Sachsen, Polen, Tschechen und, im „Dörfchen" neben der soeben fertig gestellten Hofkirche, die italienischen Bauhandwerker und ihre Familien. Italien war gegenwärtig in Opern und in Gemälden; darüber hinaus bewirkten die echten Italiener und all jene Deutschen, die Italien von Reisen kannten, daß Winckelmann seinen Drang aus frühen Jugendjahren: Weg von hier!, im Lauf von fünf Jahren präzisierte zu dem einzigen Wunsch: *Dahin! Dahin…!*

Der kühnste Schritt

Ihr ging eine andere Entscheidung voraus, die er in dem zitierten Brief andeutet. Italien war katholisch; ein Protestant konnte dort aus eigener Kraft sein Glück nicht machen. Inzwischen waren in Stendal beide Eltern gestorben; und in Sachsen war der Übertritt eher möglich. Justi schreibt: „In Dresden, der (…) Wiege der Reformation, residiert ein päpstlicher Nuntius: warum? Weil ein sächsischer Kurfürst, der Nachkomme Friedrichs des Weisen, das Haupt der evangelischen Stände, der Schirmherr des Protestantismus im Reiche, katholisch geworden ist, um eine polnische Krone kaufen zu können. Dieser Nuntius, im Leben und in der Religion Weltmann, wünscht, um seinen ehrgeizigen Plänen in Rom Nachdruck zu geben, mit einem Proselyten zurückzukehren. Er gewinnt diesen Proselyten in einem durchs Schicksal mürbe gemachten deutschen Gelehrten, einem Kandidaten des lutherischen Predigtamtes, der sich sehnte, die heidnischen Altertümer am Mittelpunkte der Künste zu studieren. Und so kam es, daß der künftige Ausleger griechischer Kunst, einer der Propheten des modernen Heidentums, die Ausrüstung zu dieser Mission erlangte, indem er sich dem damals erschütterten und von den eigenen Söhnen bestürmten Institut der römischen Kirche, in der elften Stunde gleichsam, anschließt."

Winckelmann verhandelte von Nöthnitz aus, jedoch ohne Wissen Bünaus, mit dem Apostolischen Nuntius, Graf Archinto, sowie mit dem Beichtvater des Königs, Pater Leo Rauch, einem Jesuiten. Jener versprach eine Stelle als Bibliothekar bei einem anderen Kardinal in Rom; dieser bemühte sich um ein kleines Stipendium. Wie lang und gründlich Winckelmann mit sich selbst zu Rate gegangen ist und wie schwer ihm die Entscheidung wurde, das teilt er alles seinem alten Freund Berendis mit, dessen Name im Zusammenhang mit Peter Lamprecht schon gefallen ist:

„Mein Schatz! Du weißt, daß ich allen *plaisirs* abgesaget und daß ich allein Wahrheit und Wissenschaft gesuchet. (…) Die Liebe zu den Wissenschaften ist es, und die allein, welche mich (hat) bewegen können, dem mir gethanen Anschlag Gehör zu geben. (…) Gott und die Natur haben wollen einen Mahler, einen großen Mahler aus mir machen, und beyden zum Trotz sollte ich ein Pfarrer werden. Nunmehro ist Pfarrer und Mahler an mir verdorben. Allein mein gantzes Hertz hänget an der Kenntniß der Mahlerey und Alterthümer, die ich durch fertigere Zeichnung gründlicher machen muß." (88) Darum nimmt er Zeichenunterricht bei dem Maler Adam Friedrich Oeser. „Hätte ich noch das Feuer, oder vielmehr die Munterkeit, die ich durch heftiges Studiren verlohren, ich würde weiter in der Kunst gehen. Nunmehro habe ich nichts vor mir, worinn ich mich hervor thun könnte, als die Griechische Litteratur. Ich finde keinen Ort als Rom geschickter, dieselbe weiter, und wenn es seyn könnte, aufs Höchste zu treiben." (88)

Der „Anschlag" kam von seiten des Pater Rauch, Beichtvater des Königs, und er betraf die „conditio sine qua non": „Eusebie (Gottesfurcht) und die Musen sind hier sehr streitig bei mir: aber die Partey der letzten ist stärcker. Die Vernunft (…) tritt derselben bey. Sie ist bey mir der Meinung, man könne aus Liebe zu den Wissenschaften über etliche theatralische Gaukeleyen hinsehen: der wahre Gottesdienst sey allenthalben nur bey wenigen Auserwählten in allen Kirchen zu suchen. (...) Gott aber kann kein Mensch betriegen". (88) „Es ist der kühneste Schritt, den ich in meinem Leben gethan, und ich thue eine Reise, die so völlig wie ich vielleicht keiner der theuren Märcker in 2 Seculis (Jahrhunderten) gethan." (89) „Nunmehro ist es Zeit, daß Du es Seiner Exzellenz (Bünau) vorträgest. Mir wird Angst und bange ums Hertz, wenn ich daran gedencke". (90)

Der Graf, 1753 noch sein Dienstherr, aber als Weimarer Minister im fernen Eisenach residierend, zeigte Verständis, wofür Winckelmann ihm überschwänglich dankte. Inzwischen waren ihm selbst aber schwere Bedenken gekommen; er zog sich zurück und hielt den Pater ein Jahr lang hin. Dann geschah es. Den letzten Anstoß gab sein Besuch in der kleinen Kirche von Leubnitz, zu der Nöthnitz damals gehörte und die auf dem Weg nach Dresden liegt. Sein Vorhaben hatte sich inzwischen doch herumgesprochen; und als er, aus alter Gewohnheit, hineinging – der Gottesdienst hatte schon begonnen –, da unterbrach der Pfarrer seine Predigt und begrüßte emphatisch das „verlorene Schaf" — worauf dieser auf dem Absatz kehrtmachte und nie wieder eine protestantische Kirche betrat.[34]

Dafür nun: Hochamt mit Hoforchester, und zuvor die Beichte! Nicht ohne Spott nach allen Seiten berichtet er Berendis: „Anfänglich da mich einige Ketzer die mich kennen, in der Meße knieen sahen, habe ich mich geschämet, allein ich werde dreister.

Es würde mich aber niemand sehen, wenn ich nicht die Meße hörete von 11 bis 12, da die Music ist. Mein Vater hat (…) keinen Catholiken aus mir machen wollen: er hat mir ein gar zu dünnes empfindliches Knie-Leder gemacht, als man haben muß, um mit guter *Grace* Catholisch zu knieen. (…) Ich mercke, es fehlt mir noch sehr viel zu meiner Seeligkeit. Wenn ich mit der rechten Hand die Kreutzer machen soll, so meldet sich die linke zum großen Ärgerniß derer die neben mir sind. (…) Ich habe auch von neuen gebeichtet. Allerhand schöne Sachen, die sich" – das alte Argument für die alten Sprachen – „beßer in Latein als in der Frau Mutter-Sprache sagen laßen. Man hat hier Gelegenheit mit *Petronio* und *Martiali* zu sprechen, je natürlicher, je aufrichtiger. Sieben Vater Unser und 7 *Ave Maria* sollte ich beten. In der ersten Beichte, waren es 2 von jeder Art mehr, und mit Recht. Du siehest daraus, daß die Heilige Kirche eine sehr gute Mutter ist." (109)

Mit Recht? War da etwas? Etwa *deprensus cum puero*? Was er Casanova in Rom erzählt hat, läßt vermuten, daß er hier beichtet auf Vorrat für Sünden, die zu begehen er erst noch lernen muß. Noch kämpft er um Peter Lamprecht. Und während er sich aus Nöthnitz löst, bindet ihn in Dresden neue Arbeit: Mit großer Mühe habe er sich die Erlaubnis verschafft, die Gemäldegalerie auch an den Tagen zu besuchen, wo sie für das Publikum geschlossen ist: „Dieß hat mich verhindert, nur ein einiges mahl eine *Promenade* in Dreßden zu genießen. Ich bin etwa alle 14 oder 8 Tage nach Tisch hineingelaufen oder früh und gegen Tische wieder heraus." (89)

Bildbeschreibung

Hier beschäftigen ihn die Historien, welche die großen Gemälde erzählen. Die antiken Quellen kennt er wie keiner; nun lernt er zu lesen und zu beschreiben, was er sieht. Und manches aus dieser ersten öffentlichen Gemäldegalerie Deutschlands, deren „heilige" Schönheit und Stille ein Jahrzehnt später der junge Goethe bewundern wird, geht ihm so nah, daß es scheint, als schreibe er auch über sich selbst, etwa wenn er ein Gemälde von Gérard de Lairesse nacherzählt: die Geschichte vom liebeskranken Königssohn: König Seleukos von Makedonien heiratet zum zweiten Male, und zwar die viel jüngere Stratonike. Darüber wird sein erwachsener Sohn krank, der dem Vater nicht zu gestehen wagt, daß er die künftige Stiefmutter längst kennt und daß er sie liebt. Der Sohn siecht hin; der Arzt stellt die richtige Diagnose, denn als die Rede auf Stratonike kommt, da geht der Puls schneller. Das Bild zeigt nun die Großmut des Vaters, der auf die Prinzessin verzichtet. Er steht hinter dem Bett des Sohnes, während sie von der Seite hinzutritt „mit Geberden einer Mutter, oder vielmehr einer heiligen Vestale." In dieser Beschreibung, die in Winckelmanns erste Veröffentlichung eingehen wird, taucht sie zum erstenmal auf, jene Mutter-Geliebte, jenes höhere und darum eigentlich unberührbare Gott-Weib, wie sie Wilhelm Heinse und Friedrich Hölderlin erdichten werden.

Was Winckelmann andeutet, wird Goethe seinen Romanhelden Wilhelm Meister vor dem selben Sujet ausformulieren lassen: „wie jammert mich (…) ein Jüngling, der die süßen Triebe, das schönste Erbteil, das uns die Natur gab, in sich verschließen und das Feuer, das ihn und andere erwärmen und beleben sollte, in seinem Busen verbergen muß, so daß sein Innerstes unter ungeheuren Schmerzen verzehrt wird! Wie bedaure ich die Unglückliche, die sich einem andern widmen soll, wenn ihr Herz schon den würdigen Gegenstand eines wahren und reinen Verlangens gefunden hat!"[35]

„Würdig" und „rein": Hier sind zwei wie für einander geschaffen; allein die Umstände erzeugen den „Schmerz" im „Busen". Den aber kennt ein Sodomit von Natur her, der die „süßen Triebe, das schönste Erbteil" ja immer verleugnen muß. Und Winckelmann assoziiert im Bild ersatzweise ein anderes Paar:

„Das Gebälke an einem Portal tragen Caryatiden, die einander umfassen als Bilder einer zärtlichen Freundschaft zwischen Vater und Sohn, und zugleich einer ehelichen Verbindung." Als Kenner sieht er sofort, daß der Maler die Köpfe von Vater und Sohn nach authentischen Vorbildern gestaltet hat: „Der Prinz, ein schöner Jüngling, der auf seinem Bette halb nackend aufgerichtet sitzt, hat die Ähnlichkeit vom Vater und von seinen Münzen."

Der verzichtet nun, und auch aus Liebe: „Freude und Verwunderung wollen aus dem Gesichte des Prinzen bey Annäherung der Königin hervorbrechen,

Und jedem Blick von ihr wallt dessen Herz entgegen
Haller

die aber durch die Ehrfurcht in der edelsten Stille erhalten werden, so daß er gleichsam sein Glück mit gebäugten Haupte zu überdenken scheinet." Zwar habe der Maler die hohe Frau zur schönsten Erscheinung gemacht, doch die Hauptsache sei des Prinzen Empfindung und darum auch „Die größten Geheimnisse der Kunst liegen in dessen Gesicht.

Quales nequeo monstrare & sentio tantum
Iuvenal Sat. VII"

— Die ich nicht zeigen kann und so sehr fühle.

Vom Zwang, den er sich bisher antun mußte, befreit ihn nicht die sichtbare Verheißung des Glücks. Entsagung als Lebensregel, so schwer zu lernen, läßt sich nicht einfach ablegen.

Heroische Freundschaft

Als er seine große und unmögliche und zudem unerwiderte Liebe einem Dritten verständlich zu machen sucht, den er auch, aber anders, liebt, da findet Winckelmann die Formel von der heroischen Freundschaft, um darin die beiden Beziehungen einander anzunähern. Was der einen fehlt, das wäre an der anderen zu viel; doch Entsagung hofft auf Toleranz. Der Name dieses Dritten steht denn auch neben dem von Peter Lamprecht über Ovids Idylle von Venus und Adonis: Hieronymus Berendis. Er stammte aus Seehausen und gehörte zu den wenigen, die Winckelmann duzte. Ihm vermittelte er 1749 beim Grafen von Bünau eine Hofmeisterstelle; der nahm ihn 1760 mit ins Herzogtum Sachsen-Weimar und verschaffte ihm schließlich eine gehobene Stelle am dortigen Hof. Kaum versorgt, wird der Freund dem Freunde nach Rom mitteilen, er habe geheiratet. Es sei zwar eine *mariage de raison* gewesen, mit der Tochter eines neuen Bekannten, die er selber noch gar nicht kannte, da sie „als Jungfer sehr eingezogen gelebet" habe. Doch er bereue es nicht: „ist je ein glückliches Paar gewesen und hat man je nach der Hochzeit sich feurig, brünstig und zärtlich geliebet und hat man je 6 Monathe nach der Heyrath noch der Vorsehung für die weise Führung gedancket, so thut es meine liebe liebe Frau und ich". Liebe liebe — auch hier die stammelnde Wiederholung des ersten Wortes der Zärtlichkeit, aber aus der Mitte häuslichen Glücks: „ich liebe sie, liebster Bruder, mehr als meine eigene Seele."

Diesem Freund teilte Winckelmann seine Veränderungen als erstem mit, und zwar in allen Einzelheiten: den Übergang von Seehausen nach Nöthnitz zum Grafen Bünau, den Übertritt zum Katholizismus, den Umzug nach Dresden und schließlich, 1755, den Aufbruch nach Rom, versehen mit einem kleinen Stipendium vom Pater Rauch, zu einem befristeten Arbeitsaufenthalt.

Ihm allein schreibt er ausführlich über seine Beziehung zu Peter Lamprecht. Der war nach Abschluss der Schule nach Potsdam gezogen, wo er später bei der Armee eine gehobene Verwaltungstätigkeit ausübte. Winckelmanns anhaltendes Bemühen und Werben – in Briefen, die nicht erhalten sind – wurde schließlich bitter enttäuscht, so daß er die Beziehung abbrach.

Im Winter 1750/51 versuchte Winckelmann, aus dem Nöthnitzer Dienstverhältnis auszubrechen und sich auf dem Rittergut des einst umworbenen und ihm immer noch freundlich zugetanen Arwed von Bülow zur frühen Ruhe zu setzen. Das Zusammenleben währte nur einen Monat; Schuld daran war sowohl das Temperament des jungen Gutsherrn als auch Winckelmanns Drang zu den Büchern, weshalb dieser bald nach Nöthnitz zurückkehrte.

Dort aber bekam er Post aus Potsdam und die alte Hoffnung regte sich wieder. Im März 1752 besuchte er Peter Lamprecht und berichtete anschließend Berendis, er habe „Wollüste genossen" (82), was sich wohl auf die königlichen Kunstschätze bezieht, die an manchen Tagen besichtigt werden konnten. Ein Jahr darauf bat er von Nöthnitz aus seinen alten Freund Uden in Stendal, aus seinen eigenen dort deponierten Büchern einige an Lamprecht nach Potsdam zu schicken als Geschenk, darunter die Werke von Catull, Ovid, Tacitus, Vergil und Martial: „Ich habe sie in dem Verzeichnisse ausgestrichen. Lassen es Deine Geschäfte zu, so laße sie so bald abgehen als möglich. Sie sollen unvermuthet kommen, und ich erwarte deshalb noch ein Schreiben von ihm, worinn er mir seine Freude darüber bezeigen wird. Seine Adresse ist: à Mr. Lambrecht, Secretaire de Mr. Le Colonel de Retzow à Potsdam." (94)

Auf das erhoffte Dankschreiben wartete er ein Jahr lang. Dann, im Juli 1754, klagte er dem getreuen Berendis seine Not: „Wenn Du gesund bist, ist es mir hertzlich lieb: ich bin es nicht. (…) Mein altes Übel, die ungewöhnlichen Nacht-Schweiße finden sich (…) von neuem wieder." Er halte strenge Diät und sei ganz mager geworden. „Das *Commerce* mit Lambrechten aber ist nun gäntzlich aufgehoben. Sein Bezeigen ist schändlich, und ich will und muß ihn vergessen. Der Gram und Kummer über diesen Umstand (…) ist die Haupt-Ursach zu meiner Schwachheit, und hat mich beinahe (…) zu dem Schluß veranlaßet, niemandes Freund zu seyn." (98)

Winckelmann war, nach seinen brieflichen Äußerungen insgesamt zu urteilen, ziemlich gesund und robust. Wo er von Leiden berichtet, ist die Ursache meist seelischer Natur. So auch hier. Die heftigen nächtlichen Schweißausbrüche, von denen er noch aus Rom berichtet, hatten angefangen in Seehausen nach der räumlichen Trennung von Peter Lamprecht, als er nämlich wieder ordentlich zu Bett gehen konnte und nicht länger die Nächte im Lehnstuhl sitzend zwischen Büchern verbringen mußte, um von dort aus die Unschuld des schlummernden Geliebten zu bewachen und die eigene hofmeisterliche Keuschheit.

Als sich nun für Winckelmann in Dresden die Aussicht auf ein Stipendium für Rom auftat, war sein erster Gedanke, Peter Lamprecht mitzunehmen. Dabei hatte dieser seine Bitte, ihn noch einmal in Potsdam besuchen zu dürfen, „mehr als drey mahl rund abgeschlagen." Und nun wollte Winckelmann seinen Übertritt zum Katholizismus, die Voraussetzung für einen Aufenthalt in Rom, an diese eine Bedingung knüpfen. Er habe sich dem päpstlichen Nuntius in Dresden gegenüber, der ihm seine Unterstützung angeboten hatte, hinhaltend geäußert: „Ich sagte ihm: ich habe einen Freund den ich nicht verlaßen kann, ich eröffnete ihm den Ursprung der Freundschaft (Mein Bruder werde nicht eifersüchtig über die Stimme der Natur) und sagte weiter nichts zu, als daß ich mich entschließen wollte, wenn ich sehen würde, wie der Freund sein Glück machen würde. Denn ich hoffte ihn mit mir zu nehmen". (99)

„Stimme der Natur" und „Ursprung der Freundschaft": unter Umgehung von Definitionen und Benennungen sagt Winckelmann ganz klar, was ihn an Lamprecht bindet und daß er bereit ist, diese Beziehung – wenn sie denn nach seinen Wünschen erneut sich herstellen läßt – zu einem Teil seines Lebens zu machen und dem Urteil der Welt kühn und stolz sich zu stellen. Die Wörter „Liebe" und „Freundschaft" sind austauschbar und passen ihre Bedeutung doch der jeweils genannten Person an. Hieronymus Berendis ist ihm Stütze und Tröster — alles Glück und alles Unglück liegen beschlossen in Peter Lamprecht. Treue Freunde wird

Winckelmann sein Leben lang suchen und auch öfters finden —
den geliebten Freund wird er zweimal oder dreimal in seinem Leben vor Augen haben und unter großem Kummer gehen lassen
müssen; und jedes Mal verzweifelt er am Sinn seiner Existenz.

„Ich betheure unterdessen bey unserer heiligen und ewigen
Freundschaft, mein Bruder, wenn ich einen anderen Weg wüsste des Umgangs eines eintzigen Freundes zu geniessen, ich wollte
ihn wählen." Vor Erregung verfehlt er als im Niederdeutschen
Aufgewachsener wieder einmal die hochdeutsche Scheidung von
Dativ und Akkusativ: „Was mache ich mir aus den Hof und die
hundf(öttigen) Pfaffen." In seiner Verzweiflung hatte er schon
auf den ganzen Konfessionswechsel verzichten wollen. „Das gütige Hertz des *Nuntii* aber macht mir wider Muth. Lieber wäre
mirs, wenn ich plötzlich stürbe. Ich habe mein Leben niemahls
genossen, und der Zwang meiner *Sentiments* wird mir in Rom
sehr vieles bitter machen." (99) Keineswegs! Dort wird er staunen
und sich umsehen.

Kurz vor dem Aufbruch in die Dresdner Unabhängigkeit
hatte er Berendis seinen „Begriff einer heroischen Freundschafft"
dargelegt: „Mein Gott! Ich weiß wohl, dergleichen Freundschafft
wie ich suche und cultivire ist ein Ph(o)enix, von welchen viele reden und den keiner gesehen. In allen neueren Zeiten ist mir nur
ein eintziges Exempel bekannt zwischen *Marco Barbarigo* und
Francesco Trevisano, zween *Nobili di Venezia*, deren Andencken in
einer kleinen raren Schrifft erhalten worden; dieser Göttlichen
Freundschafft sollte ein Denckmal an allen Thoren der Welt, an
allen Tempeln und Schulen zum Unterricht der Menschenkinder,
ein Denckmal, wo möglich *aere perennius* gesetzt werden." (102)
Hier zitiert er Horaz, der von seinen Gedichten schreibt, in ihnen
habe er sich selber sein Denkmal gesetzt „dauerhafter als eines aus
Erz". Winckelmann aber wünscht zu der Gedenkschrift über das
Freundespaar noch ein Standbild zur belehrenden Anschauung
im öffentlichen Raum. So wie die Athener das Freundespaar Har-

modios und Aristogeiton geehrt haben, so sollten die Venezianer mit ihren beiden verdienten Bürgern tun.

Im selben Brief nennt Winckelmann auch den Dialog *Toxaris oder Die Freunde*, verfaßt von Lukian, einem griechisch schreibenden Syrer des 2. Jahrhunderts. Darin streitet ein Skythe mit einem Griechen um die Frage, wo es die besseren Freundschaften gebe, im rauhen Bergland oder in den zivilisierten Städten. Jeder erzählt fünf rühmliche Beispiele; am Ende beheben sie den Streit, indem sie selber Freunde werden. Ihre Geschichten sind schlicht und derb und märchenhaft, strotzend vor Edelsinn und Manneszucht und Weiberlust; der eine heiratet des anderen Tochter ohne Mitgift, dieser des Freundes Schwester mit einer Hasenscharte, alles nur wegen der Freundschaft, welche durchaus sexlos gedacht ist; aus der Feuersbrunst rettet der Freund nicht Weib und Kinder zuerst, sondern mit starkem Arm den verletzten Freund. Leben und Gesundheit gibt einer für den anderen her — und will nichts dafür, will dann nur noch stracks zurück zu Weib und Kind. Die Freundschaft bringt ihm nichts außer Anlaß zu Heldentat und Ruhm. Sie ist das Erhabene, unerreichbar für Spott und Sex.

Winckelmann hatte vor allem auf die Lutherische Kirche und ihre höheren Geistlichen einen herzlichen Zorn; doch auch das Christliche schlechthin war seine Sache nicht: „Eine von den Ursachen der Seltenheit dieser nach meiner Einsicht, größten Menschlichen Tugend, lieget mit an der Religion, in der wir erzogen sind. Auf alles, was sie befiehlet, oder anpreiset, sind zeitliche und ewige Belohnungen geleget: die Privat-Freundschafft ist im gantzen Neuen Testament nicht einmahl dem Namen nach gedacht, (…) und es ist vielleicht ein Glück vor die Freundschafft; denn sonst bliebe gar kein Platz vor den Uneigennutz." (102) In der Tat: Beim Jüngsten Gericht der *Offenbarung* wird gerechtet und gerechnet werden; da nützt auch die *sola fides* nichts, der nackte, aber feste Glaube des Einzelnen, von dem die Lutheraner schwärmen. Dem studierten Theologen dürfte ferner aufgefallen sein, daß die griechischen Schriften der angeblichen Liebes-Religion das griechische Wort *eros* nicht kennen und kein Wort haben für des Menschen Schönheit.

Und nun greift Winckelmann noch einmal nach dem Geliebten: „Der Begriff der Freundschafft reißet mich allenthalben auch in Briefen mit hinweg. (…) Ich habe geglaubet, Lambrecht würde nunmehro, da er Ernst siehet", nämlich mit der Übersiedlung nach Rom, „alles möglich zu machen suchen. Er ist an 5 bis 6 Tage hier gewesen: ich bin mit ihm zufrieden; allein es ist noch keine nahe Hoffnung da." Ein Komet ist vorbeigesaust und hat mit dem Kummer das alte Leiden aufgefrischt: Die „Schweiße kommen schon in dem ersten Schlaf. Gegen Mitternacht muß ich die Hembden wechseln, alsdenn ziehe ich mich an und lege mich unter die Decke, endlich kommt der zweyte Schweiß, der aber nicht so heftig ist. (…) Ich bitte Dich, mein Freund, suche es möglich zu machen, auf ein paar Tage nach Nöthenitz zu kommen, um unserer Freundschafft willen bitte ich. Vielleicht sehe ich Dich künftig nimmermehr wieder. Wenn meine Schweiße nicht gehoben werden, werde ich schwerlich den Frühling erleben. Mein Gott ich wollte sehr gerne sterben, mit großer Wollust meiner Seelen; so weit habe ich es in der That und Wahrheit gebracht. Du hast mich nicht mehr nöthig: aber Lambrecht hat mich nöthig." (102)

Dem hatte er 40 Reichstaler geliehen, wo er doch beim Grafen sehr wenig verdiente und wegen der erhofften Fahrt alles auf die hohe Kante legen mußte. Und nun blieb Lamprecht jegliche Nachricht und die Rückzahlung schuldig. „Endlich werde ich in Absicht der Freundschaft anfangen klug zu werden", schreibt Winckelmann an Berendis, und weiter: „Ich bin von meiner *passion* geheilet, und werde in keine Thorheit von dieser Art ferner verfallen." (114) Von einer „passion du sage" spricht Voltaire, von einer Leidenschaft, welche sich in Weisheit auflöst im Sinne des Lukian. Winckelmann wird jene „Thorheit" tatsächlich nie ganz ablegen; sein Leben lang wird er des Freundes und seiner eigenen Empfindung in Wehmut gedenken.

Als er acht Jahre später eine Kuratorenstelle am neuen Antikenmuseum in Berlin ausschlug, fragte man ihn, ob er etwa aus Haß auf die alte Heimat handle. Durchaus nicht! antwortete Winckelmann. Er liebe Berlin und insbesondere Potsdam, wohin er damals eigens von Dresden aus gereist sei eines Freundes wegen, den er nach Rom habe mitnehmen wollen: „Dieser Freund, auf den ich Gesundheit, Leib und Leben verschwendet, war undankbar und ist es geblieben; aber nicht vergeßen, und ich hätte ihm, mit Ausschluß aller Absichten, meine Geschichte der Kunst zugeschrieben, lieber als einem Könige, wenn er mir nur ein einziges mahl geschrieben hätte." (540)

Und wieder ergeht er sich in der alten Passionsgeschichte und phantasiert sie aus zu einer Heldentat à la Lukian, und zwar im Zusammenhang mit dem berühmten Monument auf die Freundesliebe zwischen Harmodios und Aristogeiton. Eine Kopie davon stand damals im Palazzo Farnese: zwei schöne Männer in der Ausfallstellung von Fechtern, heroisch nackt, in Marmor skulpiert nach einem bronzenen Vorbild, welches einst auf dem Marktplatz von Athen gestanden hatte, das früheste Denkmal überhaupt und einer Heldentat gewidmet, die ein Akt der Eifersucht und der Liebe war.

Die Athener Aristogeiton und Harmodios, dieser jünger, jener älter, beide erwachsen und von guter Familie, waren ein stadtbekanntes Paar; als der Bruder des Stadtherrschers dem Jüngeren nachstellte in eindeutiger Absicht, wurde er von dem älteren mit dem Schwert getötet; das kostete auch die beiden Liebenden das Leben, führte aber schließlich zum Sturz des Tyrannen und zum Anfang der Demokratie. So jedenfalls sahen es die Athener; dies wollten sie in einem Denkmal festgehalten sehen für alle Zeiten. Die antike Kopie, heute im Museum von Neapel, war damals noch nicht als solche erkannt worden. Winckelmann spricht nur beiläufig von zwei *Athleten*. Die Anregung zu dem Folgenden bezog er aus der antiken Literatur über die Tat und das Monument. Aus dieser geht hervor, daß die Freiheit der Bürger als Staatsprinzip aus solcher Quelle stammte; und nicht zuletzt darum war Winckelmann aus tiefer Seele Demokrat.

Diese Vorstellung inspiriert ihn nun, am Ende eines langen Briefes, zu einer Nachschrift: Er gebe zu, daß ihm bei dem Gedanken an eine Rückkehr nach Preußen „allezeit ein kleiner Widerwillen wider mein Vaterland aufsteigt. Der vornehmste Grund ist, glaube ich, die Liebe zur Freyheit: denn ich bin wie ein wildes Kraut, meinem eigenen Triebe überlaßen, aufgewachsen, und ich glaubte im Stande gewesen zu seyn, einen andern und mich selbst aufzuopfern, wenn Mördern der Tyrannen Ehren-Säulen gesetzt würden." (540)

Was heißt hier Nachahmung? Die erste Publikation

Im September 1754 gab Winckelmann seine Stellung in Nöthnitz auf und zog mit dem Ersparten als Privatgelehrter zu dem Maler Oeser nahe der Frauenkirche. Noch aber war der ersehnte Studienaufenthalt in Rom finanziell nicht gesichert, und in den Sternen stand, ob der wankelmütige ferne Geliebte, der unerhofft „5 bis 6 Tage" zu Besuch gewesen war, am Ende mitkommen würde. In dieser Zeit der größten Spannung konnte er seine relative Freiheit kaum genießen: Er hatte zu tun. Er machte Dresden zu seiner Schreibstube, um Gedanken zu Papier zu bringen, die jahrelang in ihm gekeimt haben müssen; aus einer Fülle von Ideen und Zitaten formte er einen kurzen Text, in deutscher Sprache, ließ ihn mit Unterstützung von Pater Rauch drucken und verteilte die 60 Exemplare des Oktavheftchens an Freunde und Bekannte. Sie wurden gelesen, herumgereicht und heftig diskutiert. Daraufhin bereitete er, kurz vor der Abreise nach Rom und wieder auf eigene Kosten, eine zweite Auflage vor, etwas höher und erweitert um zwei neue Texte — sie wurde im ganzen deutschen Reich gelesen und sogleich ins Französische und ins Englische übersetzt. Die kleine Schrift mit dem umständlichen Titel hat Epoche gemacht: *Gedancken über die Nachahmung der Griechischen Wercke in der Mahlerey und Bildhauer-Kunst*.

Das gab es damals weder in deutscher Sprache noch in einer anderen: einen Text zur bildenden Kunst, jedermann verständlich, kurze und prägnante Blicke auftuend in die Antike und auf einzelne neuere Kunstwerke. Einziger Vorläufer im Deutschen war Joachim von Sandrarts 1675 erschienene *Teutsche Academie der Edeln Bau-, Bild- und Mahlerey-Künste*, aber das war ein Foliant, eine erdrückende Wucht. Der Autor hatte lange in Rom gelebt und von dort eigene gestochene Ansichten der berühmtesten antiken Kunstwerke mitgebracht, die im Heiligen Römischen

Reich Deutscher Nation vorzustellen kein Leichtes war, weshalb über einem Relief mit tanzenden halbnackten Bacchantinnen diese Zeilen stehen:

Götter, so die blinden Heiden zum Anbeten vorgestellt,
Man von allen rechten Christen billig für verworffen hält.

Winckelmann verdankt seine ersten bildlichen Vorstellungen von antiker Kunst dem Exemplar dieses Werkes, das er bei einem Pfarrer in einem Dorf bei Seehausen einsehen durfte. Was die Christen „verworfen" haben, das wird zum Eckstein seiner Lehre.

Inzwischen hat er in Nöthnitz die Literatur zur neueren Kunst studiert, die dem Künstler, oft in poetischer Form, Anweisung geben will zum richtigen Zeichnen, Malen, Modellieren und Bildhauen. Er aber möchte alle an Fragen der Kunst Interessierten ansprechen mit einigen locker miteinander verknüpften *Gedancken*. Gefragt wird also nicht nach Kunst schlechthin, sondern nach dem Verhältnis der neueren zu einer bestimmten älteren und nach Sinn und Wert von dem, was heute Antike-Rezeption heißt. Und danach, wie Kennerschaft entsteht und richtiges Urteil.

Am Anfang steht das obligate Lob auf den Landesherrn: Ihm danke Sachsen die nötigen Impulse für rechte Nachahmung im Sinne des Titels: „Der gute Geschmack", der entstanden sei „unter dem Griechischen Himmel", habe sich fortgesetzt bei den Italienern der Renaissance; mit den Gemälden der königlichen Kunstsammlung sei er auch an der Elbe heimisch geworden: „Dreßden wird nunmehro Athen für Künstler." Dann kommt der Autor zu seiner Sache: „Der eintzige Weg für uns, groß, ja, wenn es möglich ist, unnachahmlich zu werden, ist die Nachahmung der Alten".

Ein Exemplar des ersten Textes schickt er an Freund Uden in Stendal und schreibt dazu: „Meine Absicht war, nichts zu schreiben, was schon geschrieben ist; ferner etwas zu machen, da ich so lange gewartet und alles gelesen was ans Licht getreten ist in allen Sprachen über die beyden Künste, das einem Original ähnlich werden möchte und drittens nichts zu schreiben, als wodurch die Künste erweitert werden möchten." (110) Originell ist seine Schreibweise in der Tat. Er argumentiert nicht diskursiv auf ein Ziel hin, sondern setzt dem Leser Thesen vor, die anschaulich werden in Beispielen und Anekdoten. Das Ganze wirkt spontan und ein wenig apodiktisch, zusammengehalten von einer ungewöhnlich anschaulichen und kraftvollen Sprache. Hier kann einer außer etlichen älteren und neueren Sprachen auch Deutsch!

Den „guten Geschmack", den Winckelmann eingangs lobt, vermißt er in Wahrheit allenthalben; er will ihn mit seiner Schrift überhaupt erst einmal etablieren und populär machen. Er tadelt den zeitgenössischen Überschwang im Dekorativen: „Unsere Schnirckel und das allerliebste Muschelwerk", den ganzen „Barroquegeschmack", welchem es nur darum gehe, leere Wände voll zu machen mit irgend etwas; die Architekten litten am „horror vacui". Und er verspottet die Emblematik, das angestrengte Erfinden von belehrenden Sinnbildern, etwa auf Grabsteinen oder Titelseiten von Büchern, oft ohne Rücksicht auf Logik und Ästhetik. Bei einer solchen Verrätselung bleibe die Kunst meist auf der Strecke — obendrein koste den Betrachter das Lösen solch umständlicher Bild-Rätsel ihre Zeit, diesen „unerkannten grossen Schatz".

Weg also mit den leer gewordenen Formen und den verblaßten Symbolen, zurück zu bedeutenden Themen in angemessen würdiger Darstellung! Was die Renaissance in ihren großen Bildern zur christlichen Heilsgeschichte geleistet hat, das soll nunmehr erprobt werden an Gegenständen der Weltgeschichte, aber auch an ethischen Postulaten wie Friede, Freigebigkeit, Beständigkeit. „Ich finde die Freundschaft allenthalben schlecht vorgestellet (…). Ich würde diese größte menschliche Tugend durch Figuren zweyer ewigen Freunde aus der Heldenzeit, des Theseus und des Pirithous malen." Ein schönes Beispiel für die malerische Darstellung heimlicher und unerlaubter Liebe würdigt er ausführlich in der oben zitierten Geschichte vom liebeskranken Königssohn.

Der heutige Künstler, sagt Winckelmann, kann viel, weiß aber im Grunde nicht, was er darstellen soll. Er denkt nicht voraus; er erklimmt die höchsten Höhen formaler Meisterschaft, doch „sein Fuß bleibet an dem jähesten Ort der Kunst stehen" – und „Ort" hat hier die alte Bedeutung von „Spitze" –, anstatt den Schritt zu wagen hinüber aufs Eigentliche! Er soll sich im voraus und mit Bedacht Gegenstände aussuchen, die er dann mit Kunstverstand und Kenntnis darstellt; zu dieser aber braucht er verläßliche Anleitung. Ein Jahrzehnt später wird Winckelmann selber eine solche vorlegen, seinen *Versuch über die Allegorie, besonders für die Kunst*.

Was heißt nun Nachahmung? Jeder Künstler übe und praktiziere sie in seiner Arbeit. Dabei müsse er, wenn dabei Kunst entstehen soll, das Beobachtete, insbesondere die menschliche Gestalt, nicht nur erfassen, sondern sie über ihre bloße Naturerscheinung in ein Festeres und Feineres erheben. Wenn er dies unterlasse, laufe er Gefahr, der Wirklichkeit zu erliegen wie jener Bildhauer in Horazens *Ars Poetica*, der ein Könner war in der Wiedergabe naturalistischer Details und doch

infelix operis summa, quia ponere totum / nesci(e)t

— kein Meisterwerk hinkriegte, da er das alles nicht zu einer Einheit formen konnte.

Jordaens etwa habe „die Natur gemalt, wie er sie gefunden", Rubens hingegen habe sich über sie „hinaus" gesetzt und sei vorgedrungen zum „Erhabenen". Seine Frauen seien freilich „zu fleischigt" — er, der Autor, ziehe das Knappe, Sportliche antiker Spartanerinnen vor. Das Idealbild einer jungen Frau in neuerer Zeit sei die soeben in Dresden eingetroffene *Sixtinische Madonna* des Raffael: „Sehet die Madonna mit einem Gesichte voll Unschuld und zugleich einer mehr als weiblichen Grösse, in einer seelig ruhigen Stellung, in derjenigen Stille, welche die Alten in den Bildern ihrer Gottheiten herrschen liessen. Wie groß und edel ist ihr gantzer Contour!"

Hier verwendet Winckelmann als erster Autor den Gestus des Zeigens: Seht genau hin! Erkennt an dem neuzeitlichen Gemälde die antikischen und die skulpturalen Momente! Ist diese Maria nicht die Schwester einer Niobe oder einer Kore? Und ist damit das Gemälde nicht das beste Beispiel für gelungene Nachahmung im Sinne des Titels? Hier in der Mitte des Textes finden die bisher vorgebrachten Gedanken zu einer Synthese, nicht nur der historischen Epochen und Stile, sondern auch von Kunst und Natur. Diese aber war der Ausgangspunkt.

Eingangs entwirft Winckelmann sein Idealbild vom griechischen Volk. Die Menschen waren von edler Gestalt, viele von ihnen sogar bildschön; sie lebten in einem milden Klima und trieben Sport; sie schnürten ihre Körper nicht ein und kannten weder entstellende noch geschlechtlich übertragbare Krankheiten. Sie hatten die Monarchie abgeschafft und wahrten ihre „Freyheit der Sitten", beides ideale Voraussetzungen, unter denen Kunst sich entfalten könne: „Die Schule der Künstler war in den Gymnasien, wo die jungen Leute, welche die öffentliche Schamhaftigkeit bedeckte, gantz nackend ihre Leibes-Übungen trieben. Der Weise und der Künstler gingen dahin: Socrates, den Charmides, den Avtolycus, den Lysis zu lehren, ein Phidias, aus diesen Geschöpfen seine Kunst zu bereichern. Man lernete daselbst Bewegungen der Muskeln, Wendungen des Cörpers; man studirte die Umrisse der Cörper oder den Contour an dem Abdruck, den die jungen Ringer im Sande gemacht hatten."

Diese Nacktheit war nicht naturhaft wie die von Adam und Eva, vielmehr raffinierte Konvention. Winckelmann verknüpft hier zwei Lesefrüchte. Aus Platons *Staat* stammt die dialektische Verknüpfung von Nacktheit und Scham: In der idealen Gesellschaft müsse wie den höheren Beamten auch deren Frauen Gymnastik, „Nacktsport" erlaubt sein, da diese „ja Tugend statt des Gewandes überwerfen werden". Die Vorstellung vom Abdruck nackter Körperteile im Sand hingegen verdankt er jener frivolen

Stelle in den *Wolken* des Aristophanes, die er in jungen Jahren gelesen hatte.

Die jungen Griechen prunkten mit ihrer Schönheit nicht nur beim Sport, sondern auch zur Steigerung von Kunstgenuß und Feier: „Die schönsten jungen Leute" – Jünglinge – „tantzten unbekleidet auf dem Theater, und Sophocles, der große Sophocles, war der erste, der in seiner Jugend dieses Schauspiel seinen Bürgern machte. Phryne badete sich in den Eleusinischen Spielen vor den Augen aller Griechen und wurde beym Heraussteigen aus dem Wasser den Künstlern das Urbild einer Venus Anadyomene; und man weiß, daß die jungen Mädgen in Sparta an einem gewissen Feste gantz nackend vor den Augen der jungen Leute tantzten."

Von solchen Visionen schönen Lebens nun zu ihren Entsprechungen in Werken der Kunst! Dabei vermitteln die Wörter „Urbild" und „Contour". Weibliche antike Statuen sind meist gewandet, doch „ohne den schönen Contour des Nackenden zu verstekken, welcher ohne Zwang vor Augen liegt." Dieses will der Autor auch an den drei marmornen *Herkulanerinnen* beobachtet haben. Hier übertreibt er, denn bei ihnen, damals im Dresdner Großen Garten aufgestellt, sind die Körperformen unterm Faltengewand mehr angedeutet als vorgezeigt. Doch an der Stelle im Text benötigt er diesen Aspekt, und so stehen sie denn, in gleichsam geistiger Entkleidung, unmittelbar vor der zentralen Aussage, vor Winckelmanns berühmtestem Satz: „Das allgemeine vorzügliche Kennzeichen der Griechischen Meisterstücke ist (…) eine edle Einfalt, und eine stille Grösse, so wohl in der Stellung als im Ausdruck. So wie die Tiefe des Meers allezeit ruhig bleibt, die Oberfläche mag noch so wüten, eben so zeigt der Ausdruck in den Figuren der Griechen" – er denkt an das französische *figure*, was „Gesicht" bedeutet – „bey allen Leidenschaften eine grosse und gesetzte Seele."

Das führt ihn zum Gesichtsausdruck des *Laokoon* aus dem Vatikan (von der Gruppe gab es in Dresden bereits einen Gipsabguß). Der Heros leide furchtbar, ohne zu schreien; der Mund zeige nur einen Seufzer: „sein Elend gehet uns bis an die Seele; aber wir wünschten, wie dieser grosse Mann, das Elend ertragen zu können." Ein Mann und seine zwei Söhne im verzweifelten Kampf gegen eine riesige Schlange, die sie schon umknotet hat — dieses marmorne Bildwerk aus der römischen Kaiserzeit kommt dem „Barroquegeschmack" sehr entgegen, und in seiner Gestik ist es auch nicht „still". Und doch wirkt es „gross" und erhaben, und dies nicht allein durch die Bändigung des Leidens im Ausdruck des Gesichts, sondern auch durch ein Moment, welches hier nicht inhaltlich motiviert, sondern allein der antiken Tradition geschuldet ist: Der Held ist nackt. Und der edle Körper in seinem Ringen erscheint dem Autor als des Leidens ideale „Figur".

Im nächsten Schritt würdigt er Raffael als den neuzeitlichen Künstler, welcher von Formgefühl und Geist der Antike am meisten in sein Werk habe einfließen lassen und das, obwohl auch er sich des Unterschieds der Voraussetzungen bewußt war. Der Schritt vom Naturschönen zum Ideal stieß sich an der Sitte seiner Epoche, während die griechischen Künstler durch die „häufigen Gelegenheiten zur Beobachtung der Natur" gleichsam von selbst darauf kamen, „sich gewisse allgemeine Begriffe von Schönheiten so wohl einzelner Theile als ganzer Verhältnisse der Cörper zu bilden, die sich über die Natur selbst erheben sollten; ihr Urbild war eine blos im Verstande entworfene geistige Natur." Als Raffael in Rom seine nackte *Galathea* malte, habe er in Ermangelung lebender Modelle von adäquater Schönheit zu einem anderen „Urbild" gegriffen. Dieses lag in seiner Vorstellung — als Erinnerung an wahrgenommene antike Kunst.

Die Mitte des Textes bildet das Lob der *Sixtinischen Madonna*. Und dieses wird zum Spiegel des Satzes über das „Kennzeichen" der griechischen Kunst. Raffael hat in Rom auch weibliche Antiken studiert. Davon zeugen das leicht abstrahierte Gesicht, die minimale Bewegung und der „Contour". In dem Wort verbindet

Winckelmann seine Vision vom nackten Ringer über seine Darstellung der *Herkulanerinnen* mit der Keuschen, der wallend Ge-
wandeten: Gemeinsam mit dem *Laokoon* trägt die *Madonna* die
These von der edlen Einfalt und der stillen Größe als Apotheose
der Nacktheit.

Ein Aspekt ist noch zu erwähnen, eine Eigenart der Griechen,
ihre „gewisse gelenksame und geschmeidige Gefälligkeit, welche
ein munteres und freudiges Wesen begleitete." Mutig spricht der
Autor an, worin sie anders dachten und lebten als die Menschen
der Neuzeit: „Dieser Begrif von der Natur der Griechen könnte
dieselben vielleicht als Weichlinge vorstellen, die durch den zei-
tigen und erlaubten Genuss der Wollüste noch mehr entkräftet
worden sind." Die „Freyheit der Sitten" bestand darin, daß die
Griechen bereits in der Jugend – man muß es in heutiger Sprache ausdrücken – sich sexuell auslebten, und dieses war „erlaubt".
Was aber heißt „Weichlinge"? Das Wort gehört in die Liste der
Schimpfnamen, und zwar unter die guten alten deutschen. Ein
Minnesänger dichtete:

Her Weichelinc, ir sît ein man mit wîbes muot.

— Ritter Weichling, ihr seid ein Mann mit dem Empfinden
    einer Frau.

Martin Luther gebrauchte es in der Bedeutung von Onanist.
Um die Mitte des achtzehnten Jahrhunderts wurden nicht nur die
Antike mitsamt ihren „Sitten" neu entdeckt; zur gleichen Zeit begannen Ärzte und Pädagogen, die Selbstbefriedigung neu zu bewerten: Was bisher eine Sünde war, soll nunmehr eine Krankheit
sein, die am Charakter zehrt und am Rückenmark; das Stichwort
lautet *Entkräftung*.

Winckelmann rührt daran, meint aber wohl nur ganz allgemein den Abweichling vom Tugendpfade; jedenfalls sucht er
hier den Teufel mit dem Beelzebub auszutreiben. Und deutet die
Sitte der Zeit als Ursprung der Kunst: „Charmoleos, ein junger
Mensch von Megara" – der Stadt mit dem Knaben-Kuß-Wettbe-

werb – „von dem ein einziger Kuß auf zwey Talente", etwa 60 Kilogramm Silber, „geschätzt wurde" – so viel wurde darauf geboten; und er, der derart Küssenswerte, „muß gewiß würdig gewesen seyn, zu einem Modelle eines Apollo zu dienen, und diesen Charmoleos, den Alcibiades, den Charmides, den Adimantus konnten die Künstler" – und die Verehrer und die Jünglinge selbst, die sich auch unter ihresgleichen gern umblickten – „alle Tage einige Stunden sehen, wie sie ihn zu sehen wünschten." Wie denn? Natürlich nackt.

In Rom wird Winckelmann seine Vision vom schönen Nakkenden in ein gewaltiges System bringen. Und die Künstler der nächsten Generation werden es aufgreifen. Der Maler Jacques Louis David wird unter dem Eindruck der Schlacht von Waterloo auf einem riesigen Gemälde die Spartaner bei den Thermopylen darstellen als ein Häuflein nackter Helden in Erwartung der persischen Übermacht. Im Vordergrund tanzen Jünglinge, wie Winckelmann es in den *Gedancken* imaginiert hatte, also nackt, aber hier nur das eine sublime Mal: Sie alle werden sterben! Die Schamhaftigkeit von 1814 wird besiegt durch den Todesmut, den exzessiven Patriotismus der Epoche. Nicht weniger als der Maler David waren die Bildhauer Canova und Thorvaldsen empfänglich für das Schöne in seiner männlichen Erscheinung; sie aber werden das schöne Nackende endgültig und für die Bildhauerei verbindlich aller barocken Ziererei entkleiden und in einer höheren Züchtigkeit ruhig stellen. Ihre Skulpturen werden edel sein und schlicht; sie werden so still sein und so groß, wie Winckelmann es sich wünschte, damit aber auch bar jener Emphase, jener Glut, die Winckelmann an den plastischen Werken des Barock getadelt hat. Sie aber hatte doch nur der zeitgenössischen Erregung Ausdruck verliehen wegen jenes Unerhörten, welches den antiken Künstlern selbstverständlich war: der Umgang mit dem Nackten. Was nunmehr aufkam, artikulierte eine neue „öffentliche Schamhaftigkeit", die protestantisch war und neukatholisch und sich entlud in der Erotik von Völkerschlachten.

Denn das zweite Moment in Winckelmanns Appell wurde durchaus überhört: daß es für die Künste sowohl wie für das Zusammenleben der Bürger besser wäre, wenn endlich nach dem hohen Beispiel der Griechen mit der Freiheit auch die Sitten reformiert werden könnten. Hier noch einmal jener Satz: „Der eintzige Weg für uns, groß, ja, wenn es möglich ist, unnachahmlich zu werden, ist die Nachahmung der Alten." In diesem Punkte würde sie uns vollends „groß" machen — „möglich" ist sie nicht.

Herbst 1755: Die Reise nach Rom

„Über die höchsten Gebürge"

Die Reise dauerte vom 24. September bis zum 19. November 1755; sie wurde die weiteste seines Lebens und war die erste, die er nicht zu Fuß machte, sondern in der Postkutsche. Die Fahrt ging zunächst über Eger, Amberg, Regensburg bis Neuburg an der Donau. Pater Rauch hielt auch hier seine Hand auf: „In allen Jesuiter *Collegiis*, durch die wir unseren Weg nahmen, wurden wir herrlich bewirthet (…). In Neuburg ließ ich meine Sachen und gieng zu Fuß bis Augspurg 7 Meilen. Hier suchte ich Gelegenheit nach Italien, fand aber keine (…). Nach 8 Tagen, um nicht länger in Wirthshäusern zu liegen, sahe ich mich genöthiget, mit einem Castraten, mit einem Mann und seiner Frau nebst 2 kleinen Kindern in einer hinten und forne sehr beladenen Kutsche von Augspurg über Inspruck, Hall, Brixen, Botzen, Trident, Salurno und Maestro nach Venedig abzugehen." (122)

Er bewunderte die Alpen und stieg bei einer längeren Rast den Lauf der Etsch empor bis zur Quelle. „Man hat nichts wunderbares, nichts erstaunendes gesehen, wenn man nicht dieses Land mit demjenigen Auge, mit welchem ich es betrachtet habe, gesehen hat." Aber das Auge teilt der Feder kaum etwas mit; die nächsten

Sätze gelten nicht der staunenswerten Natur, sondern dem guten zivilisatorischen Standard der Tiroler. Ihre Alpenstraßen haben sie sorgsam geebnet mit Kies: „Über die höchsten Gebürge gehet ein Weg wie in der Stube. (…) Alle halbe Stunde siehet man ein großes Wirthshaus, auch wo kein Dorf ist, an dem Fuße erschrecklich schöner Berge, wo Sauberkeit und Überfluß regiret. Betten sind allenthalben so viel man haben will, und allenthalben wird man mit silbernen Messern und Gabeln bedienet. (…) Sobald man ins Tridentinische kömmt, findet man schon Armuth und Unsauberkeit." Und die Wege waren naturbelassen, weshalb die Reisenden böse durcheinander geschaukelt wurden. Um so schöner wurde die Aussicht: „Man siehet allenthalben die schönsten Menschen, und in Botzen (Bolsano) waren alle Mädgen hübsch, ja schön, welche ich gesehen habe." (121)

Wir müssen aber noch verweilen bei dem, was er zuvor sah, bei den erschrecklich schönen Bergen. Hatten Winckelmann und seine Zeitgenossen keine Worte für das Erhabene der Landschaft? So prosaisch war schon Martin Luther durch die Alpen gereist, aber bereits dessen malende Zeitgenossen haben die Landschaft zum Hauptthema ihrer Bilder gemacht: Dürer, Altdorfer oder der Flame Joachim Patenier. Im siebzehnten Jahrhundert wird gemalte Landschaft vollends zum Raum, in dem Seelisches sich ausdrückt und wiedererkennt, wie bei Poussin, Dughet und Salvator Rosa. Wo bleiben die Dichter? Was schreiben die Briefschreiber?

In der deutschen Sprache brachte erst der Sturm und Drang das Äquivalent; als erster hat Wilhelm Heinse in seinen Reisebriefen Rheinfall und Alpenschroffen anschaulich gemacht und, im Anschauen, zugleich die Regungen seiner Seele. In Frankreich war es Denis Diderot, der als Kunstjournalist seine Sprache der besprochenen Landschaftsmalerei anglich: In einem seiner *Salons* kommt er auf Horace Vernet zu sprechen, schiebt jedoch vor dem Eingehen auf dessen Seestücke die Erinnerung an eine eigene Reise zum Meer ein, also eine Beschreibung direkt erlebter Natur und Landschaft; erst als er, packend und ergriffen, das Atmosphärische erwähnt, Nachtlicht und Wolken, da bekennt er, in allem nur den Bildern des Malers gefolgt zu sein, der jene Phänomene so zu malen wisse, daß sie der Beobachter wieder erkennt und der Fühlende sie von neuem fühlt. Rousseau hingegen, der ganze Wochen wandernd und träumend in Gottes freier Natur zubrachte, hat vor ihr immer nur den vorromantischen Zipfel eines vagen Gefühls beschworen, ein „je ne sais quoi", ein gewisses Etwas, das die Seele auf unbeschreibliche Weise anrühre.

Den Weg zur romantischen Landschaft im Sprachlichen hat ein Engländer gewiesen, und ein Engländer hat ihn als erster betreten. Der eine war Milord Shaftesbury mit seiner Schrift *The Moralists*, in der zwei edle junge Männer liebend zu einander finden und sich vereinigen zu ewiger Freundschaft, und zwar bei Sonnenaufgang auf einer Bergeshöhe, Symbol sowohl für das Auge Gottes wie für die einsame Höhe und die Reinheit ihrer Sitten; hier erklären sie ihre Gefühle füreinander und lassen sie dann schweifen in Gottes herrliche Natur. Rousseau stellt diese Szene in seinen pädagogischen Ich-Geschichten zweimal nach; die Naturschwärmerei der beiden Liebenden klingt vielfach wider in der deutschen romantischen Lyrik. Shaftesbury hat Epoche gemacht, auch für Winckelmann, der seine Werke ausführlich exzerpiert hat. Und so mag er bei dieser Alpenfahrt die ihn umgebende Landschaft nach dem englischen Vorbild in Gedanken belebt haben und in der wortlosen Ahnung des Erhabenen eine geliebte Seele haben mitreisen lassen: Peter Lamprecht.

Die erste briefliche Mitteilung von erlebter Landschaft stammt aus der Feder eines genauen Zeitgenossen. Auch er war 1717 geboren, doch nicht wie Winckelmann im Schusterhäuschen, sondern in einem Palast als Sohn des Premierministers von England, als Kind bereits ein Herr und sehr vermögend. Sie sind einander nie begegnet und hatten doch viele gemeinsame Bekannte und Interessen; beide blieben unverheiratet. Beide haben den Geschmack ihrer Epoche reformiert, wenn auch in entschieden gegensätzlicher Richtung. Die Rede ist von Horace Walpole.

Der ging mit zweiundzwanzig Jahren auf seine Grand Tour und kam dabei zum erstenmal in die Alpen. Was er sah, hat ihm den Atem verschlagen, und genau dies vermittelt er einem Freund. Diesen Abschnitt der Reise habe er ursprünglich erst nachträglich und zusammenfassend schildern wollen; nun aber könne er nicht mehr an sich halten: „Aus einem Weiler in den Savoyer Bergen. 28. September 1739." Keine Anrede, sondern sogleich die ersten Brocken: „Schluchten, Berge, Sturzbäche, Wölfe, Donnergrollen, Salvator Rosa". Wildnis steil und schauerlich, doch wie von Malers Hand; in seines Vaters Sammlung hingen Gemälde von diesem Meister. „Hier stehen wir als lonely lords of glorious desolate prospects — als einsame Gebieter über herrlich menschenleere Aussichten." Und dann mißt Walpole das Erhabene der Natur an der Enge und Dürftigkeit von Menschenwerken:

„Wir ritten neun Meilen, um die *Grande Chartreuse* zu sehen; was wir erwartet hatten, waren schreckliche Wege und den elegantesten Ordenssitz im Königreich — in beidem wurden wir enttäuscht. Das Gebäude ist groß und massiv und hat nichts vorzuzeigen als seine altertümliche Schlichtheit. (…) Aber der Weg, mein Freund, der Weg! Er windet sich um einen ungeheuren Berg und ist von anderen Bergen umgeben, ganz verhangen von Bäumen und Gesträpp, von Fichten verdunkelt oder in Wolken verhüllt! Unter uns springt ein Bach durch Felsbrocken hindurch jäh in die Tiefe. Wasserfälle spiegeln sich silbrig beim Sturz die selbstgegrabenen Höhlungen hinunter in dem schäumend aufgerissenen Fluss! Hier und da sieht man einen alten Fußsteg mit zerbrochenem Geländer, ein windschiefes Kreuz, ein Gehöft oder den verlassenen Sitz eines Einsiedlers! Für einen, der dies nicht gesehen hat, klingt das alles vielleicht too bombast and too romantic — zu überladen und romanhaft", – diese Bedeutung hatte das Wort bisher, und so hat der Empfänger es verstanden, Walpole

setzt ihm hier einen neuen Sinn und erfindet einen Epochenbe-
griff – „doch wer es gesehen hat, dem ist aller Ausdruck noch viel
zu verhalten. Könnte ich Dir meinen Brief schicken eingepackt
zwischen zwei herrliche Stürme, die in ihrer Wut einer des anderen Echo waren, dann hättest Du beim Lesen eine Vorstellung
vom erhabenen Grollen dieser Szene. Fast ganz zu oberst steht die
Karthause, in schönem Grün, doch ohne jede Aussicht. Wir blieben zwei Stunden, ritten dann zurück durch dieses bezaubernde
Gemälde, hätten gern einen Maler dabei gehabt, wären selber
gerne Dichter! Und – muß ich es noch sagen? – wünschten, Du
wärest hier."[36]

Zurück zu Winckelmann und seiner Reise.

Venedig gefiel ihm nur auf den ersten Blick. Per Schiff fuhr
er weiter in Richtung Bologna. „Mein Castrate hatte für sich und
mich in einer besondern *Cajute* Betten machen laßen", Sturm
kam auf, „und er war erstaunt, daß ich schlafen können, und
hatte in der Gefahr das Vergnügen gehabt zu sehen, ob ich nicht
erwachen würde." (122) Winckelmann aber hat fest geschlafen.

In Bologna wurde er gastlich aufgenommen von dem Bruder eines neuen Dresdner Bekannten, des Arztes Giovan Lodo-
vico Bianconi, dem er zunächst noch auf französisch schrieb: „J'ai
repris pendant le voyage quelque gayeté de coeur — Auf der Reise
wurde mir leichter ums Herz, und damit kamen Appetit und
Schlaf zurück; ohne Schlaf hätte ich mich gewiss die elf Tage in
der Kutsche gelangweilt; ich fühle sogar, daß ich ein bischen fül-
liger geworden bin." (120) An Francke: „Die letzten Tage sind
wir mehrentheils fünf Sedien stark (in fünf leichten Kutschen) gegangen, so daß wir des Abends an vierzehn stark zu Tische waren. Unter der Gesellschaft war ein Böhmischer Carmeliter, welcher die Violine sehr gut spielte, und man tanzte, wenn der Wein
gut war." (121) An Berendis: „Den Welschen war es fremde, daß
sie uns Deutsche so tapfer trinken sahen. Jammer und Elend haben wir auf dieser Reise in vielen Wirths-Häusern getroffen, und

je schlechter je näher an Rom: Betten, daß die Schulter-Blätter des Morgends schmertzen." (122)

Und schon begann die Furcht vor dem Sumpffieber, dessen Ursache man in einer Art vergifteter Luft, italienisch *mal'aria*, vermutete, weshalb man nachts auch nach heißen Tagen die Fenster schloß und den Kopf ganz zudeckte. „So wie wir uns der Campagna di Roma näherten, äußerten sich Zeichen der ungesunden Luft"; einigen Mitreisenden sind morgens die Lippen von Mückenstichen geschwollen. „Etliche 30 Meilen vor Rom, da wo die *Via consularis Flaminia* angehet, gehet auch die traurige Aussicht an. Es ist eine wahre Einöde, so daß man kaum einen Baum findet." (121)

Sein Tor zur Stadt war wie für alle Reisenden, die von Norden kommen, die Porta del Popolo. Der Zoll behielt seine Bücher ein, um festzustellen, ob indizierte Schriften darunter waren. Das meiste bekam er am nächsten Tag zurück, die Schriften Voltaires etwas später. Seine erste Unterkunft nahm er im Spanischen Viertel, das den Ausländern vorbehalten war.

Die Welt der Bilder

Bereits in seinem letzten Dresdner Jahr hatte Winckelmann mehr Zeit vor Gemälden zugebracht als über Büchern. In Rom mußte er zwar weiterhin dienstlich Bücher bearbeiten und Bibliotheken betreuen, doch für sich selber nutzte er sie nur noch sporadisch. Hier galt sein Interesse ganz den Werken der bildenden Kunst. An den Wochenenden besuchte er mit Bekannten die privaten Bildersammlungen; die Woche über besichtigte er Bauwerke und Skulpturen; er machte Listen, nahm Maß und notierte das Wissenswerte, um dann später die wichtigsten Werke eingehend zu betrachten und sie schließlich zu beschreiben. Zuvor wollte er selber mit der Skulptur, die ihn bewegte, „wie mit einem Freunde bekannt" werden. Rom war der Mittelpunkt des Interesses an den Werken der Antike, und er selber wurde zum zentralen Kenner und Vermittler; er war gesucht und umworben und am Ende auch kein armer Mann mehr. Doch er blieb, was er stets gewesen war: einsam, und seine besten „Freunde" waren zuerst die Bücher, blieben am Ende die Statuen.

Winter 1755 – Winter 1758: Rom

Unter Kardinälen, unter Künstlern

In keiner Stadt der Welt war es leichter als in Rom, den Umgang mit Frauen zu vermeiden. Kirchenfürstinnen gab es nicht, wohl etliche Mätressen von Rang und viele einfache Prostituierte sowie die Ehefrauen der *nobili* und der Bürger. In der Oper, dieser damals noch jungen Erfindung der Italiener, durfte die Rolle der Ersten Dame, *prima donna*, nur von einem Kastraten gesungen werden; eine Frau auf der Bühne wäre Sakrileg. Wer als Künstler den menschlichen Akt am lebenden Modell studieren oder als Kenner ihn sehen wollte, der mußte sich beschränken auf das *nudo maschile*, denn nur der männliche wurde in der Heiligen Stadt gelehrt. Und von den öffentlichen Plätzen waren badende Nymphen verbannt in die Gärten und Grotten der Kenner und Sammler, während antike sowohl wie antikisierende nackte Männlichkeiten wie Rossebändiger und Schildkrötenschieber, Faune und Flußgötter das Bild der Stadt beherrschten.

Unter den Lebenden aber dominierten, kenntlich durch schwarze Kleidung, auf Straßen und Plätzen und in den Salons geschworene Junggesellen: Abbaten, Pastoren und Prälaten. Die letzte Gruppe war die kleinste und stach aus all der schwarzen Geistlichkeit hervor durch kräftige Amts- und Rangfarben. Sie bildete den Kern des Adels in der Heiligen Stadt. Ihre Vertreter wußten zu leben; sie hielten große Häuser, und viele von ihnen sammelten Bücher, sammelten Kunst. Ihre privaten Zusammenkünfte ähnelten den *Symposia* der alten Griechen; es waren Liebesmähler, Herrenrunden mit schmucker Dienerschaft und einem Gefolge bildhübscher Meßknaben, wie sie heute noch die Kirchenbesucher in Rom entzücken. Zwei Jahrzehnte später wird Goethe seinem Herzog berichten, daß es nirgends auf der Welt so schwierig sei wie in Rom, junge attraktive Frauen und Mädchen kennen zu lernen, und er, Carl August, ahne vermutlich, „wie knapp unsre Zustände sein müssen und werden ein sonderbar Phänomen begreifen, das ich nirgends so stark als hier gesehen habe, es ist die Liebe der Männer untereinander."

Winckelmann wird das bald bemerkt haben, doch er hatte nicht die Distanz zum „Phänomen" wie Goethe. Seine allererste Sorge war: nichts falsch machen! So verlockend die *ragazzi* auch waren, er hielt sich, auch der Sprache wegen, zuerst an die französischen und deutschen Künstler; und er kam nicht aus ohne die Großen der Kirche. Gerade von da her freilich schien Ungemach zu drohen.

„Kaum war ich in Rom angekommen", schrieb er auf französisch an Bianconi, „da stellten sich meine nächtlichen Schweißausbrüche wieder ein, denn ich sah, daß ich Gefahr laufe, meine Freiheit hier zu verlieren." (120) Archinto, unter dessen Leitung er die Konfession gewechselt hatte, war inzwischen in Rom avanciert zum *gobernatore*, einer Art Innenminister und Stadtpräfekt, was ihm automatisch die Kardinalswürde einbrachte. Der Kardinal nun, der erste von dreien, die für sein Leben wichtig werden sollten, drängte ihn zu einem kleinen Amt, das er ihm bereits in Dresden vorgeschlagen hatte: die Bibliothek des Kardinals Passionei zu betreuen. Winckelmann sah Nöthnitzer Verhältnisse herauf kommen, wo nur die „Frühstunden" Zeit für eigene Arbeiten lassen würden. Außerdem fühlte er sich von Archinto bisweilen von oben herab behandelt; als er einmal, bestellt zu einem Termin, im Vorzimmer eine halbe Stunde warten mußte, reagierte er wie in Hadmersleben auf das saure Bier: Er ging und ließ sich nicht mehr blicken. Nach einer Weile jedoch lenkte er ein und lernte Passionei kennen — und war entzückt.

Unter den Kardinälen gab es – von Justi prägnant beschrieben – zwei Kategorien: Die einen waren noch in mittleren Jahren und denkbare Kandidaten bei der nächsten Papstwahl; die agierten immer diplomatisch und hielten sich bedeckt. Die anderen waren zu alt und lebten nach ihrem eigenen Kopf. Ein solcher war Passionei: 73 Jahre alt, gebildet, temperamentvoll, bisweilen ruppig in seinen Manieren. In Winckelmann erkannte er sofort den Gelehrten und behandelte ihn als Autorität. Er nahm ihn zu Kutschfahrten mit und bedachte manchen Prälaten, der ihren Weg kreuzte, mit bösem Spott hinsichtlich seiner geistigen Qualitäten. Er lud ihn ein zu seinen Abendgesellschaften, wo es bisweilen zuging wie in einer „Judenschule" (179), weil der Kardinal zwar selber eine starke Stimme habe, sich aber durchaus überstimmen und überschreien lasse, vorausgesetzt, das Argument selber lasse sich hören. Da erwirbt man Sprachkompetenz! Sehr bald datieren die ersten Briefe Winckelmanns in Italienisch.

Er genießt die Anerkennung und denkt mit Ingrimm zurück an die deutschen Verhältnisse. Dem Hofprediger Jerusalem in Braunschweig läßt er durch Berendis ausrichten, „daß derjenige, der sich durch den jungen Bülow melden lassen" wegen der Bewerbung um ein höheres Schulamt, „aber das Glück nicht erlangen können von S. Hochwürdigkeit, daß dieser Mensch in Rom ist, und daß der größte Cardinal in Rom, gegen den er ein Esel ist, ein bescheidener Bürger scheinet gegen seinen Phantastischen Stoltz." (167)

So dankbar er war für den Schutz durch kompetente Kardinäle, stärker zog es ihn zu den Künstlern, von denen es in Rom beinahe so viele gab wie Kirchenmänner. Der Dresdner Hofmaler Dietrich hatte ihn an Anton Raphael Mengs empfohlen, der mit gerade mal siebenundzwanzig Jahren im Auftrag des Dresdner Hofes in Rom das Altarbild für die neue katholische Hofkirche malen sollte und dort in kurzer Zeit zum gesuchten Lehrer wurde und in seinem Hause eine regelrechte Akademie etabliert hatte, wo er seine Schüler nach Gipsgüssen von antiken Skulpturen zeichnen ließ. Das war genau, was Winckelmann suchte: „Sein Haus ist meine Zuflucht, und ich bin nirgends vergnügter, als bey ihm. Noch bin ich frey und gedenke es zu bleiben." (121) Er trage nicht Schwarz wie die allerorts herumlungernden Abbaten, lebe viel mehr „als ein Künstler", speise „mit lauter deutschen und französischen Künstlern" (121) und bedauere nur „allezeit wenn ich mit Künstlern rede, daß ich keiner bin". (126)

Allmählich bekam er Zutritt in die großen Bibliotheken; und sofort begann er zu arbeiten. „Die große Gelegenheit zu studieren und zu lernen, macht, daß ich mir die Zeit nicht nehme, die schönen Tage des Winters zu genießen." (127) Er sei „wieder gleichsam angeheftet, wie in Dresden"; den Sonntag allerdings halte er sich frei, um die einzelnen römischen Kunstsammlungen zu besichtigen in Gesellschaft junger Maler, unter denen er „einen sehr aufrichtigen Freund" habe, den „Herrn Harper, aus Berlin". (128) Auch mit Mengs schloß er „Freundschaft", und zwar eine äußerst produktive: „Es ist ein Entwurf zu einem großen Werke gemacht, woran Herr Mengs eben so viel Theil als ich selbst haben wird (…) ‚Von dem Geschmack der Griechischen Künstler'". (126)

Leider kam das kleine Stipendium aus Sachsen in unregelmäßigen Abständen, und bald wurde es auf die Hälfte reduziert. Bianconi gegenüber umriß er seine Situation so: er habe „viele

Freunde, einige Beschützer, kein Geld." (124) Rom sei sehr teuer und nicht sehr sauber, doch zum Leben der schönste Ort. Am 29. Januar 1756: „Der Winter ist gelinde; es ist vielmehr Frühling. Man siehet in vielen Gärten die Pomeranzen" –, Goethes Goldorangen – „an den Bäumen hängen." Die Gärten seien grün. „Ein gewisser Wein in der Nähe Genzano riechet und schmecket nach Ambra und nach balsamischen Sachen. (…) Meine größte Delicatesse sind Broccoli", ein Gemüse „wie Blumenkohl. Man kocht sie ab und ißt sie mit Essig und Öl." (128) Im Mai bereits äußerte er den Wunsch, „beständig hier bleiben zu können"; zuvor aber müsse er sein „hinlänglich Brot finden, oder beständig frey seyn." (142) Für das Schreib-Projekt jedenfalls brauche er noch drei Jahre Aufenthalt.

Nach etlichen Umzügen nahm er Quartier gegenüber dem Atelier von Mengs in einem Haus, das ein Maler für Maler erbaut hatte, dem Palazzo Zucchari oberhalb der Spanischen Treppe, heute Sitz der Bibliotheca Hertziana. Unter den vielen Künstlern im Haus und im ganzen Viertel wurde ihm einer besonders sympathisch: der Däne Johannes Wiedewelt. Der hatte ein Zimmer in der Via de' Condotti, unterhalb der Spanischen Treppe, das er mit dem Maler Harper teilte. Und als dieser Rom verließ, zog Winkkelmann dort ein.

Wiedewelt war Bildhauer und hatte zuvor in Paris sein Metier gelernt nach der dortigen barocken Tradition beim Sohn des damals berühmten Coustou. In Rom wollte er davon abkommen und sich dem Vorbild der Antike annähern, was im Trend lag und sich traf mit Winckelmanns Interessen. Sein nicht sehr großes Œuvre schuf er anschließend in Kopenhagen: Porträts und Allegorien, sehr edel und ein bißchen trocken. Sein bekanntester Schüler wurde Bertel Thorvaldsen.

Als Wiedewelt Winckelmann begegnete, war er vierundzwanzig Jahre alt. Die Beziehung blieb auch nach der räumlichen Trennung herzlich, und noch zehn Jahre später gedachte jener gern dieser Zeit: „Wie freundschaftlich und frölich lebten wir nicht einst zusammen in einem Zimmer, wie genau und herzlich war nicht unsere Verbindung, wo jeder es dem andern an Liebe und wechselseitigen Gefälligkeiten zuvor zu thun bemühet war! Immer erinnere ich mich noch jener gemeinschaftlichen Vergnügungen, unserer angenehmen Unterhaltungen, unserer muntern Scherze, und wenn Sie wollen, auch aller der kleinen Polissonerien, die uns nach unsern ernsthaften Beschäftigungen aufheiterten." (841)

Vermutlich hatte Winckelmann Sybaritisch-Sodomitisches zitiert nach antiken Dichtern und Wiedewelt mit französischen *Chansons gaillardes et grivoises* oder etwas deftig Dänischem geantwortet. Es war eine intime Freundschaft — erotisch scheint sie nicht gewesen zu sein. Ganz anders klingt es, wenn mehr ins Spiel kommt, etwa wenn Winckelmann dem so rasch wieder entschwundenen Adolf Harper hinterher schreibt: „Monsieur. Mon tres cher Ami…"

Adolf Friedrich Harper war dreißig Jahre alt, Landschaftsmaler, und stammte aus Berlin. Wozu dann die Sprache der Diskretion und der Affektion? „Votre départ m'a rendu tout à fait inconsolable — Nach Ihrer Abreise" – auch hier das respektvolle „Sie", aber offenbar nur, weil man einander noch nicht hatte näher kommen können – „war ich untröstlich. Ohne Sie umarmen zu können, ohne Ihnen durch meine Tränen bezeugen zu können, wie teuer Sie mir waren, ohne ein letztes *Adieu*! haben Sie sich, mein Freund, jäh von mir losgerissen. Eine große Leere ist geblieben, wo ein lieber Freund war, ein redlicher und gutherziger dazu, und dies für einen wie mich, dem es so schwer fällt, sich anderen Menschen mitzuteilen. Wie glücklich sind jene, die Ihre Freundschaft genießen können! In meiner Verlassenheit schicke ich jedem Ihrer Schritte meine Wünsche hinterher: Mögen Rosen und Blumen ihren Weg zieren! Tausend Freuden erwarten Sie in ihrem Vaterland, und Ihr Freund, wie glücklich sind Sie, mein Freund! Ein Freund, welcher Ihnen die ganze Menschheit ersetzt.

Bitte übermitteln sie ihr den Ausdruck meiner Hochachtung — Presentez à Elle mes respects."

Es handelt sich also um einen Freund in weiblicher Gestalt, eine Geliebte oder Verlobte in Berlin. Derlei akzeptiert Winckelmann bei seinen engeren Freunden durchaus; dann betrachtet er eine solche Beziehung als Äquivalent für eine, wie er selber sie sucht. „Allein die Vorstellung einer so seltenen Erscheinung wie die Freundschaft bewegt mich derart, daß ich weinen muß. Erlauben Sie mir diese süße Freude; o könnten Sie doch Zeuge meiner Tränen sein!" Und dann gesteht er, daß seine innere Bewegung nicht allein dem Empfänger gilt: „Ich kann nicht umhin, gleichzeitig an einen Freund zu denken, der mir vom Himmel für mich auserwählt schien. Ihm habe ich die schönsten Tage meines Lebens hingegeben, ich lebte nur für ihn. Aber ach! Er will mich vergessen, mich den besten Freund überhaupt. Umarmen Sie ihn in meinem Namen und sagen Sie ihm, daß ich mir jeden Tag eine halbe Stunde nehme, um an nichts als ihn zu denken. Ich war wieder in Tivoli in der Villa Hadrians: sagen Sie ihm, er möge sich erinnern an den Schluss der siebten Ode des zweiten Buches von Horaz. Das wird ihm zu denken geben. Ich kann gar nicht mehr aufhören, wenn ich einmal angefangen habe, von der Freundschaft zu sprechen." (148)

Der alte pädagogische Eros! Horazens Gedicht gilt der unverhofften Rückkehr eines Freundes nach den Wirren des Bürgerkrieges. Sie hatten zuvor die Tage gemeinsam in süßer Ruhe verbracht, festlich geschmückt und fröhlich trinkend. Dann kam es zu Krieg und Schlacht, bei der er, Horaz, sich ausgezeichnet habe durch rechtzeitige Flucht, während es den Freund tiefer ins Getümmel zog. Dennoch hat auch er überlebt, und nun ist er da! Wein her, Salben, Kränze, Würfel! Singen will er, jubeln:

recepto / dulce mihi furere est amico.

— Der Freund ist wieder da: ich will ihn genießen!

Und zwar im allerweitesten Sinne! Der Maler Harper hingegen soll dies als Botschaft übermitteln an jemanden, der nicht *receptus* ist, sondern *absconditus*, weil er aus Potsdam nichts von sich hören läßt. Der Ehrenname *amicus* wird zum Klageruf: O wäre er es doch! Warum aber das Ganze in französischer Sprache? Harper hatte einen zweiten Brief mitgenommen und in Florenz dem berühmten Gemmensammler Philipp von Stosch überbracht, in dem Winckelmann sich vorstellt, auf französisch, und ihm ein Exemplar seiner *Gedancken* schickt. Wozu nun die Förmlichkeit der Fremdsprache in dem persönlichen, dem schwärmerisch-intimen Brief? Fällt es dem Schreiber schwer, sich derart zu öffnen? Der Empfänger war ihm zwar näher gekommen, aber doch in dem ausgemalten Bunde nur der Dritte! Und nachdem alles heraus ist, sagt Winckelmann es noch einmal auf deutsch: „Die Hälfte des Briefes ist freilich von einem andern als Sie sind, an den ich schreibe, (…) allein ich habe des Andern Bild in Ihnen gefunden; und ich hoffe, daß Sie in mir einige Ähnlichkeit mit sich gefunden." Von der Alchimie zur Logik: „Zwey Dinge die einem Dritten gleich sind, sind sich selber gleich; folglich. Mach Ende o Herr mach Ende, werden Sie sagen. Sie haben Recht. Auf Beweisen soll man keine Freundschaft bauen: Man soll sie fühlen. *Adieu*!" (148)

Die Natur in ihrer schönsten Bildung

Seine Arbeit ging er so gründlich und systematisch an, daß sein Alltag dem von Nöthnitz glich: „Zeitig nach Hause und zeitig zu Bette, und früh heraus, ja, die Liebe zur Ordnung geht so weit, daß ich weder Opern noch Comödien besuche, welches mir doch als einer Person, die zum Hofe gehöret, nichts kostet." (201) Im Unterschied zum Bücherdienst bei Bünau hatte er jetzt allerdings den ganzen Tag für sich und seine eigenen Interessen. Den Freunden schreibt er, daß er sich in Rom so gesund fühle wie nie zuvor; im Winter leide er ein wenig unter der Kälte in den kaum geheizten Räumen der Palazzi; gegen die Hitze im Sommer gehe er schwimmen im Tiber, nachdem er dies, planvoll vorgehend auch hier, zunächst habe lernen müssen, und zwar im nobelsten Schwimmbecken der Welt, der barocken *Fontana Paolina* auf dem Hügel Aventin. Nachts lasse einen neben dem Lärm vor allem die Hitze nicht schlafen; wer nicht immer wieder mal aufstehe und sich Bewegung mache, der laufe Gefahr „zu ersticken, und dennoch darf man sich bey Gefahr des Lebens keine Luft machen." (191) Denn die *mal'aria*, die „schlechte Luft" hielt man für die Ursache des Sumpffiebers.

Immerhin begann er, sich nach der ihn umgebenden schönen Jugend umzusehen. Dazu bedurfte es jener „Freyheit", die Winkkelmann in Rom von Anfang an spürte. Er wird nicht müde, in Briefen davon zu schwärmen: Hier habe er sie gefunden und genieße sie; zwar sei sie zeitweilig gefährdet und müsse immer wieder neu erkämpft werden; in Rom aber sei sie immer noch größer als anderswo auf der Welt! Einem Studienfreund, der das geworden ist, worauf sie beide studiert haben, nämlich Pfarrer, wird er zehn Jahre später noch triumphierend berichten: In Kürze ziehe er wieder hinaus in die *villeggiatura*, „und dieses Jahre gedenke ich es in einer schönen Gesellschaft eines *individui* zu thun" — er wählt das geschlechtsneutrale *individuum* und läßt das hier wesentliche Eigenschaftswort abschweifen: nicht die Person sei „schön", vielmehr ihre „Gesellschaft". Dann wirft er alle Unsicherheit ab und schreibt es glatt hin samt einer Begründung, die in der Altmark nicht durchgehen würde: „weil ich von der Schönheit schreiben will nach einer lebendigen Schönheit. Niemand kanzelt mich hierüber ab, und niemand fragt: was macht ihr? Sondern ich thue was mir einfällt, und ich suche, so viel möglich ist, meine verlohrene Jugend zurück zu rufen." (764)

Er habe etwas nachzuholen, und dazu gebe es Gelegenheit, die zudem inspirierend wirke auf die wissenschaftliche Arbeit. Denn das, wovon er bisher nur habe lesen und andeutungsweise habe

schreiben können, das trete ihm hier täglich vor Augen. Professor
Gottsched in Leipzig, der in seiner deutschen Ausgabe des Lexikons von Bayle das Schönste der antiken Literatur in den Orkus
wünscht, hat sich mokiert über Winckelmanns Essay; er hat das
„Griechische Profil (…) ein Lineal-Gesicht genannt, der Patron
hätte aber wissen müssen, wie viel schöner die Natur der Men-
schen-Kinder in Italien ist, und wie es sich an den Griechinnen,
die hier sind, findet." Empfänger des Briefes war jener märkische
Kommilitone, der frisch verheiratet war; und so muß Ausgewogenheit walten, indem zuerst das andere Geschlecht als schön bezeichnet wird und dann das eine: „Hier siehet man, daß die Natur
in ihrer schönsten Bildung so wenig als möglich von der geraden
Linie der Stirn und Nase abgegangen, und ich habe das Vergnügen, diese Betrachtung alle Tage an einem jungen Römer und einem der schönsten Menschen zu machen." (194)

Mit „Natur" meint er immer die menschliche Gestalt, und
diese kommt als solche bisweilen der Vollendung nahe, welche sie
in den schönsten Kunstwerken hat. Die Suche nach den Werken
und dem Wesen der Kunst wiederum strahlt hinein in jene andere
Suche, welche auf Leben aus ist. Beiden hat Winckelmann seine
Zeit geopfert, doch nur die eine scheint sich gelohnt zu haben.
In den Entwürfen zu seiner Beschreibung des *Apoll* vom Belvedere kommt die Parallele zu Wort in einem Satz, der seinem Autor herausgerutscht war und dann schnell wieder durchgestrichen
werden mußte: „Suche den schönsten Jüngling da wo die Natur
schöne Menschen bildet."

Die Beschreibung der Statuen

Rom war seit der Antike auf ein Sechstel seines Umfangs ge-
schrumpft; ganze Stadtteile waren zerfallen und von Grün überwuchert; das einstige *Forum* hieß *Campo Vaccino*, „Kuhweide".
Doch Jahr für Jahr wurden unter dem Grün in Gräben und Ge-

wölben antike Statuen und Reliefs entdeckt, die seitdem die Paläste und Gärten von Kardinälen zierten. Zur selben Zeit wie Winkkelmann war ein junger Franzose eingetroffen, der später ebenfalls ein vielbeachtetes Werk über die Antike verfassen sollte, der Abbé Barthélemy. Der berichtete seinem Mentor, dem Grafen Caylus in Paris, Rom sei für den Antikenforscher überwältigend; er selber habe die Stadt anfangs „nur durch einen Nebel aus Steingebilden gesehen", und nun würde er sich gern vierteilen, um genug Zeit zu haben: „erstens zum Sehen, zweitens zum Nachdenken, drittens zum Schreiben, und viertens für die gesellschaftlichen Verpflichtungen."[37]

Winckelmann wußte einen besseren Zugang. Von Anfang an machte er sich Listen von dem, was er in den Sammlungen sah, wobei er bereits manches umbenannte und neu deutete. Gleichzeitig aber tat er, was so nahe lag, daß bisher niemand darauf gekommen war: Er griff das Bekannte, das Allerbekannteste heraus, das er selber schon vielfach in Stichen abgebildet gesehen hatte. Auf diesem Wege sei er freilich „halbsehend" geblieben und habe „Fehler" gemacht (121) — erst vor den Originalen seien ihm die Augen aufgegangen. Nunmehr wolle er den „Geschmack", nicht den der eigenen Zeit, sondern den „der Griechischen Künstler" beschreibend darstellen, und zwar zunächst anhand weniger Beispiele, nämlich der bekannten Statuen im *Belvedere*, die zugleich „das Vollkommenste der alten Bildhauerey" seien: nämlich des *Apollo*, des *Laokoon* und des *Torso*. Sie standen damals auf hohen Sockeln einzeln in engen Nischen, deren Türen von einem Wärter jedesmal, gegen ein Trinkgeld, aufgeschlossen werden mußten. Hier aber war wiederholtes Anschauen nötig: „Oft ist mir ein kleiner Umstand entfallen, oder, nachdem ich es gesehen habe, bilde ich mir dieses oder jenes ein, welches mich nicht ruhen lässt, bis ich mich versichert habe." Dieses Insistieren wiederum setze seinen „Geist" in „Bewegung", und aus dieser wird Sprache, die sich, wie in den *Gedancken*, ballen kann bis zum Widersinn: Die „Beschreibung" des *Apollo* erfordere „den höchsten Stil" ja, die „Erhebung über alles was menschlich ist", denn die Wirkung das Anblicks sei „unbeschreiblich". (135) Das teilt er seinem Nöthnitzer Kollegen mit, dem Bibliothekar Johann Michael Francke. Seinem Freund und Zeichenlehrer Adam Friedrich Oeser in Dresden berichtet er, er werde alle drei Statuen neu datieren können, aber das sei nur Nebensache: „Die Beschreibung des *Apollo* wird mir fast die Mühe machen, die ein Helden-Gedicht erfordert." (136)

Nach Dresden ging ein dritter Brief, und zwar an den Verleger Georg Conrad Walther, bei dem soeben die *Gedanken* (in dieser Schreibung) in zweiter, vermehrter Auflage erschienen waren: „Ich arbeite itzo an ein kleines Werck, welches der Vorläufer zu einem größern werden soll; aber diese kleine Arbeit erfordert an ein halb Jahr Zeit, um ihr den möglichen Grad der Vollkommenheit zu geben: ich bemühe mich ein Original zu machen, in welchem alles das meinige ist." (137) Und ein Jahr später: „Mit so viel Aufmerksamkeit hat vielleicht noch niemand die Alterthümer untersuchet, und im Schreiben ist meine Regel, nichts mit zwey Worten zu sagen, was mit einem einzigen geschehen kann. Ich sammle zu einer Historie der Kunst, und habe angefangen, die alten Scribenten, sonderlich die Griechen, von neuen völlig durchzulesen, um alles, was zur Kunst bis auf die barbarischen Zeiten gehöret, zu haben. Dieses ist ein Werk von etlichen Jahren; denn ich werde alles mit Manuskripten collationiren", nämlich die Varianten in den verschiedenen Handschriften mit heranziehen, „und alsdenn werde ich etwa ein Bändgen von einem Finger dick schreiben." (170)

Winckelmanns These war von Anfang an, daß die Kunst der alten Römer von der der Griechen abgeleitet war und diese an Qualität nur in wenigen Werken erreichte. Anhand seiner Beschreibung der Statuen vom Belvedere wollte er erweisen, daß sie Werke griechischer Künstler waren. Da ihm dies nicht gelang, gab er den Plan zu dieser Publikation auf; doch die einzelnen Beschreibungen hat er in Briefen und Artikeln mitgeteilt. Zwei von ihnen sind integriert in die 1764 bei Walther erschienene *Geschichte der Kunst des Alterthums.*

Der Ton dieser Prosa war neu; ihre Kraft spürt auch der heutige Leser noch. Den Anfang macht der in Dresden bereits im Gipsabguß gesehene, am Original aber erst begriffene *Laokoon.* Der Priester in heroischer Nacktheit ist mit seinen halbwüchsigen Söhnen von zwei riesigen Schlangen angefallen worden, gegen die er sich stemmt mit letzter Kraft: „Laocoon ist eine Natur im höchsten Schmerz nach dem Bilde eines Mannes gemacht, der die bewußte Stärke des Geistes gegen denselben zu sammlen sucht, und indem sein Leiden die Muskeln aufschwellet und die Nerven anziehet, so tritt der mit Stärke bewaffnete Geist in der aufgetriebenen Stirn hervor, und die Brust erhebt sich durch den beklemm-

ten Othem und durch Zurückhaltung des Ausbruchs der Empfindung, um den Schmerz in sich zu faßen und zu verschließen. Das
bange Seufzen, welches er in sich ziehet, erschöpfet den Unterleib
und macht die Seiten hohl, welches uns gleichsam von der Bewegung seiner Eingeweide urtheilen läßet. Sein eigenes Leiden aber
scheinet ihn weniger zu beängstigen als die Pein seiner Kinder,
die ihr Angesicht zu ihrem Vater wenden und um Hülfe schreien:
denn das väterliche Herz offenbaret sich in den wehmüthigen Augen und schwimmet wie in einem Duft auf denselben".

Mit der zweiten Beschreibung tritt neben den Sterblichen im
letzten Moment seiner Selbstbehauptung ein Unsterblicher, der
einen soeben errungenen Triumph gelassen genießt: *Apollon*. Ein
junger Mann mit ausgebreiteten Armen verharrt im Schreiten; die
Hände sind im 17. Jahrhundert ergänzt worden; an der linken
fehlt das Gerät, welches er soeben benutzt hat, der Bogen, denn
er ist Jäger, Schütze, Töter; die Erfindung des Schießbogens ist an
seiner Gottheit festgemacht, weshalb ihn die Griechen den „Sil-
berbogner" nannten. Daß es sich um einen Apoll handelt, steht
nicht in den Stein eingemeißelt; doch der Typus ist wohl bekannt
und aus dem Umkreis von Tempeln und Weihestätten hundert-
fach geborgen worden. Der Kopf ist nicht einmal angekratzt. Das
ist bei Antiken ungewöhnlich, hatten doch die frühen Christen in
ihrem Gotteseifer allen Skulpturen aus der Heidenzeit die Köpfe
abgeschlagen oder wenigstens Nase, Augen und Mund zerhackt,
auf daß der vermeintliche Zauber des „Götzenbildes" zerbreche.
Die Statue ist so gut erhalten, weil sie von spätheidnischen Liebhabern rechtzeitig geborgen und versteckt worden war. Das Gesicht, überwölbt von einer pompösen Frisur, wirkt etwas glatt und
abweisend; Brust und Bauch aber haben eine Spannung, wie man
sie an originalen griechischen Skulpturen sieht; und die Stellung
der Beine verbindet auf raffinierte Art Gehen und Stehen, Bewegung und Ruhe. Mit einer Frische, die keinem Alter unterliegt,
tritt das Werk dem Betrachter vor Augen.

Hier eröffnet sich musterhaft das „schöne Nackende", welches Winckelmann zum Mittelpunkt seines Kunstsystems machen wird. Es kommt nicht naturhaft daher, sondern wird regelrecht zelebriert. Der Gott ist bekleidet mit einem kurzen Mantel, der über dem linken Arm zurückgeschlagen ist wie der Vorhang vor einem Heiligtum; ein Schwertriemen spannt sich über die Brust und mißt sie aus; das Geschlecht tritt in Erscheinung und ist doch kein Gemächte, sondern eine Zier. Im hohen Schwung der Lobrede schwingt Erschütterung mit über so viel Nacktheit bei so wenig Attitüde, über das Würdig-Selbstverständliche solcher Betörung. Seine Begeisterung teilt Winckelmann dem Leser mit, und zwar als erstes, bevor er auf Einzelheiten kritisch eingeht. Dazu zerlegt er seine Beschreibung in zwei Teile, einen zur Bedeutung und Wirkung: „nach dem Ideal", und einen zum Handwerklichen: „nach der Kunst".

„Die Statue des Apollo ist das höchste Ideal der Kunst unter allen Werken des Alterthums, welche der Zerstörung entgangen sind. (…) Über die Menschheit erhaben ist sein Gewächs, und sein Stand zeuget von der ihn erfüllenden Größe. Ein ewiger Frühling, wie in dem glücklichen Elysien, bekleidet die reizende Männlichkeit vollkommener Jahre mit gefälliger Jugend, und spielet mit sanften Zärtlichkeiten auf dem stolzen Gebäude seiner Glieder. Gehe mit deinem Geiste in das Reich unkörperlicher Schönheiten, und versuche ein Schöpfer einer Himmlischen Natur zu werden, um den Geist mit Schönheiten, die sich über die Natur erheben, zu erfüllen: denn hier ist nichts Sterbliches, noch was die menschliche Dürftigkeit erfordert. Keine Adern noch Sehnen erhitzen und regen diesen Körper, sondern ein Himmlischer Geist, der sich wie sanfter Strohm ergossen, hat gleichsam die ganze Umschreibung dieser Figur erfüllet. Er hat den Python", eine menschenfressende und landzerstörende Schlange, „erleget. Von der Höhe seiner Genugsamkeit geht sein erhabener Blick, wie ins Unendliche, weit über seinen Sieg hinaus; Verachtung sitzt auf seinen Lippen, und der Unmuth (…) blähet sich in den Nüstern seiner Nase, und tritt bis in die stolze Stirn hinauf. Aber der Friede, welcher in einer seligen Stille auf derselben schwebet, bleibt ungestört, und sein Auge ist voll Süßigkeit, wie unter den Musen, die ihn zu umarmen suchen. (…) Eine Stirn des Jupiters, die mit der Göttin der Weisheit", Athena, „schwanger ist, und Augenbranen, die durch ihr Winken ihren Willen erklären; Augen der Königinn der Göttinnen", Leto, „mit Großheit gewölbet, und ein Mund, welcher denjenigen bildet, der dem geliebten Branchus die Wollüste eingeflößet. Sein weiches Haar spielet, wie die zarten und flüßigen Schlingen edler Weinreben, gleichsam von einer sanften Luft bewegt, um dieses göttliche Haupt; es scheinet gesalbet mit dem Oel der Götter, und von den Gratien mit holder Pracht auf seinem Scheitel gebunden."

Steht der *Laokoon* für das „Elend" im Übermaß kurz vor dem gräßlichsten Sterben, so der *Apoll* für eine eben erreichte und von nun an unvergängliche „selige Stille". In seiner schönen Gestalt verbinden sich Gehen und Stehen, Jugend und Reife, Kampf und Spiel, Männliches und Weibliches, und dazu die Disposition zum Lieben von beiderlei Geschlecht. Die Beschreibung gipfelt in einem Hymnus, einer zweiten Apotheose: „Ich vergesse alles andere über dem Anblicke dieses Wunderwerks der Kunst, und ich nehme selbst einen erhabenen Stand ein, um mit Würdigkeit anzuschauen. Mit Verehrung scheint sich meine Brust zu erweitern und zu erheben, wie diejenige, die ich unter dem Geiste der Weißagung" – unter dem Riemen so unerhört plastisch – „aufgeschwellet sehe, und ich fühle mich weggerückt nach Delos und in die Lycischen Hayne, Orte, welche Apollo mit seiner Gegenwart beehrete: denn mein Bild scheint Leben und Bewegung zu bekommen, wie des Pygmalion Schönheit."

Damit überschreitet Winckelmann die Grenzen kunstgeschichtlicher Darstellung, die er selber so eben als Gattung etabliert hat, hin zur Dichtung; etwas von Pindarischem Siegerlob klingt da an und ein Vorgefühl von Sturm und Drang. Der Altertumswissenschaftler Christian Gottlob Heyne, Zeitgenosse und Briefpartner Winckelmanns, wird diesem in seinem Nachruf vorwerfen, er sei in seinen Deutungen „mit seiner erhitzten Einbildungskraft" oft über das Treffende hinaus geraten in die Sphäre von „Wahrsagerkunst".[38] Der Text zur Statue des Apollon zeigt jedoch, daß ihr Autor sehr genau unterscheidet zwischen seinem Enthusiasmus und dem behandelten Kunstwerk. Dieses beschreibt er historisch als den Mittelpunkt eines Orakelwesens und ästhetisch als eine Bezauberung des Betrachters durch die schöne Formulierung erotischer Signale. Die kultische Praxis von damals vergegenwärtigt er als Vision; das Artefakt wird aber nun nicht „wie des Pygmalion Schönheit" zauberhaft in Fleisch und Blut verwandelt: Dieser *Apoll* „scheint" lebendig zu sein. Das ist das Höchste, was Kunst kann.

Die Vorstellung, daß antike Kunstwerke auf den Betrachter zweifach wirken können, hat Winckelmann einem griechischen Werk der Spätantike entnommen, der Schrift *Vom Erhabenen*, die zu seiner Zeit einem Autor namens Longin zugeschrieben wurde und deren Text mit deutscher Übersetzung 1737 in Dresden veröffentlicht worden war. *Von der Nachahmung* heißt jenes Kapitel, welches für die Dresdner Essays das Thema gegeben hat. Gemeint ist nicht die der Natur, vielmehr die „Nacheiferung", lateinisch *aemulatio*, „der größten Dichter und Redner", – der Traktat handelt von der Sprachkunst – „welche vor uns gelebt haben. Nach diesem Ziele müssen wir, ihr Lieben, beständig, unsere Augen richten, weil viele durch den hohen Geist eines andern ebenfalls angeflammet und begeistert werden, fast wie die Pythia", die priesterliche Wahrsagerin des Apollon zu Delphi, „wenn sie sich dem Drey-Fusse genähert hatte. Man erzählet, es sey in der Erden eine Öffnung, woraus geistige Düffte hervor steigen, daselbst werde die Priesterin gleichsam von einer göttlichen Kraft schwanger, so, daß sie in der Entzückung weissage. Ebenso steigen aus den erhabenen Werken der Alten, als aus heiligen Quellen, einige Düfte in die Gemüther der Nachahmenden, wodurch ihr Geist, wenn er auch an sich selbst gar nicht so hitzig ist, dennoch von eines anderen Grösse zugleich mit aufgebracht wird." Der Text antwortet auf zwei Fragen: Welcher ist der Weg zu wahrer Künstlerschaft? Woher kommt die Kunst? Im Nachahmen der Meister wird der Schüler ihnen gleich; die künstlerische Inspiration entstammt der religiösen und tritt an ihre Stelle.

Ein anderer Vorwurf gegen Winckelmanns Ansatz, diesmal aus der Feder von Carl Justi, geht tiefer. In die Beschreibung des *Apoll* fließe eine „wunderliche Sentimentalität" ein, und beim Torso, den der Beschreiber als einen Herkules deutet, sei der Hinweis auf des Heros Liebe zu einem Knaben doch wirklich überflüssig! Weil Winckelmann Kritik aus dieser Richtung voraussah, hat er dem Apoll in der letzten Fassung den Priester *Branchus* zugeordnet anstelle des zunächst vorgesehenen Geliebten *Hiacynthus*, ohne freilich zu streichen, was sich hier seltsam ausnimmt: den Kuß.

Justi vermißt Ausgewogenheit bei der Auswahl: „Viel erfreulicher wäre es gewesen und sogar Pflicht, wenn er uns etwas zu hören gegeben hätte über die herrliche Replik der knidischen Aphrodite, die Julius II. einer Nische neben dem Apollo wert geachtet hat." In seiner *Geschichte der Kunst des Alterthums* wird Winckelmann nicht dieser, sondern einer anderen, nämlich der *Venus Medici* seine Anerkennung aussprechen, wenn auch nur mit einem einzigen Satz. Eingehender befaßt er sich mit weiblichen Gestalten, wenn sie bekleidet und damit über alle Erotik erhaben sind. Was ihn allein inspiriert zu neuen Einsichten und Erkenntnissen, das sind die Exempla der Gegengruppe, die männlichen Akte. Diese wiederum wirken auf irritierende Weise autonom, denn sie scheinen, wie ein Kunsthistoriker unserer Tage bemerkt, der Frauen nicht zu bedürfen: „They are male figures that seem to require no female other."

So Alex Potts in seiner 1994 erschienenen Untersuchung *Flesh and the Ideal*, worin er das Thema des Einflusses von Winckelmanns Erotik auf seine Ästhetik so explizit und eingehend behandelt wie niemand vor ihm. Dabei folgt er einer Spur, die jener erst gelegt und dann wieder verwischt hat, indem er nämlich eine vierte Antike als musterhaft beschreiben wollte, den *Antinous Belvedere* (der heute als ein *Hermes* gilt), diesen dann jedoch ausließ, da er ihn nicht „nach dem Ideal" beschreiben konnte. Pott macht anschaulich, was ihn davon abhielt. Sein Buch zeigt auf dem Umschlag nicht, wie frühere Studien zu Winckelmann, den *Apoll*, sondern eine Photographie eben jenes *Antinous*, und zwar nicht die Statue als Ganze, sondern vom Kopf nur das untere, von den Beinen das oberste, so daß der Blick auf den leicht geschwungenen, den vollkommen schönen Körper gelenkt wird.

Diese Heraushebung steht im Widerspruch zur Würdigung der Statue in der *Geschichte der Kunst des Alterthums*, wo es heißt, nur ihr Kopf sei so vollkommen wie der *Apoll*. In dessen Gesicht herrsche „die Majestät und der Stolz; hier aber ist ein Bild der Gratie holder Jugend, und der Schönheit blühender Jahre", aber „ohne Andeutung irgend einer Leidenschaft, welche die (…) jugendliche Stille der Seele, die sich hier bildet, stören könnte. (…) Das Auge, (…) ohne Begierde, (…) redet mit einnehmender Unschuld". Niemand wußte besser als Winckelmann: Das Leben so schöner Jünglinge war in der Antike nicht von Unschuld bestimmt, sondern durchaus von Leidenschaft; „jugendliche Stille der Seele" aber ist eine Verhaltensregel neuzeitlicher Moral, der zufolge ein Jugendlicher wie der Held des Romans *Anton Reiser* bang und geduldig verharren soll in Unkenntnis des Geschlechtlichen.

Nach Potts ringt Winckelmann bei jeder Beschreibung einer schönen männlichen Statue immer auch um die Wahrung seiner Haltung zwischen empfundener Homoerotik und verinnerlichter Homophobie. Einem *Apoll* in seiner Erhabenheit, der eben noch kämpfen mußte, kann der Deuter in bewundernd-frommer Liebe gegenüber treten — der *Antinous* hingegen steht ganz in „Ruhe" und „gleichsam in dem Genuße seiner selbst", ein Narziß, der in die Betörung durch sich selbst den empfindenden Betrachter mitzureißen droht. Dagegen nun sammelt Winckelmann Beobachtungen „nach der Kunst", die fast alle negativ ausfallen: zwar sei der Umriß von den Schultern bis zu den Hüften „wunderbar schön", doch grob gestaltet seien Kopfhaar, Beine, Füße, Nabel. Potts sieht hier einen Rückzug aus der Faszination in distanzierende Sachlichkeit, die angesichts des Gesamteindrucks der Statue unangemessen wirkt.

Eine Zeichnung scheint Winckelmanns Urteil zu widerlegen; sie wurde in Rom um 1735 von Giandomenico Campiglia geschaffen als Vorlage für eine Radierung. Zu sehen ist ein damals ebenfalls hoch geschätztes Werk, ein *Antinous* aus Marmor, der einst dem Kardinal Albani gehört hatte und seit 1733 im Capitolinischen Museum steht. Winckelmann hatte ihn in den *Ge-*

dancken erwähnt ohne Kenntnis des Originals; in der *Geschichte* übergeht er diese Skulptur, die er in einem Brief an den Sammler Philipp von Stosch tadelt: sie habe, mit Ausnahme des Kopfes, zu viele Schwächen. Der Zeichner sah das anders: Er ließ die Brüche am Hals und am rechten Arm verschwinden und glich an, was neuzeitliche Ergänzung war, nämlich den linken Unterarm und ein Stück vom linken Bein. Ausgehend von einer beschädigten und in ihrem künstlerischen Wert umstrittenen Vorlage hat er so die makellose Kunstgestalt eines schönen Jünglings geschaffen „nach dem Ideal".

Das dritte *exemplum* vorbildlich schöner Skulptur, der *Torso*, ist zwar von Malern und Bildhauern vielfach zitiert und als Detail in ihre Werke aufgenommen worden; doch das Stück Marmor selbst, so wie es da lag, ließ sich nicht ergänzen und schien

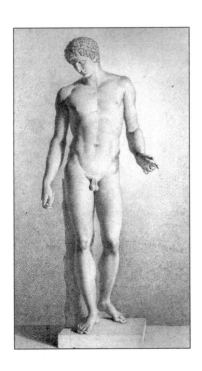

sich auch einer Beschreibung und Bewertung „nach dem Ideal" zu entziehen: „Ich führe dich itzo zu dem viel gerühmten und niemals genug gepriesenen Trunk" – *tronco* heißt daßelbe wie *torso* – „eines Herkules; zu einem Werke, welches das schönste in seiner Art und unter die höchste(n) Hervorbringung(en) in der Kunst zu zählen ist, von denen, welche bis auf unsere Zeiten gekommen sind. Wie werde ich dir denselben beschreiben, da er der zierlichsten und der bedeutendsten Theile der Natur beraubet ist! So wie von einer mächtigen Eiche, welche umgehauen und von Zweigen und Ästen entblößet worden, nur der Stamm allein übrig geblieben ist, so gemißhandelt und verstümmelt sitzet das Bild des Helden; Kopf, Brust, Arme und Beine fehlen."

Dieser Text, wiederum ein Kondensat aus mehreren Entwürfen, erschien 1759 in der wichtigsten deutschsprachigen Zeitschrift, der BIBLIOTHEK DER SCHÖNEN WISSENSCHAFTEN UND DER FREYEN KÜNSTE in Leipzig. Zur selben Zeit schrieb in Paris Denis Diderot seine Kritiken zu den Pariser *Salons*, den jährlichen Verkaufausstellungen der Maler und Bildhauer, die sein Freund Melchior Grimm dann an deutsche Fürstenhöfe weitergab. Beide Autoren machen ihren Gegenstand so anschaulich, daß der Leser allein dadurch Lust bekommt, das bildhaft Beschriebene selbst zu sehen.

Hier aber, wo so wenig erhalten ist, muß Einbildungskraft nachhelfen. Sie hält sich an einen Namen: Herkules. Der athletische Mann sitzt auf einem Fell, das Winckelmann für das eines Löwen hält und damit für das Erkennungszeichen des Heros. Heute ist dieses Fell, an dem Erhaltenen formal das Unwichtigste, als das eines Panthers oder Leoparden erkannt. Der Archäologe Raimund Wünsche hat 1992 den *Torso* als einen Aiax gedeutet, den Helden der Ilias, wie er aus Kummer über eigenes Versagen Selbstmord begeht; sitzend will er sich soeben in sein eigenes Schwert stürzen. Um Winckelmanns Gedankengang nachvollziehen zu können, müssen wir an seiner Deutung festhalten.

Seine Beschreibung ist zur Hälfte Ergänzung: „Der erste Anblick wird dir vielleicht nichts, als einen ungeformten Stein sehen
lassen; vermagst du aber in die Geheimniße der Kunst einzudringen, so wirst du ein Wunder derselben erblicken, wenn du dieses
Werk mit einem ruhigen Auge betrachtest. Alsdenn wird dir Herkules wie mitten in all seinen Unternehmungen erscheinen, und
der Held und der Gott werden in diesem Stücke zugleich sichtbar werden." Und Winckelmann führt sie an, die „Unternehmungen", die Taten des Herkules, und ordnet sie den einzelnen Partien des Körpers, den mächtigen Schultern, den wuchtigen Beinen zu. Dann aber kommt er auf das Formale zu sprechen und
nimmt wie noch niemand zuvor das spezifisch Kunsthafte wahr,
die künstlerische Qualität.

„Fraget diejenigen, die das Schönste in der Natur der Sterblichen kennen, ob sie eine Seite gesehen haben, die mit der linken Seite zu vergleichen ist. (…) So wie in einer anhebenden Bewegung des Meers die zuvor stille Fläche in einer lieblichen Unruhe mit spielenden Wellen anwächset, wo eine von der andern verschlungen, und aus derselben wieder hervorgewälzet wird: eben so sanft aufgeschwellet und schwebend gezogen fließet hier eine Muskel in die andre, und eine dritte, die sich zwischen ihnen erhebet und ihre Bewegung zu verstärken scheinet, verlieret sich in jene, und unser Blick wird gleichsam mit verschlungen."

Wieder möchte er ausschweifen ins Mythische, da wird sein „Geist (…) zurück gerufen (…) durch einen Blick auf seinen Rükken. Ich wurde entzücket, da ich diesen Körper von hinten ansahe, so wie ein Mensch, welcher nach Bewunderung des prächtigen Portals an einem Tempel auf die Höhe desselben geführet würde, wo ihn das Gewölbe desselben, welches er nicht übersehen kann, von neuem in Erstaunen setzet." Hier mag erotische Einfühlung mitwirken, die freilich darunter leidet, daß vom Gesäß nichts erhalten ist. Doch der Vergleich mit einem Bauwerk mischt in die Begeisterung ein Moment kühler Kennerschaft: So kunsthaft, so „gebaut" kann eine Skulptur sein!

Und aus dem größten Mangel gewinnt der Betrachter seine tiefste Einsicht: „Scheinet es unbegreiflich, außer dem Kopfe in einem andern Theile eine denkende Kraft zu legen; so lernet hier, wie die Hand eines schöpferischen Meisters die Materie geistig zu machen vermögend ist." Diese Erkenntnis überstrahlt alle Detailbeobachtungen; der Betrachter wird schöpferisch im Ausmalen des Fehlenden und entwirft ein geistiges Bild des Ganzen: „Mich deucht, es bilde mir der Rücken, welcher durch hohe Betrachtungen gekrümmet scheinet, ein Haupt, welches mit einer frohen Erinnerung seiner erstaunenden Thaten beschäfftiget ist; und indem sich so ein Haupt voll von Majestät und Weisheit vor meinen Augen erhebet, so fangen sich an in meinen Gedanken die übrigen mangelhaften Glieder zu bilden: es sammlet sich ein Ausfluß aus dem Gegenwärtigen und wirket gleichsam eine plötzliche Ergänzung."

Dieser kolossale Sitzende stelle nicht den aktiven Heros dar wie etwa der *Herkules Farnese*, sondern den in den Olymp aufgenommenen Gott: „So vollkommen hat weder der geliebte Hyllus noch die zärtliche Iole den Herkules gesehen; so lag er in den Armen der Hebe, der ewigen Jugend (…). Von keiner sterblichen Speise (…) ist sein Leib ernähret: ihn erhält die Speise der Götter, und er scheinet nur zu genießen". Hier ist es wieder, das Horazische „sowohl — als auch": Der Glückliche hatte einen Geliebten und eine Geliebte (wobei für den Namen des Geliebten *Hylas* versehentlich der des Sohnes *Hyllos* steht).

Zwischen den im Leiden noch eben standhaltenden Menschen *Laokoon* und den über alle Gefahr triumphierenden Gott *Apollo* tritt der Heros *Herkules*. Dieser war als Sohn des Zeus menschlich geboren, hatte sich zu Lebzeiten im großen Kampf der olympischen Götter gegen ihre Vettern, die Giganten, für die Partei seines Vaters entschieden und dieser damit zum Sieg verholfen; sterben mußte er, als er ahnungslos ein giftgetränktes Hemd anzog, es nicht mehr vom Leib bekam und so furchtbar verätzt wurde, daß er sich, zur Verkürzung der Qual, lebendig verbrennen ließ. Damit hatte er sich, wie ein christlicher Märtyrer, wie ein reuiger Sodomit, das Himmelreich verdient, das heißt die Aufnahme in den Olymp als neuer Gott. Der Spätantike und der Neuzeit galt als seine größte Heldentat, daß er sich in seiner Jugend am Scheidewege von Tugend und Laster für das erste entschieden habe. Die mythischen Zuschreibungen von weiblichen Geliebten blieben halb, die von männlichen ganz im Dunkeln. Weil er das wieder ausleuchtete, erschien Winckelmann als Beschmutzer einer längst bereinigt geglaubten Antike.

Indem er dem auf den ersten Blick wertlosen Objekt seinen einstigen Wert schreibend wieder zuerkennt und das Kunstwerk in Gedanken restauriert, ihm seine ästhetische Qualität, seinen Rang, gleichsam seine Ehre zurück gibt, entwirft er zugleich ein treffendes Bild vom Selbstverständnis eines, dessen Liebesleben nach neuzeitlicher Moral und Rechtsprechung nur ein Torso sein darf. Winckelmann, der seine Gleichnisse im Homer fand, hat sich für seine Person auf den Dulder Odysseus berufen. Die spätere Deutung führt weiter: Dem Verworfenen wird Trost zuteil in der Anerkennung als Stein der Ecke.

Frühjahr 1758: Neapel

Die Schweizer Freunde und das afrikanische Blut

Das Stendal Winckelmanns hatte 3000 Einwohner, Berlin in den dreißiger Jahren 80000, Dresden zwei Jahrzehnte später 57000, Rom 170000 — Neapel mit seinen 300000 Einwohnern war die größte Stadt, die er selber besucht hat. König Karl III. von Bourbon-Parma war der wichtigste weltliche Herrscher auf der Halbinsel, und seine Gemahlin war eine Tochter Augusts III. und Schwester des sächsischen Kronprinzen, dem Winckelmann seine Kunstgeschichte widmen sollte. Der geheime und tiefste Grund seiner italienischen Mission war die Neugier des Dresdner Hofes auf die Resultate der vor kurzem erst begonnenen Ausgrabungen am Vesuv, wo unter der Lava des Ausbruchs vom Jahr 79 nach Christus die Städte Pompeji und Herkulaneum wieder zum Vorschein kamen. Weil der mächtige Minister Tanucci aber alle Ergebnisse unter Verschluß hielt und für eine königliche Großpublikation aufhob, sollte Winckelmann, unter dem Schutz der Königin, ein bißchen spionieren und das Gesehene nach Dresden berichten. Rom war zunächst nur als Etappe gedacht — Neapel war das Ziel.

Dann kam vieles dazwischen. Die Zahlungen von Pater Rauch blieben aus, weil Preußen in Sachsen eingefallen war und dann gegen das halbe Europa den Siebenjährigen Krieg führte. Winckelmann sah sich gezwungen, die Stelle als Bibliothekar bei Passionei nun doch anzunehmen sowie die angebotene freie Wohnung in der *Cancelleria*, dem Renaissance-Palast an der Ecke zum *Campo de' Fiori*. Das hieß zugleich, auf das Erscheinungsbild als „Künstler" zu verzichten und sich zu kleiden als Angestellter der Kirche. Am 5. Februar 1758 schreibt er den längsten seiner vielen Briefe an Berendis; darin heißt es:

„Liebster Freund und Bruder

Ich habe Dein letztes Schreiben vom 12. August des vorigen Jahres nach dem Neuen Jahre allererst erhalten. (…) Ich fange also an, Dir zu berichten, daß ich mich sehr vergnügt und gesunder als jemahls befinde. In dem weitläufigen Pallaste, den ich bewohne, genieße ich eine Stille wie auf dem Lande" — vor allem nachts, wo es sonst in Rom nirgends ruhig wird. „Ich bin im Geschrey, nebst einem Prälaten *Giacomelli*, welcher vor den größten Gelehrten in Italien gehalten wird und ist, der größte Grieche in Rom zu seyn" — man weiß in Rom, wer er ist, und behandelt ihn als Autorität; auf jede Art von Anmaßung Dritter reagiert er scharf. „Meine Haupt-Maxime ist gewesen, mich nicht weg zu werfen und keine Kleinigkeiten anzunehmen, nach versicherter Achtung eine große Bescheidenheit anzunehmen, wenig zu reden, aber wo man mich nöthigen und dringen würde, den Zügel fahren zu laßen. Dies erfuhr ein französischer *Abbé*" — und die Franzosen in Rom, ob Künstler oder Gelehrte, sind ihm Anlaß zu manchem bösen Ausfall, weil sie in seinen Augen das Wesen der Antike mehr als alle anderen Zeitgenossen verfehlen und umdeuten.

„Seit einiger Zeit habe ich bechloßen, mein Leben mehr zu genießen und ich eße niemahls mehr zu Hause sondern allezeit bei Cardinälen und guten Freunden. (…) Ich bekenne, ich habe mehr Glück als Witz. Aber wer sein Glück erkennet und nutzet, der ist es wehrt. Es fehlet nichts an meinem Glück, als jemand von denen hier zu haben, die mir (…) übels gewünschet (…). Seit dem October habe ich die Kleidung eines *Abbate* angeleget, welche keinen anderen Unterschied hat als einen über eine schwartze Binde geschlagenen blauen Streifen mit einem weißen Rändgen und einen seidenen Mantel nur so lang wie der Rock." Er trägt Schwarz, aber keinen Talar, denn er ist kein Geistlicher. Außerdem habe er sich einige Anzüge aus farbigem Stoff machen lassen für Aufenthalte außerhalb der Stadt und insbesondere jetzt für die „Reise nach Neapel, wohin ich in 8 Tagen abgehen werde. Auf diese Reise ist ein Theil meines künftigen Glücks gebauet, und diese Reise ist das allerwichtigste was ich in meinem Leben unternommen habe. Das Vergnügen ein so wollüstiges Land zu genießen wird sehr gemindert durch die große Behutsamkeit die ich nöthig habe, meine Person wohl vorzustellen. Ich bin von dem Chur-Prinzen aus eigenem Betrieb an die Königin *recommendiret*, ich soll den Churpr. von allen" – er meint: über alles – „unterrichten, ich komme mit einem großen Ruf nach Neapel, an alle großen Häuser als ein Freund empfohlen, und was das Vornehmste ist, ich gehe mit der Absicht hin, vielleicht ein Mitglied der Gesellschaft zu werden, die über Alterthümer schreibet. Ich finde einen der größten Griechen, *Msgre. Mazocchi*, aber es ist auch der einzige, für den ich mich fürchte, und zum Glück ist er über 70 Jahre. Ich habe zu dieser Reise meinen Wechsel richtig erhalten" — er habe außerdem von früheren Zahlungen noch einen Rest aufgespart und schließlich ein größeres Geldgeschenk von Kardinal Archinto nicht ablehnen können und sei nunmehr „hinlänglich versorget."

Im Januar habe er zum erstenmal in Rom Schnee erlebt; nun aber blühten bereits die Mandelbäume. Überschwänglich läßt er Bünau grüßen; den würde er gern wiedersehen und „Dich und mein Vaterland: das ist Sachsen, ich erkenne kein anders und es ist kein Tropfen Preußisches Blut mehr in mir". „Du verlangest zu wißen, was ich für eine Sprache rede. Was anders als Italienisch. Aber mein vieles Studiren und der wenige Umgang hat mich sehr zurück gehalten. Diese Sprache ist schwerer als man sichs aus Büchern einbildet. Sie ist so reich als die Griechische und die Römische Aussprache ist schwer zu erreichen. Unterdeßen da ich mit Prinzen und Cardinälen rede, so kannst Du leicht glauben, daß ich das nothwendigste weiß. Es ist mein Glück, daß ich mich mit nichts zu übereilen habe, und kann also mit Muße lernen und sehen. Das schwerste ist überstanden: dieses war, sich bey dieser feinen Nation, die kein Geschwätz leiden kann, sich in Achtung von besonderer Gelehrsamkeit zu setzen, ohne sich öffentlich gezeigt zu haben. In Neapel habe ich diese Sorgen nicht nöthig. Ich bitte Dich um eine einzige Gefälligkeit. Suche mir Nachricht von meinem Lambrecht zu verschaffen. Er kostet mir zu viel Mühe, als daß ich ihn vergeßen sollte. (…) Hier gebe ich Dir, als ein Zeichen meiner Liebe, den Anfang meiner Schrift.

Versuch einer Geschichte der Kunst im Alterthum, sonderlich unter den Griechen." (202)

Für die Reise war also alles Nötige beisammen: Geld, Empfehlungen und die Neugier auf ein „wollüstiges Land", womit zunächst die Aussicht auf viel erdfrische Antike, auf Gebäude, Skulpturen und Malerei gemeint ist, deren Zugang freilich aller Voraussicht nach ihm als Fachmann nicht leicht gemacht werden würde, weshalb er seinerseits „große Behutsamkeit" an den Tag legen müsse, um seine Tätigkeit nicht als das zu erkennen zu geben, was sie ist: Spionage. Seine Worte bezeichnen zugleich, ohne daß er sich dessen bewußt war, ein anderes Problem. Neapel bot nämlich auch im engeren Sinne hohen Lebensgenuß, wovon die Reisenden schon lange vor Goethe ausführlich berichtet hatten; doch es war eben nicht Rom mit seiner Aureole der prinzipiellen Ungeschlechtlichkeit und dem darunter aufschimmernden Halo geduldeter Sodomie, sondern eine ganz normal unzüchtige Weltstadt, wo ein jeder einem jeden aktive Teilnahme an der oder jener Unzucht unterstellen und darüber reden konnte. Zu den Sitten dieser Stadt gehörte eine Besonderheit, die gerade einen Winckelmann nicht unberührt lassen konnte: Nirgends sonst in Europa wurde dem Ideal männlicher Nacktheit derart antikisch direkt gefrönt wie an der Chiaia, der weiten Bucht direkt vor den Toren der Stadt. Alle Reisenden schildern den exotischen Anblick lebender *ignudi* — von Winckelmann haben wir hierüber nur eine Andeutung in seiner *Kunstgeschichte*, in den Briefen kein Wort. Dies aber könnte der Befangenheit jener geschuldet sein, die entsprechende Abschnitte vor der Veröffentlichung getilgt haben. Winkkelmann hat in Neapel täglich ein Stück lebendiger Antike vor Augen gehabt.

Die Reise war eine Qual. In kleinen halboffenen Kutschen ging es fünf Tage lang über Pflastersteine und durch Matschlöcher; immer mußte man damit rechnen, überfallen und ausgeraubt zu werden. Die Wirtshäuser waren verwanzt und verlaust; die Laken auf den Betten waren so dreckig, daß Winckelmann nachts seine Kleider anbehielt. Von den Schönheiten der Landschaft bekam er nichts mit. Und am Ende war die Enttäuschung groß. Zwar tat die Bucht mit ihrer gleichsam griechischen Idyllik und dem stets drohenden und rauchenden Vesuv starke Wirkung, aber: „Alle Herrlichkeit von der Natur (…) ist nichts gegen Rom, welches nach meiner Meinung der einzige Ort, wo man angenehm, stille und wie ein jeder will, leben kann. Ich bin betäubt durch die große Wuth von Menschen in Neapel und durch das unglaubliche Geräusch einer so volkreichen Stadt von bösen Menschen." Nur der Wein hat ihm gefallen und das Gemüse und auch sein Zimmer „an dem wollüstigen Gestade des Meerbusens".

Der Adel zeige nur Prunk, aber gar keinen Geschmack. Und erst das Volk! „Unter Creaturen sind die Pferde die schönsten: denn die Menschen haben sehr viel Africanisches, und sie werden noch schrecklicher wenn sie reden; denn der Dialekt ist noch schlechter als der Bologneser." (210)

Dies schrieb er nach zwei Monaten an Bünau; gegenüber Bianconi formuliert er nach seiner Rückkehr von Rom aus seine Eindrücke noch drastischer, nunmehr auf italienisch: „Eines hat mir unendlich missfallen an Neapel, nämlich daß man überall den hässlichen und afrikanischen Menschenschlag sieht – *il sangue brutto e Africano* – das bringt mein ganzes System durcheinander." (211) Dieses System oder Schema vom Aussehen der Menschen je nach dem Klima, in dem sie leben, eine damals verbreitete Vorstellung, hatte Winckelmann für seine Zwecke zugespitzt: Das Aussehen der Europäer, von der Antike bis zur Gegenwart, steigert sich vom rauhen Norden, wo die Leute häßlich sind, bis zum sanften Süden, wo die schönen Griechen wohnen. Die Tiroler waren schöner als die Sachsen, die Römer schöner als die Tiroler — jetzt mußte Neapel eine weitere Steigerung bringen. Und nun dies! Dunkelhäutige Leute, wenn auch keine „Mohren", sondern allenfalls „Mauren", nämlich mit stark arabischem Einfluß. Dabei hat Homer gerade die Schwarzafrikaner, die *Aithiopäes*, zu deutsch „verbrannte Gesichter", qualifiziert als *amymones*, als „tadellose", womit auch das Aussehen gemeint ist. Die Neapolitaner aber erschienen Winckelmann zunächst dunkel und plump wie auf naiven Anbetungsbildern in norddeutschen Kirchen der dritte König aus Morgenland. Er hatte das Apollinische in Menschengestalt erwartet, edel, schlicht, still, groß — und sah nun und hörte lärmende und wild bewegte Menschheit!

Die Königin hatte ihn freundlich empfangen, der König nannte ihn immer „Baron von Winckelmann" (210), aber Minister Tanucci wachte eifersüchtig darüber, daß der Fremde nicht die Ergebnisse der Grabungen publik machte, ehe er selber von

Staats wegen die geplante Prachtausgabe vorlegen konnte, deren erster Band soeben in Passioneis Bibliothek eingetroffen war. So durfte Winckelmann zwar vieles sehen, aber nirgends nachmessen und nichts aufschreiben; nicht einmal einen Bleistift durfte er mitnehmen auf seine überwachten Rundgänge. Das hinderte ihn nicht, auch hier vor dem Minister und den an den Ausgrabungen beteiligten Gelehrten seine Ansichten so direkt und schroff zu artikulieren, daß er sich etliche Feinde machte. Und von Rom aus hat er anschließend dem Dresdner Erbprinzen Friedrich Christian doch ziemlich viel Neues und Staunenswertes mitteilen können.

So sehr ihm der gute Empfang bei Hofe schmeichelte, so war ihm doch eine unerwartete Geste bürgerlicher Wertschätzung viel teurer. Bei seiner Ankunft hatte er nämlich einen Brief von Johann Georg Wille vorgefunden, einem Zeichner und Radierer aus Hessen, der in Paris mit Reproduktionsstichen sehr erfolgreich war und dem er, durch Vermittlung Harpers, geschrieben und sich samt seinem Projekt vorgestellt hatte. Diesem Wille hatte er in einem weiteren Brief mitgeteilt, daß er seine lang geplante Reise nach Neapel nicht antreten könne, weil das Stipendium aus Sachsen ausbleibe. Daraufhin hatte der eine Gruppe Zürcher Freunde angeschrieben mit dem Vorschlag, sie alle sollten zusammenlegen und Winckelmann seine Reise finanzieren.

In Willes Brief lag der Gegenwert von 15 Zecchinen; das war nicht viel, hätte aber den Meister im Maßhalten eine Zeitlang weiter gebracht. Und in diesem Falle hätte er das kleine Geschenk gern angenommen, denn es kam nicht aus erlauchter Hand und fungierte nicht wie ein Trinkgeld an einen Domestiken. Doch nun hatte er, was er brauchte; und so hob er die Spende auf, bis die Spender selber kämen, um dann davon zu zehren. Die Geste aber nahm er an mit Dank im Überschwang: „Mein edler Freund" schreibt er an Wille und an den ihm noch unbekannten Caspar Füssli in Zürich „Edler Fueßli". Dem einen berichtet er, daß aus dem fernen Warschau der kriegsvertriebene Pater Rauch nun doch wieder Geld geschickt habe; den anderen idealisiert er nach eigenem, am *Apoll* erprobten Muster: Bis zum Kennenlernen dieses neuen Freundes von Angesicht zu Angesicht „bilde ich mir deßen Bild und werde ein Schöpfer von seiner Gestalt nach der Idee von dem, was das schönste und würdigste in der Welt ist". (209)

An der Spende hatte sich übrigens auch der bekannte Literaturtheoretiker Johann Jacob Bodmer beteiligt, der dies später bedauerte: „Hätte man uns gesagt, daß Winckelmann den Statuen zu Gefallen ein Papist geworden, so hätten wir gewiß unsere milde Hand geschlossen. Wir lieben die Papisten nicht."

Zwei Begegnungen vor allem milderten den Schock des Anfangs. Den österreichischen Botschafter Karl Joseph Graf von Firmian, einen Liebhaber und Sammler von Kunst nennt Winckelmann in einem Brief an Mengs *„amabilissimo"* (206). Der Graf war unverheiratet und mehr an Kunst und Altertum interessiert als an der Politik. Und er kam Winckelmann sofort entgegen und förderte, wo er konnte, dessen Vorhaben. Einige Jahre später bot er ihm an, ihn in seine Dienste zu nehmen als kunstberatenden Hausgenossen, worauf Winckelmann seinen Freunden jenseits der Alpen mitteilte, er gedenke, bei und mit Firmian seine alten Tage zu verbringen.

Die zweite Bekanntschaft war der Italiener Giovanni Maria della Torre, ebenfalls von Adel, aber familiären Verpflichtungen entrückt durch Eintritt in einen Orden, und dieses nicht, um ins Kloster zu gehen, sondern um im stillen wissenschaftlich arbeiten zu können. Sein Fach war die Naturwissenschaft, sein Spezialgebiet das Erforschen vulkanischer Vorgänge am Vesuv. Er wohnte in Portici direkt am Strand und bot Winckelmann sofort freundliche Unterkunft, was dieser gern annahm. „In meinem Zimmer konnte ich die Wellen am Ufer im Bette schlagen hören." (210)

Der Pater war Aufseher über das königliche Schloß *Capodimonte* hoch über der Stadt, das als Wohnsitz gebaut, aber nie bezogen worden war und nun als provisorisches Museum diente für die farnesische Kunstsammlung, die dem König zugefallen war. Er hatte sich bereits in die ihm fremde Materie eingearbeitet; doch waren ihm Winckelmanns Rat und Urteil willkommen, und so öffnete er ihm gern die Säle und Schaukästen. Und er teilte seinen Sinn für Schönheit, zwar nicht die der Kunst, von der er wenig verstand, wohl aber die lebendige.

So war zunächst für Winckelmann Neapel kein Ort, an dem er auf Dauer wohnen wollte; doch was an Statuen, Wandmalereien und Schriftrollen aus der Aschenerde hervor geholt wurde, zog ihn doch mächtig an; denn hier konnte er seine Kenntnis von originalen Antiken erweitern und vertiefen. Hier entdeckte er, daß die Römer ihre Großbronzen in Teilen gegossen und diese dann aneinander gelötet haben; seine Vermutung, daß bereits die Griechen so verfuhren, hat die heutige Archäologie bestätigt.[39] Gern hätte er die wissenschaftliche Leitung der Ausgrabungen übernommen, zumal er sah, daß durch Inkompetenz manches noch bei der Bergung zerstört worden war. So berichtet er, daß vier antike Pferde aus Bronze entdeckt worden waren, so groß wie die von San Marco in Venedig; das heißt: die verbeulten und zerrissenen Teile einer Quadriga waren entdeckt, aber als solche zunächst nicht erkannt worden, weshalb man viele der bronzenen Splitter einschmolz und zu Glocken umformte. Als man endlich versuchte, die Reste zusammenzusetzen, da ergaben sie gerade noch ein ganzes Pferd, das freilich aus den Resten von allen vieren zusammengesetzt wurde und entsprechend geflickt wirkte.

Ein Wandbild hebt Winckelmann in seinen Briefen hervor: den berühmten Kentaur Chiron. Oben Mann, unten Pferd, konzentriert er alle Energie auf seinen Schüler, den knabenhaften Achilles, der ein Saiteninstrument, die Kithara, im linken Arm spielbereit hält und nun schmachtend zu ihm aufblickt. Stellen wir uns den Besitzer der Villa vor, wie er bei *Convivium* oder *Symposion* – im antiken Neapel wurde überwiegend griechisch gesprochen – mit Freunden unter diesem Gemälde den Dialog *Phaidros* des Platon liest. Darin bekennt Sokrates gegenüber seinem schönen Zuhörer Phaidros, daß der *Liebreiz* eines Knaben ihn, den Pädagogen, in eine Art höheren Wahnsinns treibe und die zwei Seelen in seiner Brust regelrecht gegeneinander hetze. Diese beiden Seelen oder Triebe müsse man sich vorstellen wie Pferde, ein weißes voller Zucht und Scham, ein schwarzes voller Geilheit. Er selber als der Führer der beiden Rosse sei rettungslos verliebt und wünsche zuletzt nur eines: neben dem Geliebten eine Nacht zu verbringen. „Bei diesem Zusammenliegen nun hat das unbändige Ross des Liebhabers vieles dem Führer zu sagen und fordert für die vielen Mühseligkeiten einen kleinen Genuß." Dazu nun dieses Bild! Chirons Gesicht ist sehr schön; sein rechter Arm zeigt lehrend auf das Instrument, während der linke um die Schulter des Knaben zu greifen scheint — der pferdhafte Unterleib aber senkt sich hinab zu dem Knaben und ist bereits auf halbem Weg in eine liegende Position.

Den stärksten Eindruck empfing Winckelmann bei diesem ersten Besuch freilich nicht von einem Gemälde, nicht von einer Statue, sondern von einer Tempelanlage. Diese befand sich nicht innerhalb der Stadt, in deren Bild das Altertum durch Mittelalter und Barock fast gänzlich verdrängt worden war, sondern weiter südlich in der großen Bucht von Salerno: in Paestum.

„Mitten in diesem wüsten Lande stehen 3 erstaunende Dorische fast gantz und gar erhaltene Tempel in den alten Ring Mauren, welche ein Viereck machen und 4 Thore haben. Die Mauren sind an 40 Römische Palmen (Handbreite) dick: welches unglaublich scheinet. Man findet daselbst den Bach vom saltzigen Waßer von welchem Strabo redet und viel andere Dinge bey den Alten. Diese Tempel sind nach ihrer Bauart viel älter als alles was in Griechenland ist, und niemand ist (bis) vor 6 Jahren dahingegangen. Vielleicht bin ich und meine Gesellschaft der erste Deutsche der da gewesen." (215)

Zwei Jahrzehnte später wird Goethe hier stehen und die „Säulenmassen lästig, ja furchtbar" finden und sich erst einmal „zusammennehmen" müssen, um den ersten Eindruck der gewaltigen Tempel kunsthistorisch zu verarbeiten. Dazu benutzt er den damals besten deutschsprachigen Reiseführer, den Johann Jacob Volkmann aus Hamburg verfaßt hatte. Volkmann gehörte zu jener Gesellschaft Winckelmanns und hatte das Neueste aus Zürich im Gepäck: „da wir zu Salerno zu Schiffe giengen", um nach Neapel zurückzukehren, „wandten wir unsere Augen nach unserm Vaterland zurück und redeten da wohin wenig Deutsche gekommen sind, von denen die unserer Nation Ehre machen und der Hamburger Hr von Volkmann sagte mir Stellen aus Hrn. Geßners Idyllen vor."

Zeitgenössische deutschsprachige Dichtung erwähnt Winkkelmann sehr selten, hier in einem Schreiben an Caspar Füssli, der Gessners Verleger war. Und dessen jüngst erschienenen *Idyllen* boten lyrische Szenen in eleganter Prosa mit dem Personal des Theokrit und des Vergil, darunter Daphnis und Alexis, und ein gewisser Milon beschreibt sich selber gar – Afrikanisches grüßt vom Alpenrand – als „schön und braun von Gesicht". Auf jeden eingeführten „Knaben" trifft alsbald ein „Mädchen", das als ebenso „reizend" beschrieben wird; aber das Geschlechtliche, das sich im Kopf des Lesers etwa sollte regen wollen - hier kommt es nicht zu sich, denn alle Personen tragen um ihr Herz einen Keuschheitsgürtel, den sie nicht lösen können vor lauter Entzükken an den Wundern der ländlich-sittlichen Natur. Die Nachwelt rechnet den Autor übrigens auch unter die platonischen Naturen des achtzehnten Jahrhunderts, die das grelle Licht des Sodomie-Verdachts mit Geschick von sich abzulenken wußten um den Preis unerbittlicher Gefälligkeit.

Herbst 1758 – Frühjahr 1759: Florenz

Der Gemmen-Katalog und die unterlassene Widmung

Rom war im ganzen achtzehnten Jahrhundert die Hauptstadt für alle Freunde der Antike. Hier hatten mehr Bauten und
Kunstwerke überdauert als anderswo; hier wurde immer wieder
Neues aus dem Schutt der Jahrhunderte geborgen; hier begann
die wissenschaftliche Arbeit zur antiken Kunst und der Handel
mit Kunstwerken; nirgends fanden die Kenner so reiche Anschauung und die Käufer so viele Angebote wie hier. Die beiden größten Sammler der Zeit, über deren Tätigkeit und Rang sich Winkelmann bereits in Dresden hatte informieren können, operierten
von Rom aus. Der eine war der schon genannte Kardinal Albani,
der in seinem langen Sammlerleben immer wieder ganze Komplexe abgegeben hat, um mit dem Erlös neues Altes erwerben zu
können. Seine erste Antikensammlung hatte er dem Dresdner
Hof verkauft, der sie zunächst in einem der Pavillons vom Gro-

ßen Garten unterstellte, wo man sie zu Winckelmanns Verdruß kaum sehen konnte.

Der zweite war Deutscher und Protestant. Er hieß Philipp Stosch und stammte aus Küstrin. Er hatte sich als Diplomat ein solches Ansehen erworben, daß er den angeblich einst von der Familie abgelegten Adel wieder aufnehmen und als Baron von Stosch einen besonders heiklen Auftrag der Regierung von Großbritannien ausführen konnte: die Kontrolle des Prätendenten auf die englische Krone. Der lebte als Katholik in Rom unter dem Schutz des Papstes und wartete auf eine Gelegenheit, den derzeitigen – protestantischen – König Georg zu vertreiben und dessen Platz in London einzunehmen. Alle Aktivitäten der Stuarts in Rom sollte Stosch beobachten und alle Bemühungen um eine Rückkehr des Prätendenten möglichst im Keim ersticken; hierfür scheint er sehr gut bezahlt worden zu sein. Das meiste von dem, was er verdiente, verwandte er auf Kunstkäufe. Er sammelte vielerlei und wurde darüber zum Kenner; seine Spezialität war das Sammeln und Bestimmen von antiken Gemmen. Bereits in Dresden war Winckelmann mit geschnittenen Steinen in Berührung gekommen, als er für einige Monate in das Haus von Philipp Daniel Lippert zog, der seine in vielen Exemplaren hergestellte Abdrucksammlung *Dactyliotheca* mit großem Erfolg vertrieb. In der Dresdner Schrift ist auch Stoschs eigener Katalog aus dem Jahr 1724 zitiert. Sechs Jahre später hatte dieser Rom verlassen, vermutlich aus politischen Gründen, nicht ohne dort seine Einkäufer und Agenten zu platzieren. Seither residierte er in Florenz, wohin ihm Winckelmann ein Exemplar der *Gedancken* sandte. Daraus ergab sich ein Briefwechsel, der abbrach mit Stoschs Tod im November 1757.

Am Ende seines Lebens hatte er, unverheiratet und kinderlos, seinen Neffen Wilhelm Muzel aus Potsdam zu seinem Erben gemacht und zu sich geholt. Der hatte im Frühjahr 1756 eine Reise nach Rom unternommen und dabei Winckelmann kennengelernt. Danach hatte ihn sein Onkel adoptiert, weshalb er sich zunächst Muzel-Stosch nannte und dann einfach Stosch, Baron von Stosch. Testamentarisch war verfügt, daß die inzwischen noch gewaltig angewachsene Gemmensammlung von Winckelmann bearbeitet und dann möglichst *en bloc* verkauft werden sollte. Kurz vor der Abreise kam die dringende Einladung nach Florenz; Winckelmann schwankte und erklärte brieflich, daß er in Neapel erwartet werde und jetzt reisen müsse; anschließend werde er die Einladung annehmen. Stosch übte sich in Geduld und fand in seinen Briefen genau jene Ausdrücke, die das Herz des Empfängers anrührten. Der antwortete mit dem ihm eigenen Überschwang und gewann so einen neuen Freund nach Art von Berendis. Basis war nicht Anziehung, sondern Zutrauen, wobei der junge Stosch wie der alte unverheiratet blieb und kinderlos; daß er auch Umgang mit Frauen hatte, kann aus einer einzigen Bemerkung Winckelmanns erschlossen werden — die vielleicht erst vom übervorsichtigen Empfänger hergestellt worden ist, ehe er die persönliche Mitteilung aus der Hand gab. Viele dicke Streichungen, regelrechte Schwärzungen in Winckelmanns Briefen dort, wo dieser von sich erzählt, sind deutliche Zeichen der Furcht vor dem Ruch der *Florenzerei*.

In Rom war am Tag von Winckelmanns Rückkehr aus Neapel der Papst gestorben, und es begann wie bei jedem Konklave ein allgemeines Wetten, eine regelrechte Lotterie, wer der Nachfolger werde. Winckelmann hatte auf zwei seiner drei Kardinäle gesetzt: auf Archinto, der als Governatore sehr tüchtig und ihm gewogen war, leider aber auch kränklich. Und auf Albani, den erprobten Politiker und gewaltigen Mäzen und Antikefreund. Papst wurde keiner von beiden, sondern der Venezianer Carlo Rezzonico.

Kaum war Winckelmann in Florenz, erreichte ihn die Nachricht vom plötzlichen Tode Archintos. Nun galt es, den bislang latenten dritten Kardinal zu aktivieren. Vielleicht war es sogar besser, daß dieser nicht von den Lasten des höchsten Amtes beschwert wurde und sich weiter professionell mit der Antike befassen konnte. In Rom hatte Winckelmann mit Staunen den Bau einer fürstlichen Villa wachsen sehen, die Albani vor der Porta Salaria errichten ließ und in der er den größten Teil seiner Sammlung von Werken antiker und neuerer Kunst aufstellen wollte. Stosch hatte ihn kurz vor seinem Tode seinem alten Freunde Albani noch empfohlen als kompetenten Aufseher über die Antiken.

Und nun schrieb dieser ihm, der berühmteste unter den Fürsten des Kirchenstaates dem kleinen sächsischen Stipendiaten – dessen winziges Stipendium wegen des andauernden Krieges halbiert worden war und jederzeit ganz ausfallen konnte – ihm, einer mit kleinen Ämtern und Führungen sich durchschlagenden wissenschaftlichen Hilfskraft. Kardinal Albani bot ihm eine Stelle als Bibliothekar, Berater und Gesellschafter, zu dem damals üblichen geringen Lohn für subalterne Arbeit, aber dazu Kost und Logis: eine Wohnung im Palazzo Albani.

Winckelmann bedachte sich nicht lange. Er nahm an und bat nur um Geduld bis zur Fertigstellung des Katalogs der Gemmensammlung Stosch – den er dann Albani widmete – und schickte erst mal einzelne Auskünfte, um die dieser ihn gebeten hatte. So begann in Briefen eine vertraute, beinahe freundschaftliche Unterhaltung über gelehrte und kunsthistorische Fragen, die zehn Jahre lang fortgeführt werden sollte und erst mit Winckelmanns vorzeitigem Tod ihr Ende fand.

Winckelmann war nach Florenz gefahren in der Absicht, die Sammlung zu sichten und eine allgemeine Beurteilung zu schreiben. Stosch aber verlangte einen regelrechten Katalog, nicht zuletzt um damit ihren Rang und Wert festzustellen und so am Ende beim Verkauf einen guten Preis erlösen zu können. Die Sammlung der geschnittenen Steine und farbigen Glaspasten bestand aus 3444 Nummern, die meisten antik, einige umstritten, einige erkennbar neuzeitlich, alle kunstvoll, viele sehr wertvoll. Dazu hatte der alte Stosch sich von den Steinen anderer Sammler Abdrücke geben lassen gegen Abdrücke von seinen eigenen Stücken.

In dreißig Kisten zu je zehn Schubfächern lagen als Vergleichsmaterial 28 000 Abdrücke in Gips.

Stosch hatte eine vernünftige Mode angefangen, die fortwirken sollte in Bürgerhäusern und Gymnasien bis ins neunzehnte Jahrhundert. In Antiquariaten findet man sie noch, jene Daktylotheken, nach griechisch *daktylos*, dem Fingerring, in flachen Kästen Reihen kleiner weißer Plaketten auf grünen Filz geklebt. Die originalen Steine oder steinähnlichen Glaspasten schmückten Ringe und Petschaften; erst beim Abdrücken kommt die künstlerische Qualität des eingeschnittenen Reliefs zur vollen Geltung, wenn im roten Siegellack oder im weißen Gips die Formen positiv hervortreten, in feiner Linienführung und zarter Schwellung ideale Bilder vom Menschen, Köpfe und ganze Gestalten; an diesen ist der eigentliche Gegenstand „das schöne Nackende" (262).

Für Stosch und nach ihm Winckelmann bot das riesige Material Gelegenheit zum Vergleich, zum Bestimmen von Unterschieden in der Qualität und, was wichtiger ist, im Stil. Der vergleichende Überblick ließ das Typische einer Region oder einer Epoche zu Tage treten. Hier hatte Stosch vorgearbeitet und die ersten Kriterien für die Zuordnung geschaffen. Diese galt es nun zu prüfen und dann in der Einzelbeschreibung zu verifizieren. Der Clou bei jeder Gemme war die Bezeichnung des Dargestellten; der oder die abgebildeten Personen sollten als historische oder mythische bestimmt und identifiziert werden.

Wieder packte Winckelmann ein großes Problem derart an, daß er es einfach zerlegte. Wo er selber im Benennen eines noch unbestimmten Steines unsicher war, bat er Albani und andere Kenner um „Patenschaft". Und anstatt nun alle 3444 Stücke einzeln zu beschreiben, griff er jene heraus, die ein besonderes Problem boten oder die das Beschreiben regelrecht herausforderten. Dennoch brauchte er hierzu neun Monate in Florenz und danach noch einige Zeit in Rom, bis er den Text zum Druck geben konnte, auf Stoschs Bitte in französischer Sprache.

Seinem Kollegen Francke berichtet er nach Nöthnitz, in der Toskana lebe es sich besser als in Sachsen; zwar sei er tagsüber angebunden an seine Arbeit wie dort, doch des Abends gehe er aus, ins Theater oder in die Oper: „Mich deucht, ich bin in Dresden: denn die Pilaja singet, und Lenzi und seine Frau tanzen. Der schöne, ja der schönste Belli singet zu Lucca. (…) Florenz ist der schönste Ort, den ich in meinem Leben gesehen, und sehr vorzüglich vor Neapel. (…) Ich hole itzo nach, was ich versäumet habe; ich hatte es auch von dem lieben Gott zu fordern. Meine Jugend ist gar zu kümmerlich gewesen, und meinen Schulstand vergesse ich nimmermehr." (243)

Und auch hier sah er sich um und machte erstaunliche Entdeckungen. Da war zum einen ein bildschöner Junge, den er nicht anzusprechen wagte und von dem er nicht einmal den Namen herausfinden konnte. Zum anderen — da staunt er über sich selber: „Sollten Sie glauben, daß ich könnte in ein Mägdchen verliebt werden?" fragt er Volkmann, mit dem er die Tempel von Paestum besucht hatte und dem er offenbar genug von sich selber erzählt hat, um ihn mit dieser Meldung zu überraschen. „Ich bin es in eine junge Tänzerin von 12 Jahren, die ich nur auf dem Theater gesehen habe. Ich glaube aber, es ist in ganz Paris keine solche Schönheit; allein, ich will nicht ungetreu werden." (258)

In Florenz schrieb er seinen ersten und einzigen Brief an eine Frau, nämlich an die Gattin seines Freundes Mengs, eingelegt in einen Brief an diesen selbst, beide auf italienisch. Bei dem Maler entschuldigt er sich, daß er noch keine Zeit gefunden habe, die Uffizien zu besuchen, berichtet kurz von seiner Arbeit und läßt alle Bekannten grüßen, darunter ein „Marron" und ein „Stauder". Und natürlich die *carissima Consorte*, die teure Gattin, der er dann unmittelbar schreibt.

Er war dem Ehepaar Hausfreund geworden im platonischsten Sinne und hatte sogar bei der glücklichen Geburt von Zwillingen treulich mitgebangt und mitgefeiert; und er spielte später, wie wir von Casanova wissen, wie ein rechter Onkel mit den Heranwachsenden. Hier nun berichtet er, wie versprochen, von dem Aussehen der Florentinerinnen. Sie seien schön, redeten jedoch in einem fürchterlichen Dialekt, den er kaum verstehe, und seien im übrigen in ihren Sitten allzu frei und sprächen obendrein darüber „senza ritengo" — ohne jede Zurückhaltung, so daß der Bericht davon „keusche römische Ohren beleidigen müsste"; dies gebe er so weiter, wie er es gehört habe „von denen, die damit praktische Erfahrung haben". (235)

Der im Brief an den Gatten gegrüßte „Marron" war Mengs' Schwager und Schüler, der Maler Anton von Maron, der später das bekannteste Porträt von Winckelmann malen wird. Aber wer war „Stauder"? Franz hieß er, war etwa 24 Jahre alt, lebte im Mengsschen Hause und wurde, als letzter, von Winckelmann geduzt. Von ihm ist nichts überliefert, nur der Entwurf zu einem einzigen Brief Winckelmanns an ihn, in italienischer Sprache und so fordernd direkt wie keiner: „Carissimo Franceschino — Deinen Brief habe ich heute früh erhalten. Es freut mich unendlich, daß Du Wort gehalten hast, aber ich hätte ihn mir doch ein bischen liebevoller gewünscht als geschriebenen Trost für das, was ich viel lieber *viva voce* von Dir gehört hätte. Dieser Wunsch trägt dazu bei, meine Rückkehr zu beschleunigen. Halte Dich also bereit für tausend zärtliche Umarmungen und Küsse, und lass mich einstweilen nicht ohne einen zweiten Brief; den aber schreibe *senza ritengo* und fülle ihn mit all dem, was Liebe und Freundschaft Dir eingeben mögen. Ich vergüte Dir alles, was es Dich kostet, wenn ich nur zu einem erhofften zweiten Brief komme." (238) Also war seine Begeisterung für eine Tänzerin eine rein ästhetische Regung und galt nur für das Theater. Wem wollte er „nicht ungetreu werden", wenn nicht Franz Stauder? Der jedoch scheint an Treue seinerseits nicht gedacht zu haben.

Erst später, als Winckelmann wieder in Rom war, wurde ihm klar, daß dieser längst verdrängt war von jenem Florentiner, den anzusprechen er nicht gewagt hatte und dessen er sich nun auf andere Weise bemächtigen wollte. Er bat Stosch um Hilfe: „Sobald der Catalogus fertig ist, werde ich an eine Schrift arbeiten, die ich dem schönen Jungen in Florenz zueignen will. Erkundigen Sie sich, wenn es ohne Argwohn geschehen kann, nach dessen eigentlichen Namen und Vornamen. Diese Narrheit bleibt mir im Kopf und ich muß suchen, ihr ein Genüge zu thun." (340) Er selber gibt drei Jahre später einem Dritten Auskunft: „Er heißt Niccolo Castellani, aus einem der besten Häuser. Zu meiner Zeit war er etwa 16 Jahr, aber ein vollkommenes Gewächs. Stosch sagte mir im vergangenen Jahre, daß er viel von seiner Schönheit verlohren habe." (542) Diese Widmung unterließ er dann, nicht jedoch die Schrift selber, die neue Abhandlung, die sie rechtfertigen sollte.

Immerhin erwähnt er ihn in weiteren Briefen: „meine Zeit erlaubte mir nicht, ihn zu sprechen, und keine Neigung war so rein als diese." (591) Die Reinheit war, einmal mehr, eine erzwungene, und da das Unreine ihm im Florenz der *Florenzer* so gar nicht zuteil werden wollte in seiner genuinen Form, hatte er sich verbalen Ersatz verschafft in symbolischem Ausdruck. Noch in Florenz verfaßt ist der folgende Bericht an Bianconi in Dresden, der Arzt war, von einer Darmträgheit, die ihm strenges Fasten auferlege und zugleich neue ethische Maßstäbe setze: „Diese *indisposizione* hat mir deutlich gemacht, daß mit der *buzzara* hier wahrlich nicht zu spaßen ist." Das Wort soll nicht das eigene Befinden bezeichnen, sondern das Charakteristikum der Stadt: „Sie nimmt sich ein gewisses Recht heraus gegenüber denen, welche die Luft der Toscana atmen. Zuerst hat sie mich gereizt mit einigen *pizzicore da parte post* — mit Arschjucken, und da sie mich mitsegelnd fand auf den Wassern des Platonismus und wandelnd auf dem Saume der *eresia* — am Rande der Sünde, wenn auch niemals dazu bereit weder von v. noch von h., so hat sie mich durch direkten Einfluss oder eine andere okkulte Kraft dazu gebracht, das Haupt zu beugen und mich einem Akt zu unterwerfen *omogeneo della B* ..., welcher der Sodomie gleicht. *Senta! Ma non si scandalizzi*. Stellen Sie sich vor! Ist es nicht ein Skandal? Ich mußte mir Klistiere geben lassen, heute früh erst noch eines. Ich habe also dem Genius loci von Florenz meine Jungfräulichkeit zum Opfer gebracht." (270) Die Dresdner Beichte mit Martial und Petronius war also reine Angabe! Erst hier und jetzt wird ihm das Mechanische davon gerichtet — durch den Bader. Im Original lautet der Satz: „Ho pagato dunque al Genio di Firenze il tributo della mia verginità."

Unzüchtiges in Pindarischem Stil

Der alte Stosch hatte nicht nur Gemmen hinterlassen, sondern auch Münzen und größere Antiken, dazu Zeichnungen von Meistern der italienischen Renaissance, sowie kostbare Bücher mit einer pornographischen Abteilung. Auch diese wollte ausgewertet werden. „Ich habe dieser Tagen", schreibt Winckelmann in einem zweiten Brief an Francke, „den *Alcibiade fanciullo* vom Aretino gelesen, (denn in dergleichen Büchern ist die Stoschische Bibliothek vollständig), ein abgeschmacktes Buch. Das allerunzüchtigste Buch, was die Welt gesehen hat, ist betitelt: *History of a Woman of pleasure*, in 8. Aber es ist von einem Meister in der Kunst, von einem Kopf voll zärtlicher Empfindung und von hohen Ideen, ja, in einem erhabnen Pindarischen Stil geschrieben." (261) Da nun Winckelmanns Florentiner Zeit so arm ist an Zeugnissen, müssen wir uns an die Fiktion halten, wenn wir wissen wollen, was ihn bewegte, sobald er seine „eselsmäßige Arbeit" (258) aus der Hand legte. Die beiden genannten Erotica vermitteln indirekt durchaus etwas vom *Genio di Firenze*.

Alcibiade fanciullo a scuola — der Titel sagt alles. Alkibiades, im *Symposion* ein blühender Jüngling, von seinem Lehrer emanzipiert und doch immer noch um ihn werbend, tritt hier auf als „Schuljunge", und der Leser erkennt unter dem antiken Gewand sofort in Lehrer und Schüler Menschen der Neuzeit. Der Text ist ein Dialog, doch das Platonische Vorbild samt der Ficinischen Modernisierung wird auf den Kopf gestellt. Verfasser war nicht der berühmte Aretino, wie Winckelmann glaubte, sondern ein gewisser Antonio Rocco, der wie jener in Venedig lebte, jedoch ein Jahrhundert später. Das Büchlein erschien 1650 anonym.

„Alkibiades war gerade in dem Alter, in dem die einfallsreiche Natur, anmutig scherzend, durch das göttliche Aussehen der Knaben das weibliche Geschlecht in den Wundern der Liebe beschämt. Von solcher mädchenhafter Schönheit muß wohl auch Ganymed gewesen sein, als er es vermochte, Jupiter vom Himmel auf die Erde zu locken, damit dieser ihn von der Erde in den Himmel entführe. Diese Lebensphase vereint Menschliches und Göttliches; sie ist eine Schatzkammer mit unerschöpflichen Reichtümern, in dem jeder das findet, was er am meisten begehrt. Sie bildet ein Ziel für die Liebe in zweierlei Gestalt: Es streben zu ihm im Wettstreit voll Sehnsucht die Mädchen, und es neigen sich ihm zu in ehrfurchtsvoller Anbetung die gelehrtesten und weisesten Männer."[40]

So stellt der Autor den Gegenstand seiner Liebe vor; sich selber nennt er nur innerhalb der Fiktion: „Philotimos", der „Liebe-Werte". Wir sind angeblich im antiken Athen, wo Eltern ihren Sohn soeben diesem Lehrer anvertraut haben. Der vergißt darüber alle seine bisherigen Schüler, denen er in mehr als geistiger Leidenschaft zugetan gewesen war. Jetzt gilt es, den kleinen Alkibiades zu gewinnen, der schön ist wie die schönsten Helden der Literatur. Beschrieben werden können nur Gesicht, Hals und Hände; alles, „was das neidvolle Gewand verbirgt", steht zu dem Offenliegenden in „wundervoller Symmetrie". Die Stimme ist die eines „Engels" und trifft sofort ins Herz.

Der Lehrer lebt nur noch für diesen einen Schüler. Seine Neigung gesteht er ihm sofort und lobt ihn und küßt ihn, erst agapeisch, dann erotisch, was für den Jungen neu ist. Der Zungenkuß muß erst besprochen und begründet werden; die Annahme wird zunächst verweigert, doch dann öffnet der Schüler sich, und der Lehrer „legte seine ganze Seele auf die Lippen, sein Leben wurde zu einem einzigen Kuß." Dieser Satz hat Winckelmann immerhin so gefallen, daß er ihn bald darauf bei der Beschreibung eines Wandbildes wiederholt, ohne Angabe der Herkunft.

Nun begehrt der Lehrer „Höheres", dessen „Ausführung Skandal und Schande mit sich bringen konnte". Zwar besitzt er das, was jeder Leser sich erträumt, nämlich „in hohem Maße die Gabe zu gefallen", und so hat er bei der athenischen Jugend bisher immer den gewünschten Erfolg gehabt. Der neue Schüler hingegen scheint ebenso unschuldig wie unerfahren zu sein; denn als er des Meisters ausgefahrene „Kanone" bemerkt, reagiert er mit Empörung. Zu dem äußert er Ängste und Befürchtungen, die der Lehrer zunächst didaktisch aufarbeiten muß.

Er werde mit dem erwünschten Akt keineswegs zu einem „Lustknaben", im Original „bardaßa", also die von Weltreisenden aus indianischer Sitte mitgebrachte und nunmehr abwertende Bezeichnung, die auch Winckelmann verwendet hat. Freiwillige Hingabe sei aller Ehren wert, und liebend-geliebte Jünglinge seien einst mit Denkmälern geehrt und sogar geheiligt worden — dahinter steckt die Geschichte von Hadrian und Antinous, welche nun wieder gegen die von Bayle angeführte christliche Deutung ihr einstiges Ansehen zurück erhalten soll. Die Geschichte von Sodom wiederum – der Name der Stadt fällt nicht, aber durch die pagane Philosophie schimmert das christliche Dogma hindurch – sei bloß eine Straf-Phantasie, von weisen Männern ersonnen, um die „plebe", das „unwissende Volk", abzuhalten von Genüssen, die nur der Kultivierte verstehe, ein Argument übrigens, das bereits im Mittelalter geistliche Herren zur Rechtfertigung ihrer weltlichen Strebungen heran gezogen hatten.

Auch werde die Menschheit wegen einiger Knabenliebschaften nicht aussterben, denn die Frauen seien länger begehrenswert als die Knaben, welche mit achtzehn keine mehr sind; und unter den Männern seien die Frauenfreunde in der Mehrzahl. Auch bei den Tieren trieben die Männchen es miteinander; die Götter hingegen, die klassisch-heidnischen, hätten die Knaben über die Weiber gesetzt, um das wahre Szepter der Sitte zu tragen.

Dem folgt die ausführliche biologisch-physiologische Vergleichung. Frauen entwickelten beim Akt eine maßlose und unangenehme Hitze, Knaben „un temperato calore — eine mittlere Wärme". Frauenbrüste seien schlaff, Knabenbusen straff. Und vor allem ihr „ucelletto", das „Vögelchen", welches in der passiven Hingabe doch immer aktiv mitzucke und vibriere und so schön zu bearbeiten sei! Frauen seien nicht immer verfügbar, reife Männer aber seien immer geil. Masturbation, die der doch nicht so unschuldige Knabe empfiehlt, sei wiederum eine Gefahr, weil sie so leicht sei und darum zur Sucht werden könne, und dann sterbe man daran als „Mörder seiner selbst", denn Sperma sei eine Art Quintessenz aus Blut, und wie leicht kann einer verbluten! Bleibe es andererseits zu lang im Körper, so faule es gleichsam, darum: Rechtzeitig raus damit, aber in Maßen! Dazu sei das Beste ordentlicher Geschlechtsverkehr. Dabei empfingen die Knaben obendrein im Sperma des Mannes dessen Geist.

Am Ende gibt das Ideal sich dem Leben hin, und die Phantasie triumphiert in Regelsätzen: „Der Knabe, den wir lieben, muß vornehm, wohl erzogen, blühend, lachend und ohne Makel sein". Solche Anforderungen an Herkunft und Gestalt stellte auch Winckelmann; doch galt sein Interesse auch jungen Männern, und darum hätte er niemals derart ausschließlich für sich selber sagen können: „L'amor maschio è fanciullo — Männer lieben Knaben".

Die erotische Novelle des Rocco ist den Dialogen Platons nachgebildet; gegen Ficinos Anpassung an das christliche Sittengesetz durch Sublimierung setzt sie ihre Fiktion, daß aus Vernunft und Neigung zwischen Mann und Knabe eine Verbindung in Liebe entstehen könne, auch nach dem Kälteschock von Reformation und Gegenreformation. Winckelmann fand das „abgeschmackt" in seinem schlichten Fortschreiten vom Diskutieren zum Kopulieren, in der Steigerung von den Gründen, die dagegen sprechen können, zu der alles rechtfertigenden Disposition der Partner. Ganz anders geht der Autor jenes anderen Werks vor, dem er einen „hohen Pindarischen Stil" zuspricht. Weshalb vergleicht er englische Prosa mit griechischer Lyrik?

Pindar lebte im fünften Jahrhundert vor Christus; von seiner Dichtung sind einzig die *Siegeslieder* erhalten, lyrische Werke zum Lob eines Mannes oder Knaben, der sich in einem sportlichen oder musischen Wettbewerb ausgezeichnet hatte. Ihre komplizierte Form bei festlich hohem Ton hat deutsche Lyriker nach Winckelmann bei der Übertragung ins Deutsche zu freien Rhythmen greifen lassen und diese dann in ihr eigenes Werk übernommen. So sind die Hymnen Klopstocks, des jungen Goethe und Hölderlins entstanden; sie alle geben eine Vorstellung von dem, was Winckelmann hier meint. Er bezieht es auf einen kleinen Roman, den er lobt, weil in ihm der derbe Gegenstand poetisch werde. Damit würdigt er die sprachliche Meisterschaft des Autors und die Wahl der Perspektive. Denn dieser beschreibt männliche Schönheit und Erotik, zwar freizügig, wo Pindar nur Andeutungen macht, aber so souverän, so unbefangen lustvoll, so hymnisch wie der griechische Lyriker — mit den Augen einer Frau.

Sie heißt Fanny Hill und erzählt ihre fiktive Lebensgeschichte unter dem Titel *Memoirs of a Woman of Pleasure* — Memoiren eines Freudenmädchens. Damit sind alle Fanatiker der Tugend alarmiert und all jene, die kein Interesse haben am Eros zwischen Mann und Frau, zunächst verprellt. Wer aber trotz anders verspürter und gelebter Natur die Konfiguration von Adam und Eva als populäre Variante gelten läßt und der Schilderung ihres Zusammengehens als Anthropologe gutmütig folgt, der wird belohnt mit einem Überschuß, der aus der Sache selbst stammt. Cleland spricht gleichsam mit zwei Zungen: zum einen mit der seiner Heldin als charmante *vox populi*, zum anderen implizit durch die Evidenz des

Berichteten, welche den expliziten Ansichten widerspricht. Sein Thema ist nämlich jene *Grenzenlosigkeit des Verlangens*, die Shakespeares Troilus seiner Cressida gesteht.[41] Beim sprachlichen Gestalten der Konstanten und Varianten des Lustgeschäftes entwickelt Cleland einen Schwung, der zum Überschwang wird und gegen Ende in der Alternative mündet. Diese Passage kurz vor dem Ende, halte ich für die *raison d'être* des Werkes.

Das Buch erschien zuerst 1749. Geschrieben wurde es zum größten Teil im Schuldturm, wo sein Verfasser John Cleland einsaß; das Honorar bestand in der Summe, mit der sein Verleger ihn auslöste. Der machte mit dem billig erworbenen Manuskript ein Vermögen. Das Buch erschien anonym und unter einem irreführenden Herstellernamen; dennoch wurden Autor und Verleger sofort nach dem ersten Erscheinen identifiziert und wegen Gotteslästerung belangt. Daraufhin kürzten sie den Text um das Deftigste, etwa ein Drittel, und brachten den Rest heraus unter dem Titel *Memoirs of Fanny Hill*. Auch diese purgierte Ausgabe stachelte puritanischen Eifer auf; als in London 1750 zweimal die Erde bebte, da deutete der Bischof dies als Zeichen für Gottes Zorn auf solche Sündenschriften.

Gleichzeitig ging der Verkauf der Erstfassung weiter, unter dem Ladentisch und mit einer wichtigen Konzession an die englische Moral, die zwar doppelbödig, in einem einzigen Punkte aber unerweichlich restriktiv war. Die Szene im Gasthaus zwischen zwei jungen Männern wurde entkernt, die Beschreibung der sexuellen Handlung getilgt. In dieser Gestalt, um zwei Abschnitte gekürzt, blieb diese Fassung verboten in England bis 1970; eine kritische Ausgabe gibt es seit 1985.

John Cleland lebte von 1710 bis 1789, ging in seiner Jugend als Soldat nach Indien und ließ sich später in London nieder als Schriftsteller. Er war nie verheiratet. Er schrieb erzählende Prosa, Rezensionen, Essays und Theaterstücke; zudem übersetzte er aus mehreren Sprachen, darunter ein französisches Liebeslexikon. Sein Meisterwerk, das ein Welterfolg wurde, hat ihm nicht einmal ideellen Gewinn gebracht, denn er durfte sich zu seiner Autorschaft nicht bekennen. Der Ruhm ist ihm zwar entgangen, doch der Ruch hat ihn verfolgt, Verfasser eines Kompendiums der Unsittlichkeit zu sein und somit ein Ketzer, obendrein einer der schlimmsten Sorte: ein *Sodomit*.

Der Roman ist angelegt als Lebensbeichte einer Neunzehnjährigen, die einer befreundeten Dame von den vier vorausgehenden Jahren berichtet, die sie, Unschuld vom Lande, in der Großstadt London verbracht hat. Ihr Leben dort war reines Sexualleben, doch im Zentrum der Infamie hat sie selber nicht die Unschuld der Seele verloren; ja, sie wird am Ende ehrbar durch eine Liebesheirat. Und nun erzählt sie „vom sicheren Hafen aus" ein wenig reuig, ein wenig stolz, was sie erlitten, was sie genossen da draußen in der durchmessenen See.

Die fünfzehnjährige Frances Hill, genannt Fanny, Vollwaise, mittellos, hübsch, zieht vom Dorfe in die Großstadt London. Bei der Suche nach einer Anstellung gerät sie in ein Bordell. Als sie erkennt, worauf sie sich eingelassen hat, wägt sie die angenehmen Seiten ihres Wirkungskreises gegen die unangenehmen, und bleibt. Sie hat Glück, denn die häuslichen Pflichten werden ihr in den meisten Fällen zum Genuß. Sie läßt sich nur wenig beuteln und lernt zunächst, sich anzupassen, und dann, sich zu behaupten. Sie kommt zu Wohlstand und steigt frühzeitig aus. In zwei langen Briefen an eine mütterliche Freundin beschreibt sie ihre Karriere als eine Nummern-Revue, vom lesbischen Geplänkel über die immer ausgefalleneren Wünsche ihrer Kunden bis an das ganz Verbotene heran.

Cleland macht seine Erzählerin zum Anwalt einer Vernunft, welcher die Erzählung zuwider läuft. Beim Prügeln eines Masochisten hatte sie trotz Bedenken noch mitgemacht; dem Spiel mit Stoff und Haar eines Fetischisten blieb sie innerlich fern. Je weiter die Erzählung ausschreitet, je kühner die Akte werden, desto strenger urteilt Fanny. Als beim Maskenball einer Kollegin, die sich als *Schäfer* verkleidet hat, ein *Domino* nachstellt und dann entsetzt ist über ihr wahres Geschlecht, da nimmt sie die Szene zum Anlaß für die allerschärfste Distanzierung von dem, was da knapp vermieden worden ist — damit ist es eingeführt, ist der Leser vorbereitet. Sein mögliches Vorurteil, seine anerzogene Phobie wird hier ausdrücklich bestätigt, um dann widerlegt zu werden vom Gang der Handlung.

Im Gespräch mit der Chefin sagt Fanny, sie könne „nicht verstehen, wie die Menschheit auf einen Geschmack verfallen konnte, der nicht nur rundum abscheulich ist, sondern auch absurd und obendrein gar nicht zu befriedigen, denn die Natur kann nach meinen Erfahrungen solch ungeheure Disproportion nicht überwinden. Mrs. Cole lächelte nur über meine Unwissenheit und belehrte mich nicht eines Besseren. Das geschah vielmehr einige Monate später vor meinen Augen durch eine Vorführung, die mir ein höchst ungewöhnlicher Unfall bescherte; und dies will ich nunmehr beschreiben und dann nicht mehr zurück kehren zu einem so scheußlichen Gegenstand."[42]

Fanny reist allein aufs Land; die Achse ihrer Kutsche bricht. Sie muß in einem Landgasthof warten auf die fahrplanmäßige Kutsche, bezieht *ladylike* ein Zimmer im ersten Stock, sieht von dort aus zwei junge hübsche Adlige ankommen und hört, wie diese das Zimmer neben ihrem belegen und sofort hinter sich abschließen. Sie wird neugierig, findet ein Guckloch und beobachtet, was dort geschieht:

„Der Ältere begann, den Jüngeren zu umarmen, zu drücken, zu küssen, ihm in den Busen zu fassen und liebendes Begehren derart eindeutig zu offenbaren, daß ich glauben mußte, der andere sei ein verkleidetes Mädchen. Dies war ein Irrtum, den die Natur mir nicht ankreiden durfte, denn sie selber hatte einen begangen, als sie ihm den Stempel der Männlichkeit gab." Hier zitiert Fanny Shakespeares *Sonett* 20. „Getrieben vom Sturm ihrer Jugend und vom Drang, rasch zu ihrem absurden Vergnügen zu kommen, wobei sie das Äußerste riskierten, denn sie konnten durchaus erwischt werden, wurden sie in einer Weise aktiv, daß ich alsbald befriedigende Auskunft darüber erhielt, was sie in Wirklichkeit waren. (...)

Ich habe die ganze gesetzwidrige Vorführung mit großer Geduld bis zuende angesehen, denn ich wollte genügend Fakten sammeln und dann dafür sorgen, daß ihnen der gerechte Lohn zuteil würde. Als sie sich wieder angezogen hatten und gerade aufbrechen wollten, bin ich, glühend vor Wut und Empörung, von meinem Stuhl herunter gesprungen, um das ganze Haus auf sie zu hetzen; doch in meinem Ungestüm blieb ich mit dem Fuß an einem Nagel hängen und schlug so heftig aufs Gesicht, daß ich ohnmächtig wurde. Ich muß eine Zeit lang so gelegen haben, bis mir jemand zu Hilfe kam; unterdessen hatten jene, vom Lärm meines Sturzes offenbar alarmiert, reichlich Zeit zur Flucht. Sie seien denn auch, wie mir berichtet wurde, ganz überstürzt aufgebrochen, was für alle Anwesenden völlig unbegreiflich war, bis ich, wieder bei Kräften, ihnen erzählte, bei welchem Geschäft ich sie beobachtet hatte.

Als ich wieder zuhause war und Mrs. Cole das Abenteuer erzählte, meinte sie, daß die beiden miscreants — die beiden Widersacher des Glaubens und der Sitte, wenn sie auch jetzt entwischt seien, früher oder später ihre gerechte Strafe empfangen würden. Sie meinte freilich auch, ich ahnte wohl nicht, welchen Ärger und welche Probleme ich mir eingehandelt hätte, wenn ich tatsächlich zum Instrument weltlicher Strafe an ihnen geworden wäre, und daß man über solche Sachen am besten so wenig wie möglich spreche. Sie selber könne in der Tat für parteilich angesehen werden, weil hier die Frauen eine Einbuße erleiden an dem, was ihnen ganz besonders teuer ist; doch sage sie ganz leidenschaftslos und nur der Wahrheit verpflichtet: Wie auch immer diese abscheuliche Leidenschaft in anderen Ländern und Zeiten gewirkt haben möge, unserem Klima sei es zu danken, daß sie allen Betroffenen erkennbar ihr Pestzeichen aufdrücke, wenigstens in England. Denn unter all den derart Abgestempelten oder wenigstens in eindeutigem Verdacht Stehenden, die ihr begegnet seien, wüsste sie kaum einen zu nennen, der nicht rundum charakterlos gewesen wäre und bloß Verachtung verdient hätte, der nicht bar gewesen wäre aller guten männlichen Eigenschaften und dafür voll vom Schlimmsten jener Laster und Torheiten, welche für Frauen typisch sind; sie seien, mit einem Wort, in der monströsen Ungereimtheit ihres Betragens eigentlich mehr lächerlich als abscheulich, wenn sie den Frauen gegenüber Ekel und Verachtung zeigten und gleichzeitig deren Bewegungen und Haltungen, deren Sprechweise und Gang nachäffen, all jene Affektiertheit, die den Frauen immer noch besser steht als jenen entsexten Mann-Fräulein."

Was Fanny hier an Argumenten gerechter Empörung der Rechtschaffenen gegen alles Sodomitische vorbringt, ist bereits widerlegt durch das Verhalten der beiden jungen Herren. Denn nicht ihr Gehabe in der Öffentlichkeit hat sie verraten, sondern ihr heimliches Tun. Nur das aber brachte bis 1861 in England, wenn es vor Gericht bezeugt wurde, den Ertappten die Folter des Schandpfahls, wo einen Tag lang jedermann sie mit Unrat und mit Steinen bewerfen konnte, und anschließend, wenn sie dann noch lebten, die Hinrichtung. Dies wäre die *gerechte Strafe* gewesen, von der die beiden Frauen sprechen, wobei die ältere und weisere anstelle des Totschlagens das Totschweigen empfiehlt.

Fanny wäscht nach der Erzählung demonstrativ ihre Hände und bietet als Erzählerin noch zwei Szenen mit ordentlichem Hetero-Sex. Zuletzt fügt sich alles zu bürgerlichen Werten und Verhältnissen. Erst verbindet sich Fanny mit einem vitalen älteren Herrn auf erotischer Basis bei wachsender Geistigkeit; nach weniger als einem Jahr stirbt er, was ihr Vermögen gewaltig vermehrt. Und dann kommt Charles, ihr zweiter Kunde und ihre große

Liebe, von langer Abwesenheit zurück, mittellos zwar, aber kerngesund. Fanny legt die drei Jahre lang genossene *liberty of heart* ab, schämt sich ein wenig und wird dann endgültig *virtuous*. Sie bleiben zusammen und gründen auf seine Arbeitskraft und ihr Vermögen eine bald mit Kindern gesegnete Ehe.

Dieses Glück wird eingeleitet durch die letzte Bettszene des Buches. Einzelheiten verraten einmal mehr den Blick eines männlichen Autors. Das Schönste sei für Fanny bei Kerzenlicht und Kaminfeuer „der Anblick meines jungen Idols" gewesen, und das Berühren des erigierten Penis habe sie als „unnachahmlich pathetisch" empfunden; am Ende geht die Erzählerin so sehr auf in ihrer Frauenrolle, daß ihr bei der Beschreibung des ersten Eindringens vor Erregung die Feder aus der Hand fällt.

Aber noch einmal zurück zur Szene im Wirtshaus. Ihr fehlen noch die beiden Absätze, die nur in der ersten Auflage stehen. Welche Ausgabe Winckelmann in Florenz vor Augen hatte, wissen wir nicht. Er lobt die Sprache, und in der Tat fällt kein grobes Wort; alles ist ausgedrückt in Bildern, die in ihrer Eleganz und Präzision aus der Feder Casanovas hätten stammen können. Er hat gewiß auch die Anlage des Ganzen im Sinn, die Steigerung zu etwas, das eigentlich unfaßbar ist und das ästhetisch anschaulich wird als „unendlich", übrigens auch ohne die beiden unterdrückten Absätze. Das Unnennbare ist hier Ereignis geworden. Winckelmanns pleonastischer Ausdruck des Lobes läßt erkennen, wie sehr diese Erzählung ihn bewegt hat. Wird ihm doch hier eine Aufteilung seines Problems in Argument und Praxis vermittelt, die man vielleicht katholisch nennen darf: So muß man sprechen — so aber muß man handeln. Als er sich ein Jahr nach der Lektüre in Rom am Unerhörten versucht und dabei von Casanova überrascht wird – unsere Szene vom Anfang –, da greift er zu dem Satz, mit dem sich Cleland hinter seiner Heldin versteckt. Sie sagt: „I could not conceive how it was possible for mankind to run into a taste, not only universally odious, but absurd." Er sagt:

„Ich habe mein Leben lang gesagt, es sei unvorstellbar, daß ein solcher Geschmack die Menschheit so sehr verführt hat." Beide schieben im Streit um die rechte Praxis die Beweislast der anderen Seite zu, denn das angeblich Sonderliche ist Allgemeingut; fasse es, wer kann!

Fannys Argument, Geschlechtsverkehr unter Männern sei wider die Vernunft, weil wider die Natur: das gehe ja gar nicht! wird zusammen mit allen anderen Einwänden widerlegt durch praktische Anschauung, vermittelt in den beiden später gestrichenen Abschnitten. Sie lauten:

„Jetzt knüpfte der Ältere dem Jüngeren die Hosen auf, schob seine Wäsche auseinander und gab den Blick frei auf einen weißen, mittelgroßen und leicht gebogenen Stutzen. Den umspielte und bearbeitete er mit der Hand, und dabei liebkoste er den Jungen, der all dem nichts entgegensetzte als ein paar Gesten der Scheu, die zehnmal mehr anziehend wirkten als abwehrend. Schließlich ließ er sich herumdrehen in Richtung auf einen Stuhl, und da er zu wissen schien, was von ihm erwartet wurde, legte der Ganymed seinen Kopf auf die Rücklehne und bot seinen Körper dar, der hell leuchtete aus dem Hemd heraus. Und als er derart mir sein Profil bot und seinem Gefährten den Rücken, fuhr dieser ein Geschütz heraus, das gewiss ein besseres Ziel verdient hätte und das mich glauben ließ, der Disproportion wegen würde es nicht zu seinem grässlichen Einsatz kommen. Dies war, wie sich zeigte, ein Irrglaube — disbelief, und alle jungen Männer sollten sich, so meine ich, nicht in falscher Sicherheit wiegen, denn ihre Unschuld kann sich in solchen Fallstricken allzu leicht verfangen, eben weil sie das Ausmaß der Gefahr, in der sie schweben, gar nicht kennen. Denn eines ist gewiß: Unkenntnis schützt vor dem Laster nicht.

Der Ältere nun, indem er des jungen Burschen Hemd hoch und unter seine übrige Kleidung schob, legte zwei fleischige Halbkugeln frei that compose the mount-pleasants of Rome — die

Lusthügel Roms, welche nun mit der eng einschneidenden Talspalte im Raume standen in Erwartung des Angriffs. Nicht ohne Schaudern konnte ich mit ansehen, wie jener sich darauf vorbereitete. Erst machte er sein Instrument mit Spucke ordentlich feucht und glitschig, dann zielte er und drang vorwärts; ich konnte es ganz genau erkennen, denn während es sich meinen Blicken entzog, empfing der junge Dulder es unter Winden und Zucken und leisem Stöhnen. Dann aber, vor Ort, als kein Hinderins mehr da war noch Widerstand, beruhigte sich der Sturm zu leichtem und konstantem Wellengang; der Ältere griff um die Hüfte seines Mignons herum nach dessen elfenbeinfarbenem Spielzeug mit roter Spitze, das herrlich stand und solchermaßen bezeugte, daß sein Träger, wenn er auch von hinten seiner Mutter glich, von vorn doch ganz der Vater war. Während nun des Älteren Hand dort geschäftig war, spielte die andere hingebungsvoll mit den blonden Haaren; und er beugte sich über den Rücken des anderen, drehte dessen Gesicht dem seinen zu; der Junge schüttelte die Locken ab, die darauf gefallen waren; und der Ältere reckte sich ihm entgegen und empfing einen langen, langen Kuss. Doch dann wurde seine Gangart immer schneller, und er walkte des anderen Rückseite durch bis zum Ausbruch mit den üblichen Symptomen und dem Ende der Aktion."

Fannys teilnehmende Schilderung folgt konsequent der pornographischen Routine. Sie selber ist empört, gibt aber auch dieser Szene die nötige Anschaulichkeit; sie wahrt für den Autor das *decorum* und steigert durch ihre Gesten der Abwehr das Geschehenlassen ins Masochistische. Ihr Argument: das geht gar nicht! muß sie sich nehmen lassen wie eine zweite Unschuld: es geht wunderbar! Und hatte nicht ihr selber ein brünstiger Matrose, der sie von hinten nehmen wollte und in seinem Ungestüm daneben stieß, auf ihren Protest hin nur entgegnet: „any port in a storm?"

Und hier entrichtete die Briefschreiberin dem Gang der Erzählung und der Absicht des Verfassers ihren Tribut, indem sie das entblößte Hinterteil des Jüngeren bezeichnet als „mount-ple-asants of Rome". Die eigene erogene Primärzone hatte sie ganz zu Anfang des Romans „mount-pleasant" genannt; sie hätte auf-trumpfend hinzufügen können „of London", denn Rom war für puritanische Engländer die Hochburg der Frauenfeindlichkeit und das papistische Sodom. Cleland benennt seine Heldin nach ihrem besten Teil: *mount-pleasant* = *mons Veneris* = *Funny Hill*.[43] Die Freudenfrau, welche glaubte, im homophoben Klima Eng-lands absolut zu herrschen, muß mit ansehen, wie die „römische" Konkurrenz in London Fuß faßt. Mit ihrem Scherzwort relati-viert sie ihre ganze Gattung.

Bereits am Anfang des zweiten Briefs hatte sie das Haus der Mrs. Cole beschrieben als Refugium aller tolerablen Lüste und darüber hinaus als Ort, wo eine Utopie wirklich geworden sei: „Die Erfinder und Unterstützer dieser geheimen Institution dür-fen sich selber ansehen als the restorers of the liberty of the gol-den age – als die Erneuerer der Freiheit de Goldenen Zeitalters und der simplicity — Einfalt der Freuden, ehe ihre Unschuld ab-gestempelt wurde als Schuld und Schande." Nach jener Freiheit sehnte sich, von ihr phantasierte auch Winckelmann. So schlicht die Wunscherfüllung in Roccos *Alcibiade*, so kunstvoll die Dar-stellung der Aporie in Clelands *Fanny Hill*.

Sommer 1759 – Dezember 1761: Rom

Kardinal Albani

Für Winckelmann war Archinto ein respektierter Gönner gewesen, der ihn stets seine Abhängigkeit fühlen ließ. Passionei dagegen war ein Mann nach seinem Geschmack, der Respekt vor
der Kompetenz verband mit einer Hemdsärmeligkeit im Umgang,
wie er selber sie pflegte. Albani nun, der dritte in seinem persönlichen Kardinals-Kollegium, war temperamentvoll wie jener, dazu
jünger und viel mächtiger. Und er war wie Stosch Fachmann im
Beurteilen von Antiken und ihr bedeutendster Sammler.

Die Fürsten Albani waren verschwägert mit den besten Fa-
milien Italiens; der Onkel war als Clemens XI. Papst geworden;
Alessandro war also von Geburt bereits das Zweitbeste, was ein
Mensch in Rom sein konnte: *Nipote*. Nun hatte ausgerechnet die-
ser Onkel, als er noch Kardinal war, den stadtüblichen Filz der
Papst-Familien, genannt „Nepotismus", als eine Unsitte gebrand-

markt; und so hielt er, als er Papst geworden war, seine eigenen Neffen kurz. Waren sie aber tüchtig und tätig, so fiel indirekt reichlich Segen auf sie. Alessandro war der jüngste und begabteste; er hatte freilich ein Problem, dem er dann eine erstaunliche Qualifikation abgewann. Noch als Knabe hatte er sich ein Augenleiden zugezogen, an dem er zu erblinden drohte; monatelang mußte er in abgedunkelten Räumen leben. Um sich zu trösten, ließ er sich Kleinbronzen bringen, die er mit den Händen tastend betrachtete. Damals bereits wurde er Spezialist für Oberflächen an Skulpturen, Reliefs und Münzen; darum mußte er alles, was er später erwarb, immer erst anfassen. Und darum zog er grundsätzlich die Skulptur der Malerei vor.

Er war sehr begabt und sehr schön. Als die Sehkraft einigermaßen wiederhergestellt war, wollte er Offizier werden, wohl mit dem Ziel einer Karriere als Diplomat. Doch dann zog ihn sein Onkel, der Papst, zu sich, und er mußte sich fortan als Abbate kleiden, also schwarz und relativ schlicht. Priester ist er nie geworden, wohl aber, relativ früh, Kardinal. Er liebte die Frauen; ursprünglich hatte er heiraten wollen, doch dann arrangierte er sich mit dem römischen System der Mätressen; die letzte, mit der er zwei Töchter hatte, war jene Gräfin Cheroffini, in deren Salon Casanova Winckelmann kennengelernt hat.

Seine zweite Leidenschaft war die Antike, war das Suchen, Graben, Handeln, Restaurieren und Deuten: das Erwerben antiker Skulpturen. Er wurde nach Stosch zum größten Sammler am römischen Markt und hat sich dabei immer wieder finanziell übernommen und dann jedesmal ganze Teile seiner Sammlung *en bloc* verkauft, und zwar mit Gewinn, denn sein Name stand für Kennerschaft. Neues Altes zu erwerben, davon konnte er sein Leben lang nicht lassen. Als er Winckelmann in sein Haus zog, war er Achtundsechzig und wieder so sehschwach, daß er Personen, die ihm vorgestellt wurden, nicht erkennen konnte; wen er kennenlernen wollte, den mußte er anfassen. Beim Beurteilen

der angebotenen Skulpturen wünschte er das eigene Urteil abzu-
sichern durch den Blick eines Menschen, der seine Kenntnis und
seine Leidenschaft teilte. So kam es, daß Winckelmann zum dritten Mal in seinem Leben – nach Rektor Tappert in Stendal und
nach Graf Bünau in Nöthnitz – zum „Seher" wurde für einen
Sehgestörten.

Er selber beschrieb ihn vier Jahre nach seinem Einzug in den
Palazzo Albani dem Nöthnitzer Kollegen Francke so: „Stellen Sie
sich vor daß bey seiner Empfängniß alle Sturmwinde zugleich ge-
sauset und in dieselbe gewirket haben: er ist noch itzo im 72. Jahre
ausgelassen in allen Sachen und wie der Wind welcher Häuser
umwirft; den Augenblick in Feuer, welches aber unverzüglich ver-
löschet. Ein Mensch welcher über alle Achtung hinweg gehet und
hernach umarmet; dem die empfindlichsten Worte nichts kosten,
weil er sie so gleich mit den gelindesten verwechselt. Es gehet so
weit bey ihm, daß er mehr als eine Person aus dem Fenster (hat)
werfen lassen. Meine Regel war, anfänglich auf meiner Hut zu stehen, um ihm keine Gelegenheit zu geben, sich wider mich zu ver-
gehen, und ihm niemahls zu schmeicheln, sondern die Wahrheit
zu sagen, wenn er sie verlanget, auch wo sie empfindlich ist. Es
ist mir auf diesem Wege gelungen, vielleicht der einzigste Mensch
zu seyn, gegen den er niemahls aus den Schranken gewichen ist,
und er fürchtet sich von gewissen Dingen in meiner Gegenwart
zu reden, weil er versichert ist, daß ich rede wie ich gedenke. Bei
diesen Schwachheiten welche der Mangel guter Erziehung (…)
nicht verbeßert hat, hat er das empfindlichste Herz, kennet und
übet Freundschaft, ist höflich gegen alle Menschen und dienst-
fertig mit augenscheinlichem Schaden. Daher er allenthalben ver-
ehret ja fast angebethet wird, und er allein wäre im Stande, den
ganzen Kirchen-Staat umzuwerfen und sich in einer Stunde *sou-
verain* zu machen. Seine große Paßion sind die Alterthümer, die
(er) von Kindesbeinen an studiret hat, und diese ist ein unauflöß-
liches Band zwischen uns beyden, und nach aller Wahrscheinlich-

keit werde ich ihn noch lange genießen. Denn er hat eine Athletische Gesundheit; hat den Schlaf in seiner Gewalt, wenn und wie lange er will, und bey dem großen Geräusche. Ist unermüdet in Arbeit, und mit seinem ganzen Kopfe beständig gegenwärtig, doch so, daß ihn die Geschäfte (...) zwar an das Hemde, aber nicht an die Haut gehen." (585)

Winckelmann zog also im Juni 1759 vom Palast der *Cancelleria*, der halb leer stand, in den *Palazzo Albani alle Quattro Fontane*, wo geistliche und weltliche Besucher ein und aus gingen, unter den Ausländern viele deutschsprachige, weil der Kardinal *Protettore* des Deutschen Reiches war. Winckelmann bezog eine Wohnung, die wie eine Loggia aus dem Dach herausragte; er konnte sie einrichten nach seinen Wünschen und dort sogar, mit Hilfe seines Herrn, eine eigene kleine Sammlung von Antiken anlegen. Dafür mußte er zur Stelle sein, wann immer der Kardinal dies wünschte; und für dessen hohe Besucher hatte er als Führer durch das antike Rom bereitzustehen. Bisweilen mußte er um freie Zeit – zum Arbeiten – regelrecht ringen; dafür bekam er aus erster Hand zu sehen, was an Antiken in Rom auftauchte und zu erwerben war.

Immer wieder aber ließ Albani ihn gewähren, wenn er an einem größeren Werk saß; so gleich zu Anfang, als sich seine Rückkehr aus Florenz verzögerte und er dann noch Monate zu tun hatte mit der Vorbereitung des Katalogs der Gemmensammlung für den Druck — den er dann seinem neuen Herrn widmete. Der konnte ihn wenigstens lesen, da er auf französisch geschrieben war; aber das werdende Hauptwerk, die *Geschichte der Kunst des Alterthums*, mit deren bisheriger Gestalt ihr Autor unzufrieden war und die er darum noch einmal neu formulierte, dazu all die kleineren Publikationen in deutscher Sprache, darüber der Kardinal ungeduldig wurde; und Winckelmann mußte ihm hoch und heilig versprechen, ja bald etwas Italienisches heraus zu bringen, damit auch er und der Papst es verstünden.

Winckelmann war nunmehr versorgt und relativ sicher; er verdiente zwar wenig, saß aber an der Quelle; und niemand kam um ihn herum, der in Rom Antiken kaufen oder auch nur studieren wollte. Und diesem neuen Herrn konnte er vertrauen; vor ihm brauchte er sein Privatleben, das reale wie auch das virtuelle, das erwünschte, nicht zu verstecken: „ich unterhalte ihn öfters von meinen Amours". (441) Was die Nachwelt nur erahnen kann, das erfuhr Albani aus erster Hand: „Ihm offenbare ich die geheimsten Winkel meines Herzens, und ich genieße von seiner Seiten eben diese Vertraulichkeit." (527)

Von dem Wesentlichen der Kunst

Im *Palazzo Albani* erhielt die *Geschichte der Kunst des Alterthums* die Gestalt der ersten Auflage; doch bereits während diese in Dresden gedruckt wurde, begann Winckelmann mit den Vorarbeiten zu einer verbesserten und erweiterten zweiten. Daß er diese nicht zu Ende führen konnte, war nicht nur seinem frühen Tod geschuldet, sondern auch dem gewaltigen Unternehmen selbst, das zwar grundlegend war, doch nicht definitv fertig und abgeschlossen. Wir konzentrieren uns auf ein Thema, das ihn sein Leben lang beschäftigt hat und das er hier in den Mittelpunkt stellt. In der Art der Behandlung bricht er mit der Konvention mitteleuropäischer Kunst und Kultur um 1760.

Zum ersten Mal ist hier die Kunst beschrieben nicht nach den Lebens- und Werk-Geschichten einzelner Künstler, sondern nach den Hervorbringungen ganzer Weltregionen in bestimmten Epochen. Wo immer einzelne Künstler greifbar werden, da stehen sie für die Produktion eines Landes, eines Volkes. Nach einem Überblick über die damals bekannten frühesten Zeugnisse künstlerischen Gestaltens werden vier historische Kultur-Nationen abgehandelt: die Ägypter, die Etrusker (er nennt sie Hetrurier), die Griechen, die Römer.

Eine altchristliche Denktradition wirkt hier nach, nämlich die Lehre von der Weltgeschichte, die getragen worden sei von vier großen Reichen: von Babylon, dem Reich Alexanders, dem punischen Karthago und schließlich dem Römischen Weltreich, das im Heiligen Römischen Reich fortlebt und erst mit dem Jüngsten Gericht enden wird. Daraus hatte Voltaire sein Geschichtskonzept abgeleitet, das gegliedert ist in vier dominante Kulturkreise, zwei antike Herrschaften: die Alexanders des Großen und das des Kaisers Augustus, und zwei neuere: die Toskana der Medici und, als Gipfel, das Frankreich Ludwigs XIV. Winckelmann übernahm das Viererschema, sah jedoch den Höhepunkt der Entwicklung in den bildenden Künsten bereits in der dritten Kulturnation erreicht, den Griechen. Ihre Kunst hielt er für die größte unter den vieren, für die größte überhaupt und darum auch für das einzig wahre Vorbild und Modell aller künftigen Kunstproduktion. Und so setzte er denn mitten in seine geschichtliche Darstellung von Epochen und Schwerpunkten der Kunstentwicklung diese eine Phase absolut. Nur durch ihre Kenntnis könne der Leser jenen Begriff bekommen, welchen die Überschrift des zweiten „Stücks" im Kapitel *Von der Kunst unter den Griechen* verspricht: *Von dem Wesentlichen der Kunst.*

Hatte er im ersten „Stück" die Ursachen für die überragende Qualität der griechischen Kunst benannt, nämlich das milde Klima, die republikanische Freiheit, den Sinn für leibliche Gesundheit und Schönheit, die Hochachtung vor verdienten Mitbürgern und die Liebe zu den Künsten, so definiert er das „Wesentliche" bereits im zweiten Satz als die „Zeichnung des Nakkenden". Was in den Dresdner Schriften wie beiläufig hingesetzt schien, das wird hier zum planvoll angesteuerten Mittelpunkt eines Systems. Die griechische Kunst hat ihr Hauptthema in der menschlichen: in der männlichen: in der nackten männlichen Gestalt.

„Per aspera ad astra", wie sein Bewunderer Napoleon später von sich selber sagen sollte: Aus den Bleiwüsten der gedruckten Bücher war Winckelmann lesend über die Dichter und die Historiker zu den antiken Kunstschriftstellern gelangt und über diese sehend vor eine Kunst, die genau dasjenige würdigte, was in der Gotik seiner Kindheit und dem Barock seiner Jugend nur als verbogen und verflattert und vor allem meist verhüllt wahrzunehmen war: den schönen nackten Mann mit seinem Gemächte.

Dieses hatte seit Adam und Eva schlechte Presse; es war ein Instrument der Notdurft, ein namenloser Sündenzipfel, formal ein anhangendes Elend mit Tendenz zu heilloser Starre. Bei den alten Griechen aber war es, wenn starr, dann komisch, in der Regel und in Ruhe jedoch immer unterlebensgroß und gerade darum an seiner Stelle natürlich und selbstverständlich. Eben jetzt aber, im Jahre des Heils 1759, drohte den wenigen heidnischen Genitalien, die den Untergang des alten Rom überdauert hatten, der ultimative Bannstrahl des Glaubens. Einer der ersten Briefe Winkkelmanns an Albani, noch aus Florenz, handelt davon:

„Eminentissimo Principe, (...) ich kann mich nicht enthalten, Ihnen von einem Gerücht Kenntnis zu geben, dem zufolge Sua Santità — Seine Heiligkeit", der soeben gewählte Papst Clemens XIII., „das allzu Nackte an den antiken Statuen bedecken lassen will. Ich male mir aus, wie man dem Apollo über dem Gemächt ein Loch bohren und ein Blech daran befestigen wird, wie man es bereits in der Villa Pamphili gemacht hat. Ich kann es einfach nicht glauben und baue auf die Autorität und den Einfluss Eurer Exzellenz, daß dieses skandalöse Vorhaben nicht ausgeführt wird." (267)

Es geschah aber dann doch, worauf Winckelmann den Heiligen Vater auf deutsch einen Esel nannte und auf italienisch „alienissimo della Letteratura e delle belle Arti — den größten Ignoranten von Literatur und Kunst". Der *Apollo* und der *Laokoon* trügen nunmehr „ein Blechblatt, obwohl *Sua Scrupolosità* — Seine

Skrupelhaftigkeit sie nie sehen wird: Es fehlte nicht viel, daß man sie kastrierte nach der Sitte des Serails des Türkenherrschers. Der Herr Kardinal Albani fügt sich dem in soweit, als er den Statuen, die er restaurieren läßt, jenes Teil, wenn es abgebrochen ist, nicht ergänzen läßt, doch solche ohne Hoden nimmt er nicht." (286, 302) „Wir wünschen fast durchgehends den Tod dieses guten Papstes", schreibt Winckelmann wenig später (389). Der jedoch sollte ihn um ein Jahr überleben.

Feigenblätter gab es längst an neuzeitlichen Darstellungen des menschlichen Aktes; nunmehr sollten sie den Antiken im öffentlichen Raum nachträglich appliziert werden. Zwar nimmt sich am Körper des Mannes ein botanischer Aufsatz seltsam aus, doch er stört kaum, viel weniger jedenfalls als etwa ein Schleier oder gar ein Höschen. Am männlichen *troppo nudo* könnte man durchaus die ästhetische Inkonsequenz der Natur tadeln, ein nach Form und Funktion inneres Organ wie die Hoden so unfest außen am Leib baumeln zu lassen. Die Griechen aber machten aus dem Problem eine Zier und legten zugleich mit dem idealisierten Mannsteil zeichenhaft ihr grundsätzliches Interesse am männlichen Eros offen.

Dieses wollte Winckelmann der staunenden Nachwelt vermitteln; und es ist kein Zufall, daß genau in dem Augenblick, da er mit dem Licht seiner Wissenschaft auch das Liebesleben der Alten streifte und den Betrachtern von Skulpturen die Augen öffnete, die Moraltheologie nach Schonbezügen rief. Gleichzeitig mit der Nachricht vom Puritanismus im Vatikan erreichte Winkkelmann in Florenz eine vehemente literarische Kritik an der Darstellung des Nackten als bloßem Ersatz, da sie immer hinter lebendiger Natur zurück bleiben müsse. Fanny Hill beschreibt den neben ihr schlummernden Charles, an dem das Schönste der ausruhende Penis war, bot er doch „ein sehr interessantes und bewegendes Bild der Natur, und dieses war gewiss jenen Nacktheiten unendlich überlegen, welche uns die Maler und Bildhauer liefern, überhaupt alle Kunstwerke, die man für teures Geld kaufen muß;

doch ihren Anblick im wirklichen Leben souverän auskosten, das können nur die ganz Wenigen, denen die Natur eine feurige Einbildungskraft verliehen hat."

Um eben dieses Letzte, um feurige Einbildungskraft rang auch Winckelmann. Ohne sie bleibe die Betrachtung der Kunstwerke, bleibe ihre Beschreibung unvollkommen. Bereits in Nöthnitz hatte ihn die Sorge geplagt, es könne in ihm selber diese Quelle des Interesses vorzeitig versiegen; bei Schülern mit erotischem Flair suchte er gerade diese Neugier rechtzeitig zu wekken und für die Erkenntnis des Schönen zu aktivieren. Jene Sätze aber schreibt – in der vagabundierenden Phantasie des Autors – eine junge Frau aus der Fülle des Genossenen; und Winckelmann wird dabei den schlafenden *Barberinischen Faun* vor Augen gehabt haben, den er soeben charakterisiert hatte als „Waldnatur".

Die aber gab es ja auch, und auch sie war der Betrachtung wert und erlaubte obendrein der Phantasie eine vagabundierende Anknüpfung an das Leben. In dem Autor der *Fanny Hill* erkannte er seinen Mitstreiter, weil der am imaginierten blühenden Leben genauso kunstgemäß arbeitet wie er selber an den Werken der Kunst: weil er es beschreibt in einem hohen Pindarischen Stil.

Zu fragen bleibt: Was hat die alten Griechen in der Kunst zu ihrem insistierenden Offenlegen bewogen? Worauf zielt ihr Exhibitionismus? Bereits die Krieger der archaischen Periode, gepanzert und geschient, tragen um die Hüften einen ledernen Schurz, der vorn ausgeschnitten ist. So zog keiner in die Schlacht! Warum kam es dann auf den Sockel? Sex scheint im Spiel zu sein, doch nicht als Imponiergeste, weder abwehrend wie der Knüppel des Priapos noch anmaßend wie die derbe Spalte der Baubo. Das Teil, welches sie normalerweise verhüllten und darum auch „Schamteil" nannten, sie zeigten es vor, als sei es des Mannes Seelenorgan, hübsch verkleinert, jugendlich-spielerisch. Realistisch groß hingegen bildeten sie an den frühen *Kouroi* mit ihrem ägyptisch steifem Schritt einen festen, hohen, runden Arsch.

An den weiblichen Gegenstücken, den *Koren*, sind Gesäß, Hüften und Brüste nicht minder plastisch heraus gearbeitet, doch stets verborgen unter feinem Gewand. Warum wurden Jünglinge nicht auch so dargestellt? Verhüllte Formen wirken doch auch bei Männern erotisch stimulierend. Es muß für das Freilegen der männlichen Geschlechtsteile einen besonderen Grund gegeben haben. Auf die Frage haben Archäologen und Kunsthistoriker bis heute keine befriedigende Antwort gegeben. Der einzige, der sie explizit gestellt und nach den „Ursachen" gefragt hat, war der Berliner Museumsdirektor Alois Hirt in einer akademischen Abhandlung aus dem Jahr 1821. Die griechischen Bildhauer hätten vier Typen von Männern nackt abgebildet: die Sieger in Wettkämpfen so, wie sie gekämpft hätten; ferner Götter, Dämonen und Heroen, und dies nach dem Vorbild der Ägypter, deren plastische Kunst die der Griechen überhaupt erst angeregt habe. Die Nacktheit der Himmlischen aber sei bloß das Symbol für „göttliche Bedürfnislosigkeit".[44]

Hegel übrigens ist Winckelmann gefolgt in der These, daß „die sinnliche Schönheit als solche nicht der letzte Zweck der Skulptur sei" und hat dessen Schema durchaus übernommen, seine Wertung indes genau umgekehrt: „so daß also die Griechen keinen Irrtum begingen, wenn sie die mehrsten männlichen Figuren zwar unbekleidet, bei weitem die Mehrzahl der weiblichen bekleidet darstellten."[45] Denn das eigentlich Erregende sei der weibliche Akt. Wenn die Männer auch nackt miteinander gerungen hätten, so nicht aus „Gleichgültigkeit gegen das Geistige" der Scham, „sondern aus Gleichgültigkeit gegen das nur Sinnliche der Begierde, um der Schönheit willen". Sie sahen also die Vermischung der Leiber mit den Augen von Bildhauern.

Die heutigen Archäologen deuten die archaischen *Kouroi* nicht als Götterbilder, sondern als Darstellungen musterhafter junger Männer, die sich einer Gottheit weihen, und zwar nackt. Auf Kreta etwa wurde die Geschlechtsreife der Jungen und auch der Mädchen bestätigt und gefeiert in Riten, zu denen Nacktheit gehörte. Die Jünglinge – und nur sie – wurden die „Unbekleideten" genannt, weil sie noch keine Waffen hatten und die dazu gehörige Männerkleidung. Beides erhielten sie offenbar gleichzeitig, und damit scheint zunächst sexuelle Ambivalenz ausgedrückt und vermutlich auch rituell praktiziert worden zu sein. Jünglinge und Mädchen legten zuerst einmal die Kleidung des anderen Geschlechts an, die im alten Griechenland nur wenig unterschieden war und beide Geschlechter ganz verhüllte.

Hierher weist der Mythos vom eben erwachsen werdenden Achill, der – mädchenhaft schön – von seiner Mutter in Frauenkleider gehüllt und so unter den Töchtern des Königs Lykomedes versteckt wird, um nicht mitziehen zu müssen in den Krieg gegen Troja; als Odysseus davon hört, bringt er den „Töchtern" Geschenke und legt neben Schmuck und Schals auch Schwert und Schild; Achill greift intuitiv nach dem Richtigen und ist damit ein Mann. Weiter zurück deutet die analoge Geschichte von Herakles, der für den Ritus eines Bacchus-Festes mit der Lyderkönigin Omphale die Gewänder und Attribute tauscht: Er trägt die Spindel, sie die Keule. Ovid bezieht in seinem *Festkalender* diesen Tausch der Kleider und Rollen scherzhaft auf sexuelle Inversion, die in einer Burleske scheitert. Faunus, der römische Waldgott, die mythische „Waldnatur", beobachtet das Paar bei Tage und versucht bei Nacht, sich der Frau sexuell zu nähern, wird aber im Dunkeln getäuscht, denn wo er die Frau vermutet, da faßt er in ein Löwenfell und an die ominöse Keule, worauf er innehält und tastend nach dem Seidengewand sucht; er findet es und hebt es auf, doch darunter fühlt er Stachelbeerbeine. Und schon ist der Gewaltige erwacht und stößt ihn wütend aus dem Bett. Seitdem – so die Begründung Ovids –

veste deus lusus fallentes lumia vestes
non amat et nudos ad sua sacra vocat.[46]

— liebt, durch ein Kleid einst genarrt, die trügenden Kleider
gar nicht der Gott, und er lädt nur Nackte zu seinem Fest.

Im antiken Rom war Nacktheit etwas strikt Privates; Sport wurde bekleidet betrieben; nur in den Thermen war man, zwischen Ruhebank und Wasserbecken, für ein paar Schritte nackt. Um so krasser fiel auf, daß zum Fest der Luperkalien am 15. Februar, also in kalter Jahreszeit, junge Männer rituell nackt durch die Stadt liefen. Ovid begründet das mit der Nacktheit der frühen Menschen, deren mit dieser Sitte gedacht werde. Mit ihr rage etwas Heidnisches in die gegenwärtige Glaubenspraxis. Und mit ihr zusammen hängt die burlesk vereinfachte Problematik sexueller Ambivalenz.

Wie in Rom, so war auch in Athen Nacktheit als solche ein Problem der Sitte. Dort aber scheint sich das ursprünglich kultische Enthüllen der Jugendlichen vor der Gottheit emanzipiert zu haben zu einem kulturellen Verweilen beim schönen Augenblick um seiner selbst willen. Die Bildhauer stellten die Jünglinge so dar, wie diese sich vor der Gottheit zeigten; ihre Nacktheit wurde – um den platonischen Gedanken zu variieren – bekleidet mit dem Gefühl der Erhabenheit, zu dem sich die Seele aufschwingt, und das nun der unerhörten Blöße selber zugeschrieben wurde. Die ersten zierlichen skulbierten *phalloi* müssen so etwas wie eine Offenbarung gewesen sein. Diese wurde zur Tradition, und die Erotik kam auch auf ihre Kosten.

Die Römer sind auch hierin dem griechischen Vorbild gefolgt, doch bereits in der späteren Kaiserzeit und auch unabhängig vom aufkommenden Christentum setzte sich jene neue Schamhaftigkeit durch, deren späten Nachhall Winckelmann erleben mußte. An den Statuen des Pergamon-Altars sind die männlichen Geschlechtsteile säuberlich abgemeißelt; dies geschah vermutlich in einer Zeit, als die Götter noch galten, das Erotische sich aber bereits vom Religiösen geschieden hatte. Erst nachdem die dargestellten Götter zu Götzen erklärt worden waren, wurden ihre Köpfe zerhackt.[47]

Romanik und Gotik kannten das Nackte nur als Kostüm des Sündenfalls, bis endlich im Lauf des 15. Jahrhunderts die antiken Götter wiederentdeckt wurden und mit ihnen der Akt als Ideal. Von nun an zierte er Feste und Festsäle, auch bei Kirchenfürsten. Das wiederum weckte den Eifer der ganz Frommen: Mitten im florenzenden Florenz stand ein Reformator auf, der Dominikaner Girolamo Savonarola, um die Kunst zu schmähen als sündenträchtig und ihre Werke verbrennen zu lassen. Sogar die Künstler ließen sich beirren: Bartolomeo della Porta, der das eindrucksvolle Profil des Strafpredigers gemalt hat, ist dem Schreckensruf gefolgt und hat seine eigenen Akt-Zeichnungen ins Feuer geworfen.

Vielen frühen Aktdarstellungen der Neuzeit, den männlichen zumal, eignet ein Moment des Trotzes, der tapferen und etwas gewaltsamen Behauptung. Und die Befreiung wurde dann teilweise aufgehoben durch Höschen-Maler und Feigenblatt-Bossierer. In der Kunst des achtzehnten Jahrhunderts schließlich wirkt Nacktheit entweder erotisch aufreizend oder bloß läppisch. Was Winkkelmann als erster an den Skulpturen der Antike wahrnahm und beschrieb, war eben jene Selbstverständlichkeit, jene Würde des Nackten, welche seinem Jahrhundert abhanden gekommen war und die darum im Rückblick provozierend wirkte.

Das „Wesentliche" der Kunst hat für ihn einen erotischen Kern, der beim Anblick des „Schönen Nackenden" empfunden wird. Seine Darstellung aber schafft Distanz, und diese gilt es zu bedenken: „Naturschönheit gefällt leichter als Kunstschönheit: Die Ursache liegt in unseren Lüsten, welche bey den mehresten Menschen durch den ersten Blick erreget werden, und die Sinnlichkeit ist schon angefüllet, wenn der Verstand suchen wollte, das Schöne zu genießen; alsdenn ist es nicht die Schönheit, die uns einnimmt, sondern die Wollust." ·

Seine jungen Besucher und seine Leser warnt er vor den naturbedingten „Reizungen" hübscher junger Mädchen und empfiehlt ihnen das lebende Ideal der edlen, reifen, zurückhaltenden Frau, die „Majestät der Juno". Einige Seiten führt er den an sich selber erlebten Parallelfall an: „Der schönste Mensch, welchen ich in Italien gesehen, war es nicht in aller Augen" – das kann nur jener Florentiner gewesen sein, dem er eine Abhandlung widmen wollte – „auch derjenigen nicht, die sich rühmeten, auch auf die Schönheit unseres Geschlechts aufmerksam zu seyn." Damit war Stosch gemeint. Was aber unterschied die Reize eines Knaben von denen junger Mädchen — wenn nicht das Verbot, sie jenen gleichzusetzen und auf sie analog zu reagieren?

Das gegenwärtige Jahrhundert bewerte helle Haut höher als dunkle; darum müsse man sowohl bei den viel gerühmten Engländerinnen wie bei den oft geschmähten Afrikanern zweimal hinsehen, bevor man urteilt, denn die Schönheit sei „verschieden von der Gefälligkeit." Jene werde zwar auch „durch den Sinn empfunden, aber durch den Verstand erkannt und begriffen, wodurch jener mehrentheils weniger empfindlicher auf alles, aber richtiger gemacht wird und werden soll." Von dem, was die „Einbildung erhitzt", soll der Verstand so viel abtragen, daß nur ein gleichsam kühl glühender Kern übrig bleibt:

„Die höchste Schönheit ist in Gott, und der Begriff der Menschlichen Schönheit wird vollkommen, je gemäßer und übereinstimmender derselbe mit dem höchsten Wesen kann gedacht werden, welches uns der Begriff der Einheit und der Untheilbarkeit von der Materie unterscheidet. Dieser Begriff der Schönheit ist wie ein aus der Materie durchs Feuer gezogener Geist, welches sich suchet ein Geschöpf zu zeugen nach dem Ebenbilde der in dem Verstande der Gottheit entworfenen ersten Creatur. Die Formen eines solchen Bildes sind einfach und ununterbrochen, (…) Durch die Einheit und Einfalt wird alle Schönheit erhaben."

Wer ist hier „Gott"? Weder der Schöpfer des Alten Testaments noch der Vater des Neuen hat irgendeine Beziehung zum Ästhetischen; in der Bibel kommt das Wort „schön" in bezug auf Menschen selten, in bezug auf Gott nie vor. Es war die besondere Leistung der Griechen, das Göttliche im Schönen sinnfällig zu machen, das Erhabene im Erotischen. Winckelmann argumentiert mit großer Behutsamkeit und ist mit seinen Sätzen doch näher an Platon als am eigentlich Christlichen. Der vollendet schöne Mensch ist ihm denkbar nur als „Begriff", als gleichsam ausgebrannter Leib. Und so, in seiner Funktion als Modell, wird zum Urquell, zum eigentlichen Schöpfer kunsthaft schöner Menschengestalt — wie Gott, als er den Adam schuf.

Aber der „Begriff" bedarf des begreifenden Künstlers, und der ist ein Mensch aus Fleisch und Blut. Damit kehrt sich die Rangfolge um: Wie Gott sich einst hinabließ und den Erdenkloß formte und ihm dabei ein bißchen von sich selber gab, so reckt der Künstler sich empor aus seiner Erdenschwere und erschafft Bildnisse, die viel mehr zeigen als das Abgebildete. Er verleiht ihnen eine Würde, die er selber nicht hat; er erhebt sie über den plumpen naturhaften Zugriff, indem er die kleinteiligen Formen zur „Einheit" zusammenfaßt, die Erregung des Lebendigen zur „Einfalt" bringt, das heißt beruhigt, und beides verschmilzt zum „Schönen Nackenden". Wenn die drei Momente zusammen kommen, wird die „Schönheit erhaben".

Noch einmal imaginiert Winckelmann Jugend, die nackt turnt vor Künstlern und so deren „Einbildung erhitzt", aber auch den Blick schärft und die Hand übt. Man weiß von Rodin, daß er in seinem Atelier in Meudon ständig weibliche und männliche Aktmodelle um sich hatte, weil er ihre Formen und Posen gründlicher kennenlernen und gleichsam naturhaft begreifen wollte. Ein solches Ambiente waren für Winckelmann die „Gymnasia", wo die Künstler zeichneten und nach Formulierungen suchten, während um sie herum schöne Jugend sich tummelte. Sie selber sei dem Idealen näher als der voll erwachsene Mensch, denn ihre Glieder und Formen seien noch nicht ganz ausartikuliert; die „Einheit", die der Künstler schaffen soll, sei bei ihnen Natur: „Ein schönes jugendliches Gewächs aus solchen Formen gebildet ist wie die Einheit der Fläche des Meers, welche in einiger Weite eben und stille, wie ein Spiegel, erscheinet, ob es gleich allezeit in Bewegung ist und Wogen wälzet."

Mit diesem Bild setzt Winckelmann Einheit gleich Distanz: Gerade in ihrer Schönheit ist Jugend unerreichbar, ist sie erhaben. Dem Ideal kommt sie nahe auch durch Ambivalenz, etwa als „Knabe mit dem Mädchenblick", wie es in einem Fragment des Anakreon heißt; ein antiker Steinschneider hat auf einer Gemme den Herkules so jung und hübsch gestaltet, daß der „Unterscheid des Geschlechts fast zweydeutig" bleibt. Dieses Kriterium für höchste menschliche Schönheit übernimmt Winckelmann ausdrücklich von einer Hetäre und assoziiert so die Vorstellung von sexueller Freizügigkeit; mit ihrer Hilfe führt er nunmehr Kunst und Leben eng zusammen in einem Gedankenspiel zur Entstehung der *Venus Medici*, dem damals berühmtesten antiken Frauenakt.

Sie steht nicht da in göttlich erhabener Ruhe, vielmehr in einer durchaus menschlichen Unruhe. Sie bemerkt, zu spät, daß sie von profanen Augen gesehen wird, und sucht sich vor dem Blick des imaginären – und des realen – Gegenübers zu schützen, indem sie mit der einen Hand ihren Busen und mit der anderen die Scham bedeckt; außerdem blickt sie zur Seite. Hier ist das Besondere der dargestellten männlichen Nacktheit negativ zu fassen: Kein *Kouros*, kein *Apoll* käme auf die Idee, so schamhaft dazustehen und wegzukucken! Und die Geste der Scham rettet nichts — sie ist jedoch ein hinreißender Einfall des Bildhauers zur Rechtfertigung weiblicher Nacktheit. Denn auch eine Venus ist normalerweise bekleidet.

Winckelmann springt nun in Gedanken vom unbekannten Bildhauer der *Venus Medici* zu dem berühmten Maler *Apelles*. Wie entstehen Götterbilder? Indem Künstler sich ideale Modelle suchen und diese zuerst sinnlich lieben und danach erst ihre Gestalt kunsthaft umsetzen in ein Bildwerk. Die berühmte Hetäre Lais habe dem Maler nicht nur Modell gestanden, sondern ihn auch „im Lieben unterrichtet, und ich bilde mir dieselbe so" – er sieht in der Haltung der steinernen Venus das Modell als eine andere „Lais" – „wie sie sich das erstemal vor den Augen des Künstlers" hat „entkleiden müssen."

Gegen den Sonderfall schöner weiblicher Nacktheit setzt Winckelmann die Norm: leichte Kleidung für Diana, schwere für Athena, Juno in wallender Hoheit. Sie ist eine „Königin" und verheiratet; die beiden anderen sind jungfräulich, die erste naiv, die zweite hat „alle Weibliche Schwäche ausgezogen, ja die Liebe selbst besieget". Alle drei führen unsichtbar Schillers Szepter der Sitte.

Über Erotik gebieten hingegen ganz direkt die im Wortsinn unverschämten jungen Männer, deren künstlerische Gestalt reines Entzücken freisetzt, auch beim systematischen Durchgang der Körperteile mit dem Blick des Fachmanns. Der schätzt an der Brust „eine prächtig gewölbete Erhabenheit" und verweist auf Anakreons Anweisung, wie dieses Teil seines Bathyllos zu malen sei; weibliche Busen hingegen dürften „niemals überflüßig begabet" sein. Ein Bauch vermag ihn regelrecht zu erschüttern: „Ich kann fast nicht ohne Thränen einen verstümmelten Bacchus (…) in der Villa Albani betrachten, an welchem der Kopf und die Brust, nebst den Armen, fehlen. Es ist (…) sein Gewand oder Mantel bis unter die Natur herab gesunken. (…) Keine einige Figur giebt einen so hohen Begriff von dem, was Anacreon einen Bauch des Bacchus nennet": Διονυσίην δε νηδύν.

Der Blick wandert und spiegelt sich reflexiv in sich selbst: „Auch die Theile der Schaam haben ihre besondere Schönheit; unter den Hoden ist allezeit der linke größer, wie es sich in der Natur findet: so wie man bemerket hat, daß das linke Auge schärfer siehet als das rechte." Nach so viel Physiologie zurück zur Poesie: „Dem Leser und dem Untersucher der Schönheit überlasse ich, die Münze umzukehren und besondere Betrachtungen zu machen über die Theile, welche der Maler dem Anacreon an seinem Geliebten nicht vorstellen konnte."

Sein wichtigstes Kapitel schließt Winckelmann mit einer Art Beschwichtigung: Die Kunst überhaupt und besonders die der Griechen sei eine delikate Materie, die sich weder dem raschen Blick erschließe noch einer notwendig knappen Darstellung wie der seinen. Er aber habe obendrein, nach langer Arbeit zu einem Kunstwerk, dem Leser auch etwas vermitteln wollen von seiner eigenen Erschütterung bei der ersten Begegnung, in der die Erotik am stärksten wirkt: „Der erste Anblick schöner Statuen ist (…) wie die erste Aussicht auf das offene Meer, worinn sich unser Blick verlieret und starr wird, aber in wiederholter Betrachtung wird der Geist stiller und das Auge ruhiger, und gehet vom Ganzen auf das Einzelne."

Winter 1762 – Sommer 1767:
Neapel, Rom, Neapel, Rom

Mit jungen Herren auf Grand Tour

Rom, ursprünglich nur Station auf dem Weg nach Neapel, erschien Winckelmann nunmehr als sein idealer Wohnort, denn nirgends lebte und arbeitete er so frei wie hier. Und er war am Ziel und Höhepunkt der „Grand Tour", jener Bildungsreise, mit der die Söhne von Adel und Bürgertum aus ganz Europa ihre Bildung vollenden und die Welt kennenlernen sollten. Jetzt war es die Reiselust der anderen, die ihn einholte; doch sie hat auch ihn selber nie verlassen. In den zwölf römischen Jahren ist er, bei allem Forschen und Führen und Schreiben, ständig umgegangen mit Reiseplänen. Sizilien wollte er kennenlernen und Griechenland, um dort endlich original Griechisches zu sehen; doch über Paestum ist er nicht hinaus gekommen. Auch dort war er nur ein Mal, dafür drei weitere Male in Neapel. Hier geht es zunächst um Umstände und Zeugnisse der beiden nächsten Reisen, der vom Winter 1762 und der vom Frühjahr 1764.

Die Stadt hatte ihn zuerst abgestoßen durch ihre schiere Größe und Hektik und Lärm; doch als Fundstätte von Antiken begann sie, Rom Konkurrenz zu machen; und wer über die Kunst des Altertums schreiben wollte, der mußte die Funde um den Vesuv in seine Darstellung einbeziehen. Viele Male hat Winckelmann die Sammlungen und die Ausgrabungen besichtigt, und neben wichtigen Zusätzen zu seinem Hauptwerk sind zwei kleinere Schriften daraus hervor gegangen, die große gleichsam flankierend und ebenfalls bei Walther in Dresden verlegt: 1762 das *Sendschreiben von den Herculanischen Entdeckungen* und 1764 die *Nachrichten von den neuesten Herculanischen Entdeckungen.* Es ging um Neues und Neuestes, um lang erwartete Informationen aus erster Hand, um eine Materie, die der Minister Tanucci als Staatsgeheimnis behandelte und dem Publikum erst und ausschließlich in den von ihm selber konzipierten Prachtbänden hatte bekannt machen wollen. Und nun dies: zwei Broschüren ohne Abbildungen, aber mit einem Text, den jeder verstehen konnte, und mit der bekannten Winckelmannschen Anschaulichkeit.

Er rechnete nicht damit, daß irgend jemand in Neapel seine auf deutsch verfaßten Schriften überhaupt wahrnahm; doch die erste hatte in Paris Beifall gefunden und war sofort ins Französische übersetzt worden. Und diese Übersetzung sorgte in Neapel für Aufregung und Ärger. Man sah sich nicht nur überholt – von dem geplanten großen Tafelwerk war erst ein Band erschienen – sondern auch kritisiert und getadelt wegen mangelnder Kompetenz. Eine Gegenschrift wurde verfaßt, ein „Pasquill" gegen den „Goten", der meint, er müsse den Italienern ihre Antike erklären! Es blieb nicht bei der gedruckten Schmähung, auch seine neapolitanischen Freunde wandten sich von ihm ab, selbst der herzensgute Padre della Torre, bei dem er dreimal gewohnt hatte. Winckelmann war entsetzt und fürchtete sogar tätliche Angriffe. Es gab dann noch einige schriftliche Spitzen hin und her, doch bei seinem vierten und letzten Aufenthalt im Herbst 1767 wurde er in Frieden und in Ehren empfangen, sein Beitrag zur Bewertung der neuen Funde stillschweigend anerkannt.

Beide Schriften trugen nach der Sitte des Jahrhunderts eine Widmung. Da es für alles Gedruckte nur ganz geringe Honorare gab, berechnet pro Bogen und nur bei der ersten Auflage, suchten die Autoren sich einen Sponsor, in der Regel einen Fürsten. Wer zwischen Titelblatt und Vorwort angesprochen und gerühmt wird, der hat seine Hand entweder schützend oder direkt offen über dem folgenden Werk gehalten. Die *Gedancken* sind dem sächsischen Kurfürsten Friedrich August gewidmet, die *Geschichte der Kunst des Alterthums* ist Huldigung an Kronprinz Friedrich Christian — kaum war sie gedruckt, war der erhoffte Sponsor-Protektor tot.

Das *Sendschreiben* trägt den Namen eines Grafen Heinrich von Brühl. Der war mit neunzehn Jahren auf Grand Tour geschickt worden und wurde von Winckelmann erst zu den Sehenswürdigkeiten Roms geführt und dann nach Neapel begleitet. Der junge Mann hatte aber weder an Führungen noch überhaupt an Antike Interesse — was Winckelmann sehr recht war, denn so hatte er die Reise gemacht ohne Fahrtkosten, und er konnte sich ungestört seiner eigenen Arbeit hingeben. Die Widmung zielt denn auch mehr auf den Vater Brühl, den allmächtigen Dresdner Minister, von dem Winckelmann noch immer Unterstützung erhoffte und, wenn nötig, eine spätere Anstellung am Dresdner Hof. Mit dem Inhalt seiner Schrift bediente er zugleich jene Wißbegierde, die ihn ursprünglich auf die italienische Reise geschickt hatte.

Die zweite Schrift, die *Nachrichten*, sind einem jungen Zürcher Bürger gewidmet: Johann Heinrich Füssli, der später Historiker wurde, nicht zu verwechseln mit seinem Vetter, dem gleichnamigen Maler. Dieser Rombesucher war das Gegenteil des Sächsischen Ministersohns, nämlich an Kunst und Antike interessiert und von Winckelmanns Person und Methode sofort begeistert. Der dankte es mit Freuden und ausführlicher Unterrichtung sowie jener Widmung. Galt die der ersten Schrift dem „Hochgebohrnen Herrn, Herrn Heinrich Reichsgrafen von Brühl" mit drei weiteren Titeln und Amtsbezeichnungen, so die zweite schlicht „Hn. Heinrich Fueßli aus Zürich", wobei die Kürzel Hn. für „Herrn" steht, was bisher ein Titel war, der nur dem Adel zustand; erst in Winckelmanns Jahrhundert wurde er vom Bürgertum als Anrede für sich selber usurpiert.

Auch im Gestus führt der Autor hier schlagend den Sittenwandel vor: Das *Sendschreiben* folgt dem Modell des persönlichen Briefes, indem es mit direkter Anrede des Empfängers beginnt und endet — die *Nachrichten* sind direkt einer breiten Öffentlichkeit zugedacht, für die Füssli als gebildeter Bürger steht. Deshalb folgt seinem Namen, den bei Brühl dessen weitere Titel ergänzen, nur ein lateinisches Motto nach Lukrez: Lebe in Würde! Im Text wendet sich der Autor direkt an das lesende Publikum, dem er die neuen Kenntnisse von Neapel „öffentlich mitzutheilen" wünsche, nachdem er dorthin erneut gereist sei „in Gesellschaft zweyer geliebten und gelehrten Freunde", nämlich Füsslis und Peter Dieterich Volkmanns, ein Bruder seines Begleiters nach Paestum.

Vor der Reise hatte Winckelmann dem Vater seines neuen Schülers, der nicht identisch war mit dem Unterstützer seiner ersten Neapelreise, geschrieben:

„Mein Herr!

Einem so edlen Jünglinge, wie ihr geliebter Sohn ist, Unterricht geben zu können, ist mir so lieb als etwas Würdiges geschrieben zu haben. Wenn ich ein Lehrer der Weißheit wie der Alterthümer seyn könnte, würde ich mit dem Socrates sagen: es ist beßer auf das Herz der Jünglinge schreiben als auf Papier.

Ich begleite denselben nach Neapel und bin versichert, daß kein Fremder so gelehrt als er zurück kommen werde.

Mir ist mehr zugefallen, als ich (habe) hoffen können; aber des Genußes der höchsten Menschlichen Glückseeligkeit, einen solchen Sohn erzeuget zu haben, bleibe ich beraubt, wogegen ich Rom und Neapel, ja ganz Italien vertauschen wollte." (640)

Bei dem Namen Sokrates wird der Empfänger gestutzt haben. Im 18. Jahrhundert wurde noch ernsthaft darüber gestritten, ob dessen Knaben-Liebe nur auf den Geist des schönen Schülers zielte oder auch auf seine leibliche Erscheinung. Moses Mendelssohn, der erste Übersetzer von Platons Schriften für den deutschen Sprachraum – Winckelmann schätzte ihn –, reduzierte den *Eros* des Meisters auf eine bloße *Agape*, und ein christlicher Gelehrter erhob ihn auf lateinisch gar zu einem „Sanctus Paederasta". Voltaire hingegen in seinem Artikel *Amour Socratique* spottete über jene Zeitgenossen, die den Philosophen als Tugendbold ausgaben, um sich selber als eben solche zu tarnen.

Von dem geliebten Sohn selber gibt es Berichte über die Monate in Rom und Neapel, die mehr als alle sonstigen Zeugnisse von Zeitgenossen der Nachwelt etwas vermitteln von Winckelmanns Charakter und von dem starken Eindruck, den er auf empfängliche Gemüter machte. Am 14. Dezember 1763 schreibt Heinrich Füssli aus Rom an seinen Freund Leonhard Usteri, der selber zwei Jahre zuvor dort gewesen war und ihn brieflich an Winckelmann empfohlen hatte:

„Höher können meine Wünsche nicht mehr steigen; mein Glück ist vollkommen: Ich bin in Winckelmanns Armen! Noch bin ich wie bezaubert, ich wandle unter den Ruinen des alten Roms und mitten unter den Denkmahlen ihrer Helden, sie erfüllen meine Seele am Tage mit hohen Gedanken, und des Abends steigen sie mir im Traume auf. — Wachend oder schlafend wohne ich nur in Tempeln von Göttern, und Marmor predigt mir Weisheit. — Itzt sitz ich an der Quelle all dessen, was groß und schön ist, und Winkelmann erklärt mir ihr geheimnißvolles Murmeln. — Bald erklärt er mir mit philosophischer Deutlichkeit den verschiedenen Geschmack der Nationen, ihre verschiedenen Epochen, steigt von Gattungen zu Arten und von diesen zu einzelnen Dingen herunter, und ein Geist, schwächer als der seinige, folgt ihm dennoch, ohne sich zu ermüden, denn er" – Winckelmann – „weiß, in welcher Ordnung er vortragen muß, damit sich die häuffigen Ideen nicht verwirren und eine die andere zu gehöriger Zeit wieder erweke. — Aber nach und nach erhebt sich sein Geist und ergießt sich über sein gantzes Gesicht aus, seine Augen werden blinkender, und er scheint begeistert wie sein Schutzgott, der Vaticanische Apollo; und in diesen Entzückungen, worein ich mit hingerissen werde, irren unsere Augen auf idealischen Schönheiten herum, sehen aber nur das gröbste, das übrige empfindet die Seele." (IV, 126)

Vom Enthusiasmus des Lehrers läßt er sich mitreißen, und seine Lehre gibt er rein wieder. Doch unter den „idealischen Schönheiten" trifft er eine Wahl, die auf ein wiederum abweichendes Sexualempfinden schließen läßt. Ein Jahr später, von Zürich aus, erinnert er sich noch gern der „väterlichen Sorgfalt", mit der ihm Winckelmann „die wankenden Begriffe des Schönen wie des Guten, des Geschmakes wie der Tugend" gefestigt habe. Derart vorbereitet, sei er dann losgezogen, und zwar allein, um die neue Lehre zu erproben, freilich zu keinem Antinous, keinem Apoll, vielmehr in die Villa Medici, weil in deren Garten „ein Grupp der höchsten weiblichen Schönheiten" stand:

„Niobe, meine Geliebte, du schöne Mutter schöner Kinder; du schönste unter den Weibern, wie lieb ich dich! Steh still, Wanderer! Lernensbegieriger Jüngling, steh mit Bewundrung stille! Das ist keine liebäugelnde Venus. — Fürchte dich nicht, sie will nicht deine Sinnen berauschen, sondern deine Seele mit Ehrfurcht erfüllen und deinen Verstand unterrichten: Nimm wahr die ernste Grazie auf ihrem Gesichte, die unnachahmliche Einfalt in den scharfen Formen der Köpfe ihrer Töchter. Kein Theil derselben ist von irgend eine Leidenschaft zuviel erhöht oder vertieft, ihr Augen sind nicht (...) schmachtend, sondern unschuldig und heiter offen. Ihre jungfräulichen Brüste erheben sich sanft; keine als die kindliche Liebe hat sie jemals aufgeschwellt. Es ist dir vergönnt, Jüngling! Athme bey diesem Anblick tiefer herauf, genieße einer reinen Wollust und kröne deinen Genuß mit dem stillen Wunsch, eine Gattin zu finden, die diesen Mädchen gleich sei." (IV, 126a)

Immer wieder mußte Winckelmann bei seinen Besuchern Rücksicht nehmen auf Interessen, die nicht die seinen waren. Er tat es souverän und ging sogar darauf ein, verlangte jedoch, jene sollten sich seiner Sicht so weit nähern, daß sie männliche Schönheit wenigstens ästhetisch wahrnahmen und würdigten. Dazu hatte Füssli durchaus die „Fähigkeit"; er war bereit, sich bilden und formen zu lassen. Darüber hinaus war er so aufmerksam und taktvoll, die Gefühle, welche der Meister ihm entgegenbrachte, nach bestem Vermögen zu erwidern. Noch auf der Rückreise schrieb er den ersten Dankesbrief: Er habe in seinem Lehrer einen wahrhaft väterlichen Freund, einen zweiten „Vater" gefunden und wolle sich nun als dessen würdiger „Sohn" erweisen; ihr beider Beziehung bitte er durch diese Bezeichnungen ausdrücken zu dürfen. Die Antwort kam umgehend:

„Geliebtester Fueßli!

Es wäre mir bey nahe der süße Name ‚geliebter Sohn' entfahren, zu welchem Sie mir in Ihrem mir jederzeit schätzbaren Schreiben aus Florenz Vollmacht gegeben haben, und da ich an Sie mit vorzüglicher Liebe schreiben will und muß, so finde ich kein Unterscheidungs-Wort, welches mehr als jenes das zärtliche Herz das für Sie wallet ausdrücke." (665)

Einen Monat später gab Winckelmann seiner Zuneigung einen temperierten Ausdruck und begründete dies: „Die Nachrichten von den neuesten Herculanischen Entdeckungen sind Ihnen auf dem Titel-Blade zugeschrieben. Ich hatte angefangen ein Sendschreiben an Sie zu entwerfen (...), da ich aber an meine

Freunde nicht kalt schreiben kann und ich der Freundschaft mehr geopfert hatte, als man gewohnt ist zu hören, zu empfinden und zu lesen, unterließ ich es, um mich nicht selbst öffentlich zu beschreyen. Wer weiß was selbst bey Ihnen ein solches Sendschreiben zu denken veranlaßet hätte." (667) Er verschweigt, daß er sich kurz zuvor auf diese Weise offenbart hatte.

„Ich war verliebt, und wie!"

Zwei Jahre zuvor, im April 1762, waren drei junge Adlige auf Bildungsreise nach Rom gekommen und hatten sich von Winkkelmann führen lassen, zwei Grafen und der Baron Friedrich Reinhold von Berg aus Livland. Nach drei Wochen bereits reisten sie weiter. Winckelmann jedoch hatte der Blitz getroffen, der zweite in seinem Leben. Der Brief, den er aus seiner Erschütterung heraus schrieb, ist zugleich ein Nachruf auf das Glück.

„Rom, den 9. Jun. 1762.

Edler Freund!

So wie eine zärtliche Mutter untröstlich weinet um ein geliebtes Kind, welches ihr ein gewaltthätiger Prinz entreißt und zum gegenwärtigen Tod ins Schlachtfeld stellet; eben so bejammere ich die Trennung von Ihnen, mein süßer Freund, mit Thränen, die aus der Seele selbst fließen. Ein unbegreiflicher Zug zu Ihnen, den nicht Gestalt und Gewächs allein erwecket, ließ mich vom ersten Augenblicke an, da ich Sie sahe, eine Spur von derjenigen Harmonie fühlen, die über menschliche Begriffe gehet und von der ewigen Verbindung der Dinge angestimmet wird. In 40 Jahren meines Lebens ist dies der zweyte Fall, in welchem ich mich befunden, und es wird vermuthlich der letzte seyn. Mein werther Freund, eine gleich starke Neigung kann kein Mensch in der Welt gegen Sie tragen: denn eine völlig Übereinstimmung der Seelen ist nur allein zwischen zween möglich; alle anderen Neigungen sind nur Absenker aus diesem edlen Stamme. Aber dieser göttliche

Trieb ist den mehresten Menschen unbekannt und wird daher von vielen übelverstanden gedeutet. Die Liebe in dem höchsten Grad ihrer Stärke muß sich nach allen möglichen Fähigkeiten äußern

I thee both as Man and Woman prize
For a perfect love implies
Love in all capacities. — Cowley.

und dies ist der Grund, worauf die unsterbliche Freundschaften der alten Welt, eines Theseus und Pirithous, eines Achilles und Patroclus gebaut sind. Freundschaft ohne Liebe ist nur Bekanntschaft. Jene aber ist heroisch und über alles erhaben; sie erniedrigt den willigen Freund bis in den Staub und treibt ihn bis zum Tod. Alle Tugenden sind theils durch andere Neigungen geschwächet, theils eines falschen Scheines fähig; eine solche Freundschaft, die bis an die äussersten Linien der Menschlichkeit gehet, bricht mit Gewalt hervor und ist die höchste Tugend, die itzo unter den Menschenkindern unbekannt ist (...). Die christliche Moral lehret dieselbe nicht; aber die Heiden beteten dieselbe an und die größte Thaten des Alterthums sind durch dieselbe vollbracht.

Ein einziger Monat Ihres verlängerten Aufenthalts in Rom und mehr Muße, mit Ihnen, mein Freund, besonders zu sprechen, würden diese Freundschaft auf unbeweglichen Grund gesetzt haben, und alle meine Zeit wäre Ihnen gewidmet gewesen. Demohngeachtet hätte ich mich in starken und schriftlich unaussprechlichen Worten erklären müssen, wenn ich nicht gemerket (hätte), daß ich Ihnen in einer ungewöhnlichen Sprache reden würde. Sie können also glauben, daß ich nicht bezahlt seyn wolle; Ihre gütige Meynung aber", sein Angebot eines Honorars, „behält, ohne dieselbe statt finden zu lassen, allen ihren Werth, und ich küsse Ihnen die Hände, wie für einen großen Schatz, welchen Sie mir hätten schenken wollen. Der Genius unserer Freundschaft wird Ihnen von ferne folgen bis Paris und Sie dort in dem Sitze der thörichten Lüste verlassen; hier aber wird Ihr Bild mein Heiliger seyn.

Dem theuren Herrn Grafen von Münnich (…) werden Sie mich bestens empfehlen. (…) Sie, mein Edler, Geliebter, küsse ich mit Herz und Geist, und ersterbe

Ihr unterthäniger Diener und eigener und ewiger Freund Johann Winckelmann."

Es folgt eine ganze Seite mit Leseempfehlungen: eine Poetik in italienischer Sprache, den Homer auf englisch, den Plato auf französisch, sowie den *Essay on Man* von Pope. Ferner Grüße an zwei hier bereits genannte Pariser Bekannte, den Kupferstecher Wille und den Abbé Barthélemy. Und noch einmal die Frage: „warum haben Sie mir nicht Gelegenheit gegeben, mündlich mit Ihnen zu sprechen?" (488)

Friedrich von Berg war, als er sich mit zwei Freunden auf die Grand Tour machte, 25 Jahre alt, also ein fertiger junger Mann. Kunst und Antike scheinen ihn nicht übermäßig interessiert zu haben; denn er war nicht nur jeder Annäherung Winckelmanns ausgewichen, sondern hatte auch dessen Cicerone-Qualitäten kaum wahrgenommen. Dagegen war dann Füsslis Lerneifer ein rechter Balsam; doch keiner der künftigen hohen und meist jungen Besucher konnte den Schmerz lindern um den, an dem die Liebe hing. Seine Empfindungen für den Schweizer nennt Winkkelmann väterlich — der Vergleich mit einer Mutter, die „untröstlich weinet", kündet von einem tieferen Gefühl und schließt direkt an den vor diesem „zweyten" liegenden ersten „Fall" an: Peter Lamprecht. Mehrfach hatte er versucht, ein Lebenszeichen von ihm zu erhalten, ohne Erfolg; und nun fürchtete er, daß jener in einer der Schlachten von Friedrichs Siebenjährigem Krieg gefallen war. Die „Mutter" seines Vergleichs ist der Briefschreiber selber, der sich in der Blütezeit seiner ersten Liebe mit der „Venus" des Ovid gleichgesetzt hatte.

Da Berg kein Latein konnte, griff Winckelmann zu Versen eines englischen Autors, um dem, was er sagen wollte, das Gewicht einer Weltweisheit zu geben und weil es sich so leichter sagt als im Deutschen. Der zitierte Autor Abraham Cowley, im Brotberuf Geistlicher, lebte ein halbes Jahrhundert nach Shakespeare und war zu seiner Zeit berühmt für seine Gedichte im Stil Anakreons und Pindars. Seine Gedichte, publiziert in einem Folio-Band unter dem Titel *The Mistresse*, kreisen um Liebe zu einer jungen Frau. Winckelmann zitiert aus dem Gedicht mit der Überschrift *Platonick Love* — Platonische Liebe:

Indeed I must confesse,
When Souls mix 'tis an happinesse;
But not compleat 'til Bodies too do joyne,
And both our Wholes into one Whole combine:
But halfe of Heaven the Souls in Glory tast,
    'Till by Love in Heaven at last,
    Their Bodies too are plac't.

In thy immortal part,
Man as well as I thou art.
But something 'tis that differs Thee and Me;
And we must one even in that difference be.
I Thee, both as a man and woman, prize;
    For a perfect Love implies
    Love in all Capacities.

— Ja, ich muß gestehen,
Wenn sich zwei Seelen mischen, das ist Glück,
Doch unvollständig, bis auch die Körper sich verbinden
Und unsere beiden Ganzheiten in eine zusammenziehen.
Nur den halben Himmel erfahren die Seelen in solcher Glorie.
    Bis durch die Liebe in den Himmel endlich
    Auch die Körper versetzt sind.

In dem, was an dir unsterblich ist,
Bist du, wie ich, ein Mann/ein Mensch.
Doch es gibt etwas, das dich von mir unterscheidet,
Und wir müssen eins sein gerade in diesem Unterschied.

Ich verehre dich als Mann/Mensch und als Frau,
Denn vollkommene Liebe
Schließt alle Fähigkeiten ein.

Das ist sonderbar: Cowley macht sich Sorgen um eine Diffe-renz, die sich in der Liebesdichtung, wo es um Mann und Frau geht, von selbst versteht. Wäre hier keine — das wäre ein Thema! Das ist es zum Beispiel in Shakespeares Zwanzigstem *Sonett*, das dem „Master Mistress of my passion" gilt, „meiner Leidenschaft Meister-In" oder „Auslöser-In". Sein Gesicht sei schön wie das ei-nes Mädchens, sein Herz weniger falsch als Mädchenherzen. Sein Wesen ziehe gleichermaßen Männer und Frauen an.

And for a woman wert thou first created,
Till Nature as she wrought thee fell a-doting
And by addition me of thee defeated,
By adding one thing to my purpose nothing.
But since she prick'd thee out for women's pleasure,
Mine be thy love and thy love's use their treasure.

— Und als Frau warst du zuerst erschaffen,
Bis Natura mitten in der Arbeit den Kopf verlor
Und durch eine Zutat dich für mich wertlos machte;
Sie tat hinzu, womit ich nichts anfangen kann.
Da sie den Sporn dir gab für das Vergnügen der Frauen:
Mein sei deine Liebe — ihrer deren Gebrauch.

Cowley folgt Shakespeares Gedankengang, doch wo dieser an seinem Adressaten einen *prick* entdeckt, da findet der andere bei seiner Adressatin eine *difference* und baut diese umständlich ein in sein Schema von platonischer Liebe, welche Vereinigung bedeute nicht nur der Seelen, sondern auch der Leiber. Die wahrhaft um-fassende Spannung und Anziehung zwischen zwei Menschen – *perfect love* – erwachse aus dem Unterschied der Geschlechter und dem Gleichklang der Seelen. Cowley versucht gleichsam, vor Fi-cino zurück zu gehen und das platonische Ideal fest zu machen an

Adam und Eva. Für Montaigne war gerade dieses ausgeschlossen; er unterschied kategorisch zwischen Hetero-Sex und Homo-Soul, zwischen Ehe und Liebe.

Winckelmann nun stellt sich, wie schon bei Ovid, einfach hinein in den fremden Text; er travestiert sich damit und parodiert ihn. Bezogen auf Friedrich von Berg will er sagen: Ich schwärme von Ihnen, wie man von Geliebten schwärmt, ob Mann, ob Frau — es ist in dem ganz seltenen Fall der Vollkommenheit gleich und auch gleich wert, eben *perfect love*. Diese müsse sich „nach allen möglichen Fähigkeiten äußern". Zu dem Wort „Fähigkeiten" fallen ihm Cowleys Verse ein über die *capacities*. An dem Wort „Fähigkeit" wird Winckelmann seine Trauer abarbeiten in einer neuen Schrift zur Kunst.

Gefragt ist im Brief zunächst Bergs „Fähigkeit", analog zu Cowleys *Mistresse*, eine Freundschaft mit Liebe einzugehen. Was dort aber das glückliche Erreichen des Normalen bedeuten würde, wäre hier ein Wunder oder eine Katastrophe. Winckelmann verzichtet von vornherein auf alles erdenkbare Leibliche und erklärt sich bereit zu ganz strengem Glück, dem allerstrengsten sogar, zu Manneszucht und Todesmut nach antiken Vorbildern. Doch dem Umworbenen scheint auch dieses heroisch verhaltene Werben um seiner tiefen Ursache willen tief mißfallen zu haben; nach drei Wochen reiste er ab nach Florenz und von dort geradewegs zum „Sitz der thörichten Lüste".

Es war die alte Krux: Die jungen Herren bewundern die Werke der Antike; sie träumen aber und phantasieren von einer Venus, von einer Niobide. Und manch einer will in dieser Richtung nicht nur träumen, sondern auch etwas erleben. Im Entwurf zu einem Brief an einen der Begleiter Bergs, der allein mit anderem Ziel weitergereist ist, läßt Winckelmann seinem „Unmuth" freien Lauf: in Rom hätten die Herren kaum etwas ernsthaft besichtigt und ihre kurze Zeit nicht einmal richtig genutzt. Was werden sie tun in Florenz, bei viel längerem Aufenthalt? Und in Paris?

Vermutlich dasselbe wie in Florenz: „die Welt ist ja voll von verhurten Weibern". (504)

In einem Brief vom selben Tag an seinen Dresdner Verleger bittet Winckelmann um Nachricht, ob „Hr. Peter Frid. Wilhelm Lambrecht noch am Leben sey, wo er sich befindet, und was vor eine Stelle er bekleidet, ingleichen ob er verheirathet ist. Man muß aber nicht melden, daß die Anfrage von mir kommt. Es ist mir sehr viel an einer richtigen und umständlichen Nachricht gelegen." (502)

Berg läßt lange nichts von sich hören. Dann schreibt er aus Paris, höflich, zuvorkommend, beflissen: Bei Avignon sei ihre Kutsche umgekippt, wobei er sich den Fuß so böse verstaucht habe, daß er noch immer behandelt werden müsse. Die empfohlenen Bücher habe er bis auf eines angeschafft, und er werde, wie empfohlen, Popes *Essay on Man* auswendig lernen; zuvor müsse er erst noch eine gründliche Kenntnis der englischen Sprache erwerben, womit er sich zur Zeit befasse, was ihm viel Freude mache. „Hr. Graf von Münnich empfiehlet sich Ihnen gehorsamst, und ich habe die Ehre mit der zärtlichsten Freundschaft und Hochachtung ewig zu beharren

Meines theuresten Freundes sein gehorsamer Diener
Friedrich Reinhold von Berg." (IV, 56)

Nun hatte Winckelmann zwei ferne Geliebte. Was er bei dem ersten nur in Gedanken durchgespielt hatte, das will er bei dem zweiten verwirklichen: ihn an sich binden durch die Widmung einer Schrift. In einem Brief an den Zürcher Vertrauten Leonhard Usteri beklagt er sich über Peter Lamprecht: er „war undankbar und ist es geblieben; aber nicht vergeßen, und ich hätte ihm, mit Ausschluß aller Absichten, meine *Geschichte der Kunst* zugeschrieben, lieber als einem Könige", – Friedrich Christian von Sachsen – „wenn er mir nur ein einziges mahl geschrieben hätte." (540)

Dem selben Usteri ließ er bald darauf ein Exemplar seiner jüngsten Abhandlung schicken und schrieb dazu: „Der Punct von

218

der neuen Schrift ist folgender; ich muß es nur bekennen. Ich war verliebt, und wie! in einen jungen Liefländer und (...) ich wollte ihm alle mögliche Zeichen meiner Neigung geben; und ich hätte ihm vielleicht die Zuschrift der *Geschichte* selbst zugesaget, wenn ich hätte ändern können." So habe er ihm einen gelehrten Brief versprochen; daraus „wurde eine Schrift. Der Anfang ist aus dem Pindarus." (579) Und das Ganze war in der Tat ein „Pindarisches" Werk.

Als Berg im Juni 1763 aus Hamburg schrieb, konnte ihm Winckelmann ankündigen, daß er „die an Sie gerichtete Schrift" in Kürze erhalten werde: „Das Format wird das größte seyn, welches zu finden ist, damit dieselbe an die Geschichte der Kunst (...) kann gebunden werden." Diese Verbindung hat zweifach symbolischen Charakter: Die „Schrift" wird zur Gebrauchsanleitung für die *Geschichte*, und „Berg" wird festgemacht an „Winkkelmann".

Er sei jetzt fest entschlossen, heißt es weiter, für immer in Rom zu bleiben; mit den Gelehrten in Neapel sei er wieder ausgesöhnt, doch eine erhoffte neue Reise dorthin habe er verschieben müssen. „Um wiederum auf Ihre Schrift zu kommen, so versichere ich Ihnen, daß ich mir viel Gewalt (habe) anthun müssen, um nicht mehr zu sagen, als ich gesagt habe; wie ich würde gethan haben, wenn ich meiner Passion hätte folgen wollen. Aus eben diesem Grunde schreibe ich itzo nicht, wie ich sonst schreiben würde. Aber ich liebe Sie nicht weniger, als da ich Sie gegenwärtig hatte." (572)

Stosch scheint Bedenken geäußert zu haben, denn Winckelmann schickte ihm „die Bergische Schrift" mit der halb entschuldigenden Bemerkung, ihm werde „dieselbe nicht angenehm seyn." (617) Als aber im Februar 1763 ein Brief von Berg kam, da antwortete er postwendend — und zwar ohne sich Gewalt anzutun:

„Geliebtester, schönster Freund!

Alle Namen, die ich Ihnen geben könnte, sind nicht süß genug und reichen nicht an meine Liebe, und alles, was ich Ihnen sagen könnte, ist viel zu schwach, mein Herz und meine Seele reden zu lassen. Vom Himmel kam die Freundschaft, und nicht aus menschlichen Regungen. Mit einer gewissen Ehrfurcht näherte ich mich Ihnen; daher ich bey Ihrer Abreise des höchsten Gutes", eines klaren Verstandes, „beraubt zu seyn schien. Was hätte ich nicht schreiben müssen, wenn nur unter hunderten meiner Leser ein einziger dies hohe Geheimniß begreifen könnte. Mein theuerster Freund, ich liebe Sie mehr als alle Creatur, und keine Zeit, kein Zufall, kein Alter kann diese Liebe mindern; aber entfernt zu seyn, ohne sich mit Briefen erreichen zu können" – Berg lebte hoch im Norden fernab aller Poststationen – „ist mit fast schmerzhafter als selbst der Abschied." Trotz solcher Entfernung „mache ich mir noch allezeit einige Hoffnung, Sie vor meinem Ende zu umarmen, welches ich nur einmal und voller Furcht und Verwirrung gethan habe."

Er dankt Berg für seine Subskription auf die *Monumenti inediti*, das inzwischen begonnene große Tafelwerk in italienischer Sprache und meldet seine baldige Abreise nach Neapel. Mit keinem Wort erwähnt er seine beiden Begleiter, er selber sei unterwegs in Gedanken anderswo, da er sich „mit der geliebten Idee meines Freunde unterhalten werde. Wie glücklich würde ich seyn, Sie zur Seite zu haben! Sie stehen mit mir auf, Sie gehen mit mir schlafen! Sie sind der Traum meiner Nacht." (634)

Drei Jahre später teilt Winckelmann einem anderen seiner jungen adligen Besucher mit: „Der Herr von Berg hat (sich) endlich überwunden, aus Riga zu schreiben"; er sei „bereits seit mehr als einem Jahr verheirathet" und hoffe, bald Vater zu werden: „und verspricht mir, seinen Sohn nach Rom zu schicken, welchem ich alsdenn, wenn ich mir ein so hohes Alter versprechen könnte, wenig nützlich seyn könnte." Und wieder greift er nach dem älteren Ziel seiner Sehnsucht: er habe sich „die Freyheit genommen, Sie mit einem Briefe an Hrn. Lambrecht nach Küstrin zu beschweren". (738)

Die Bergische Schrift

Lange hatte Winckelmann sich mit dem Wunsch getragen, den schönen Florentiner Niccolo Castellani von Rom aus nachträglich und indirekt zu erreichen durch eine Publikation, in welchem dieser als das lebende Exempel benannt und als Muster gerühmt werden sollte, als Veranlasser einer Untersuchung der Kriterien menschlicher Schönheit in den Werken der Kunst. Die Begegnung war flüchtig gewesen, und „keine Neigung war so rein als diese." (591) Stosch hatte dennoch Bedenken erhoben, und so war der Plan erst einmal zur Seite gelegt worden. Im folgenden Jahr wollte der Autor den *Nachrichten* aus Herkulaneum ein an Füssli gerichtetes „Sendschreiben" voran stellen, hat dies aber dann nicht getan, da er in seinem Entwurf „der Freundschaft mehr geopfert hatte, als man gewohnt ist, zu hören, zu empfinden und zu lesen", und er fürchtete, sich „öffentlich selbst zu beschreyen." (667)

Das war nicht der Grund. Füsslis „Gewächs" scheint nicht der Rede wert gewesen zu sein — bei Berg war dieser Aspekt unübersehbar. Und in der ihm gewidmeten Schrift hatte er bereits, ein Jahr vor dem unterlassenen „Sendschreiben" an Füssli, das aus Florenz mitgebrachte Projekt verwirklicht. Hier offenbart sich Winckelmann mit dem Mut der Verzweiflung und kommt zur Sache *senza ritengo*. Der Titel lautet *Abhandlung von der Fähigkeit der Empfindung des Schönen in der Kunst, und dem Unterrichte in derselben*. Darunter die Widmung „An den Edelgebohrnen Freyherrn, Friedrich Rudolph von Berg, aus Liefland." Was folgt, klingt wie ein Privatbrief, der versehentlich zum Druck befördert worden ist.

„Mein Freund!

(…) Der Inhalt" der vorliegenden Abhandlung „ist von Ihnen selbst hergenommen. Unser Umgang ist kurz, und zu kurz für Sie und für mich gewesen; aber die Übereinstimmung der Geister meldete sich bey mir, da ich Sie das erstemal erblickte. Ihre Bildung" – Gestalt – „ließ mich auf das, was ich wünschte, schließen, und ich fand in einem schönen Körper eine zur Tugend geschaffene Seele, die mit der Empfindung des Schönen begabt ist. Es war mir daher der Abschied von Ihnen einer der schmerzlichsten meines Lebens (…). Es sey dieser Aufsatz ein Denkmaal unserer Freundschaft, die bey mir rein ist von allen ersinnlichen Absichten, und Ihnen beständig unterhalten und geweihet bleibet."

Ein Aufsatz über Fragen der Ästhetik soll das Monument einer privaten Beziehung werden, deren prinzipielle Anstößigkeit gemindert wird durch die Unmöglichkeit, sie anders zu verwirklichen als in schriftlicher Form. Der Geliebte ist sehr fern, der Liebende leugnet, wie bereits anläßlich des ersten Projekts, „Absichten" seinerseits; doch die *Abhandlung* zielt auf die Aufhebung beider Momente. Der Verfasser sucht den Adressaten zu gewinnen für die Einhaltung einer Absprache. Diese Absprache umklammert den Text. An dessen Ende steht eine Hoffnung: „Ihnen, mein Freund, wünsche ich wiederzukommen." Wunsch und Bitte verquirlen den Satz; der Erwünschte soll wünschen, was der Verfasser erhofft, gestützt auf die Erinnerung an den flüchtigen Konsens des letzten gemeinsam verbrachten Abends: „Dieses war Ihr Versprechen"!

Am Empfänger liegt es nun, dieses einzulösen, nachdem der Verfasser das seinige, nämlich die Ehrung des Empfängers durch eine „Schrift", mit der *Abhandlung* wahr gemacht hat. Dabei hat es zwischen brieflicher Ankündigung und Niederschrift eine Verzögerung gegeben. Auf sie beziehen sich ganz zu Anfang als Motto zwei Zitate aus Pindars zehnter *Olympischer Ode*, von denen nur das weniger verfängliche aus dem Griechischen übersetzt ist: „Die

mit Wucher bezahlte Schuld hebet den Vorwurf." Pindar nämlich hatte dem Sieger im Faustkampf der Knaben ein Preislied versprochen und diesen dann lange darauf warten lassen; dafür sei es
aber am Ende über Erwarten gut geraten. Das andere Zitat bildet
den Schluss der Ode, den der Leser in einer Pindar-Übersetzung
nachlesen muß (hier die ganze Stelle, das Zitat selbst kenntlich gemacht durch Gedankenstriche):

den lieblichen Sohn des Archestratos (…)
habe ich siegen gesehen mit der Stärke der Hand
bei dem Altar in Olympia zu jener Zeit;
er war (–) schön von Gestalt
und vollendet in der Jugend Blüte (–), die einst
dem Ganymedes den schamlosen Tod abwehrte mit Hilfe der
Göttin der Liebe.

Die eigentliche *Abhandlung* vermittelt Ratschläge zum Erwerb von Sachkenntnis und Urteilskraft. Der Schüler soll erkennen lernen, ob ein bestimmtes Kunstwerk die nötigen Qualitäten
hat, ob es seinen Gegenstand „richtig", das heißt naturgetreu wiedergebe. Um Kenner zu werden, müsse er sehen lernen mit den
Augen eines Künstlers. Dessen Arbeit bestehe darin, das Gesehene
umzusetzen. Der Autor nennt Beispiele für gutes und schlech-
tes Umsetzen von Natur in Kunst. Der Kenner wiederum müsse
das Kunstwerk mit einem Blick sehen, mit einem Zugriff erfassen können. Er solle das Zarte dem Heftigen vorziehen, die Ruhe
der Bewegtheit. Und das Schöne müsse er sich „lebhaft" vorstellen, es durch seine Emotion gleichsam zu höherem „Leben" er-
wecken und so Natur und Kunst versöhnen. Zu all dem brauche
es Zeit, materielle und geistige Freiheit, und „Muße". Den Schluß
bildet, mit Stichworten zur Kunstgeschichte und zur Bedeutung
Roms als zentralem Ort der Anschauung, ein „Vorschlag zum Unterrichte eines Knabens". Um diesen geht es eigentlich: um den
zu Unterrichtenden.

Winckelmann beschreibt das gemeinsame Betrachten von Kunstwerken als eine Schule der Erotik. Er legt ihr – wie bereits seiner *Geschichte der Kunst des Alterthums* – die Struktur der eigenen Sensibilität zu Grunde, die er an den Werken der Kunst ausgebildet hat und nunmehr auf den idealen Schüler übertragen möchte. Dessen Bereitschaft ruht neben einer anderen, rein naturhaften: der Erotik; sie muß aktiviert werden: „Bey angehender Jugend ist diese Fähigkeit, wie eine jede Neigung, in dunkele und verworrene Rührungen eingehüllet und meldet sich wie ein fliegendes Jucken in der Haut, dessen eigentlichen Ort man im Kratzen nicht treffen kann. Es ist dieselbe in wohlgebildeten Knaben eher als in andern zu suchen, weil wir insgemein denken, wie wir gemacht sind" — ein Satz, der nicht, wie der erste, aus eigener Erfahrung stammt, vielmehr dem Wunsch entspringt, der wohl gestaltete Empfänger möchte „denken" wie er selber, der nicht durch sein Äußeres wirkte. Lichtenberg, der zu den klügsten Menschen seiner Zeit gehörte und einen Buckel hatte, war empört über solchen physiognomischen Rassismus; der Verfasser bessert selbst nach: — „in der Bildung aber weniger als im Wesen und in der Gemüthsart: ein weiches Herz und folgsame Sinnen sind Zeichen solcher Fähigkeit."

Diese muß, erstens, von Natur aus vorhanden sein: „Wo diese Empfindung nicht ist, prediget man Blinden die Kenntniß des Schönen, wie die Musik einem nicht Musikalischen Gehöre." Zweitens muß sie angelegt sein als Ambivalenz: „Da ferner die Menschliche Schönheit, zu Kenntniß, in einem allgemeinen Begriff zu fassen ist, so habe ich bemerkt, daß diejenigen, welche nur allein auf Schönheiten des Weiblichen Geschlechts aufmerksam sind und durch Schönheiten in unserm Geschlechte wenig oder gar nicht gerühret werden, die Empfindung des Schönen in der Kunst nicht leicht eingebohren, allgemein und lebhaft haben." Denn wer als Mann zur Bewunderung einer männlichen Gestalt nicht „fähig" sei, der werde die griechische Kunst nicht verstehen,

„da die größten Schönheiten derselben mehr von unserm als von dem andern Geschlechte sind."

Kunstwerke zu würdigen bedürfe es besonderer Anstrengung, die freilich in Abstaktionen enden würde ohne den Impuls natürlicher Sinnlichkeit: „Mehr Empfindung aber wird zum Schönen in der Kunst als in der Natur erfordert, weil jenes, wie die Thränen im Theater, ohne Schmerz, ohne Leben ist und durch die Einbildung erwecket und ersetzet werden muß. Da aber diese weit feuriger in der Jugend als im Männlichen Alter ist, so soll die Fähigkeit, von welcher wir reden, zeitig geübet und auf das Schöne geführet werden, ehe das Alter kommt, in welchem wir uns entsetzen zu bekennen, es nicht zu fühlen."

Der Germanist Heinrich Detering deutet den Text als frühes Beispiel literarischer *camouflage*: „Wo es um das Schöne und die Kunst geht in dieser Abhandlung, geht es immer auch um den Geliebten." Jeder Leser habe es ahnen können, der Widmungsträger habe es wissen müssen: „jede Seite" sei „durchtränkt mit Bergs Bild".[48] Zum Modell ihrer Beziehung wird der Vatikanische *Apoll*, indem er hineingezogen wird in ein höchst verfängliches Gleichnis, gewonnen aus der Praxis des Abformens von Skulpturen: „Das wahre Gefühl des Schönen gleicht einem flüssigen Gipse, welcher über den Kopf des Apollo gegossen wird und denselben in allen Theilen berühret und umgiebt." Indem die Seele das Schöne wahrnimmt, formt sie es ab, gleicht sie sich seiner Form an. Auslöser kann ein Kunstwerk sein oder ein Mensch. Ein „weiches Herz" schmiegt sich „folgsam" fester Schönheit an und prägt sich deren Formen ein in vollkommener Umarmung. Gemeint ist der begeisterte Schüler, der entzückte Lehrer, ist Hingabe von beiden Seiten.

Eine frühere Bemerkung zu diesem Thema findet sich in der *Geschichte der Kunst des Alterthums*, an die der Käufer die *Abhandlung* anbinden lassen konnte. Dort ist jenes Fresko in Neapel beschrieben, auf dem man sieht, wie Chiron den jungen Achill die

Kithara spielen lehrt. Es geht um Fähigkeit und Fertigkeit aus der Perspektive des Knaben. Dieser blickt zu dem Kentaur empor; in seinem Blick aber liege „eine voraus eilende Lehrbegierde, um den Lauf seiner jugendlichen Unterrichtung zu endigen". Hier ist nicht von Achill die Rede, der ja nicht Schulmeister, sondern, als Heros, Gegenstand des Unterrichts wurde. Für Winckelmann reagiert der Schüler des Wandbildes auf den Eros des Pädagogen nicht unsensibel, sondern ungeduldig: die Lehre rasch vollenden! Nur ein Lehrender ist ein vollkommen Liebender.

Würdige Bürger und adelige Herren

Junge Männer aus vermögenden Familien pflegten ihre Ausbildung abzuschließen durch eine Bildungs-Reise, zu deren Höhepunkten Paris und Rom gehörten. Ziel war nicht nur Belehrung, sondern auch Unterhaltung, war die Aussicht auf hohe Kunst und volles Leben. Die „thörichten Lüste", welche Winckelmann den Franzosen zuschrieb, hatten ihren Sitz durchaus auch in Italien, wobei der Einfluß der Fremden belebend wirkte. Casanova hat die Sittenstrenge der Römerinnen beklagt, sich dann aber schadlos gehalten und sogar – wenn auch nur zuschauend – teilgenommen an der panerotischen Orgie, die ein reicher junger Engländer gemeinsam mit Dirnen und Abbaten feierte. Von derlei wird auch Winckelmann gehört haben; ob er je seine Genußfähigkeit so weit erprobt hat, wissen wir nicht.

Er wußte jedoch, daß viele seiner Kunden sich durch das gewaltige Programm an antiker Kunst gebremst fühlten in ihrem Elan, der auf Leben zielte. Bei Berg hat ihn dies geschmerzt und gekränkt; alle, die nach ihm kamen, wurden auf das Wesentliche eingeschworen und ermahnt, „nicht auszuarten" (381), das heißt Entsagung zu üben gegenüber dem Naturschönen, um an Kunstkenntnis und Geschmack so viel wie möglich zu gewinnen. Hierzu war Interesse nötig, und dieses eignete nicht allen Ständen gleichermaßen: es war oft eher umgekehrt proportional zum Rang der Person.

In Winckelmanns Briefen artikuliert sich ein national getönter Bürgerstolz. Bürgerssöhne waren ihm willkommen, weil sie eine Ausbildung hatten wie die Adligen, ihr Ansehen in der Welt aber selber erringen mußten. Mit besonderer Sympathie begrüßte und betreute er die jungen Schweizer, von denen Heinrich Füssli sein aufmerksamster Schüler wurde. An ihn sind einige der schönsten Briefe Winckelmanns gerichtet, und er selbst erinnerte sich gern an ihn: „Ein unschuldigeres Kind bey großem Talente (…) habe ich niemals kennen lernen. Er scheinet mir ein Bild der Tugend in Fleisch und Bein zu seyn, und der ersten Menschen aus der goldnen Zeit. Sein Vater muß ein sehr weiser Mann seyn, welcher nichts in der Erziehung verdorben. Ich habe mit demselben gleichsam wie mit einem Kinde gespielet, und mit keinem Fremden bin ich mehr gleichsam handgemein worden; denn ich nahm mir gleichsam Vaters Recht über denselben an; zu gleicher Zeit aber habe ich ihm alles gesagt, was ich weiß, und er hat alle meine Handschriften gelesen." (720)

Das klingt, als zitiere Winckelmann aus dem soeben erschienenen Erziehungs-Roman *Emile* von Jean-Jacques Rousseau, dessen Held auf dem Lande die Frühformen der Zivilisation kennen und achten lernen soll, ehe er das väterliche Erbe – bürgerlich, aber mit Stadtwohnung und Landhaus – in Ehren mehrt und den Stammbaum verlängert. So nämlich wohnt das Glück – und nicht an Fürstenhöfen, wie zu betonen Winckelmann nicht müde wird. Darum haben Prinzen es schwerer als andere Jugendliche; aber die feineren unter ihnen wissen das und lesen Rousseau und tragen schwer an ihrer ethischen Sonderpflicht.

So jedenfalls stand es um den Erbprinzen Karl Wilhelm Ferdinand von Braunschweig, der sehr verschlossen und asketisch wirkte, so als fürchte er, „sein eigenes Vergnügen gereiche zum Nachtheil seines Landes." (848) Dabei war er interessiert und bestand auf endlosen Gängen zu zweit durch das antike Rom. „Viele Wahrheiten habe ich bey (dieser) Gelegenheit den Fürsten- kindern" – dem einen stellvertretend für alle – „gesagt, und nichts öfter, als daß ich Gott danke, kein großer Herr zu seyn; die wahre Frölichkeit ist nicht ihr Antheil. Wie oft habe ich diesem würdi- gen Prinzen wiederholet, daß nicht ich, sondern er unglücklich seyn könne. Der vertraute Umgang mit solchen Herren ist eine große Schule der Zufriedenheit". (811)

Winckelmann hat innerhalb eines Jahrzehnts viele Träger klangvoller Namen kennengelernt, etliche darunter mit gerin- gen Naturgaben, alle aber mit dem höchsten Anspruch, was ihn gelegentlich schimpfen läßt auf das „Fürsten-Geschmeiß" (626), das ihm seine Zeit stehle. Da erschien zum Beispiel ein Herzog von York, Sproß aus dem englischen Königshause; ihn zu beglei- ten wäre für Winckelmann eine Ehre gewesen; er war dazu auser- sehen und hatte sich pflichtschuldig selbst angeboten - doch der Prinz wollte nicht geführt werden, er wollte gar nichts sehen von Rom und blieb nur zwei Wochen. Er sei, schreibt Winckelmann, „das größte fürstliche Vieh, welches ich kenne, und macht seinem Stande und der Nation keine Ehre." (660) Der „regierende Fürst von Anhalt-Dessau" hingegen sei „von der Natur geschaffen, ein würdiger Bürger und Freund zu seyn". Leopold Friedrich Franz war sofort nach seiner Ankunft persönlich und ohne Begleitung in Winckelmanns Wohnung erschienen: „Ich bin von Dessau, sagte er, mein lieber Winckelmann; ich komme nach Rom, zu lernen, und ich habe Sie nöthig. Er blieb bis Mitternacht bey mir, und ich habe Freudenthränen vergossen, stolz über unsere Nation, über ein so würdiges Menschenkind!" (755) Ihn ehrt, daß ein Fürst ihn als Gleichen behandelt; ihn freut, daß dieser ein Deutscher ist; ihn erschüttert die Steigerung ins Weltverbindende, welche zwei Jahr- zehnte später in der *Zauberflöte* ganze Opernhäuser zum Weinen bringen wird: „Er ist ein Prinz! mehr: ein Mensch!"

Der Dessauer blieb fünf Monate, die er nutzte wie ein Prakti- kant: „Er gieng in die geringste Mythologische Kleinigkeiten hinein und erhob sich bis zum Erhabenen der Kunst." (789) Das war endlich ein großer Herr nach Winckelmanns Geschmack! Leider mußte er in der gleichen Zeit noch einen Prinzen von Mecklenburg begleiten, welcher das „Gegentheil" des Dessauers war und von seinem Cicerone denn auch eine Menge „Wahrheiten" zu hören bekommen habe. Und noch ein dritter Fürst bat in jenen Tagen um seine Dienste; der aber gehört, da er Franzose war, in das nächste Kapitel.

Hier ist noch eines jugendlichen Besuchers zu gedenken, der Dessau sowohl als auch Füssli übertraf durch Anhänglichkeit und Sachinteresse. Johann Hermann Freiherr von Riedesel war adelig, aber nicht schön und sogar etwas verwachsen. Bei seinem ersten Besuch im Jahr 1763, noch vor Füssli, aber kurz nach Berg, scheint der Empfang reserviert gewesen zu sein, denn nach seiner Weiterreise und vor der Rückkehr nach Rom 1767 warb Riedesel regelrecht um Winckelmanns Aufmerksamkeit, worauf dieser dann sofort einging *senza ritengo*. Wie Berendis, Francke, Stosch und die jungen Schweizer schloß er ihn schreibend in seine Arme. Nur ein einziges Mal hat Winckelmann übrigens ein Freundschaftsangebot zurückgewiesen: als Heinrich Füssli, der Maler und spätere Übersetzer seiner Schriften ins Englische, sie regelrecht einforderte in einem stürmend-drängenden Brief.

Riedesel war zunächst nach Florenz weitergereist. Was er von dort über Kunstwerke und Menschen berichtet, zeugt von ungewöhnlichen Fähigkeiten, und Winckelmann tadelt in seiner Antwort nichts als die Bescheidenheit des Anspruchs, zu der gerade er, Riedesel, kein Recht habe, „da Sie unter vielen Tausenden der einzige sind, der das Schöne gleichsam von Natur kennet und diese Kenntniß richtig gemacht hat." (595) Jener hatte nämlich mit Kennerschaft und Glück eine besonders schöne antike Gemme erworben und sie Winckelmann geliehen, die dieser dann in seinem großen italienischen Tafelwerk abbildete.

Dieser junge Herr war zudem, anders als Berg und die Schweizer, fähig und bereit, bei der Betrachtung lebender Schönheit auf Winckelmanns Sicht ohne Vorbehalte einzugehen. So machte er Nicolo Castellani ausfindig und beschrieb ihn als offenbar unvorteilhaft gealtert, was Winckelmann dann beklagte, während er die Beobachtungen lobte als „mit dem Auge eines Kenners" (558) gemacht. Im folgenden kam es zu einer Art Arbeitsteilung: Als eine geplante gemeinsame Reise nicht zustande kam und Riedesel sie allein unternahm, bat Winckelmann ihn: „Schreiben Sie mir, ob Sie in Neapel Schönheiten unter dem Weiblichen Geschlechte entdecken. In unserm habe ich dieselben gefunden." (825)

Patrioten und Nationen

Den Wandel des Patriotismus von Herrschertreue zu Vaterlandsliebe haben die Franzosen nicht allein erfunden, aber als erste verwirklicht. Winckelmann hat es nicht mehr erlebt, wohl aber vorausgedacht. Er und Rousseau haben als erste das bürgerliche Nationalgefühl der Neuzeit formuliert; beide wurden von den Anhängern der Französischen Revolution wie Heilige verehrt. Beide haben in ihren Schriften die Republik als Staatsform über alle anderen gestellt und als Hort der Menschenwürde empfohlen. Woraus diese bestehen sollte und welche Freiheiten zu erringen und zu schützen seien, darin gingen ihre Visionen auseinander. Rousseau entwarf nach dem Modell des Stadtstaates Genf eine Republik der Tugendhaften in der Tradition Calvins, wo die rechte sexuelle Praxis zu den Werken der Frömmigkeit zählt. Winckelmanns Modell hingegen war die griechisch-heidnische Antike; seine Republikaner hätten Statuen aufgestellt für verdiente Bürger und schöne Jugend, hätten Symposien veranstaltet als Herrenabende und Schwimmfeste mit Adamskostümen.

In seinen Briefen schildert er Besucher aus vielen Ländern samt seinen Beobachtungen dessen, was er an ihnen als Nationalcharakter wahrnimmt. Dabei schwankt sein Urteil. Am wenigsten noch bei den Italienern, deren Lebensweise ihm behagt und deren Umgang mit ihrem gewaltigen Erbe er zwar bisweilen tadelt, öfter aber würdigt und anerkennt. Schweizer mag er, weil sie bürgerlich gesonnen sind und nicht herablassend auftreten, nicht als Repräsentanten einer *grande nation*, sondern als freie Männer aus ihrem Kanton; doch irritiert ihn ihre „Störrigkeit" und ihre geringe Fähigkeit zum „Genusse des Vergnügens" (748).

„Von Engländern kenne ich besonders zwey, welche viel von sich werden reden machen; (…) dieses ist die einzige Nation, welche weise ist. Was für arme elende Ritter sind insgemein unsere Deutsche Reisende dagegen!" (494) Fehlende Manieren oder mangelndes Interesse bei Deutschen trafen ihn persönlich, weil er im Zusammenwirken der Nationen die seine mit gleicher Kraft wie andere agieren sehen wollte; als er in Rom noch an den ersten Entwürfen zu seiner Kunstgeschichte arbeitete, schrieb er an Berendis, er habe vor, „ein Werck zu liefern, dergleichen in Deutscher Sprache (…) noch niemahls ans Licht getreten, um den Ausländern zu zeigen, was man vermögend ist zu thun." (215)

Die Engländer waren meist gebildeter, sie waren vor allem reicher als die Deutschen, und sie blieben meist länger. Seit Shaftesbury sich zu Anfang des Jahrhunderts in Neapel niedergelassen hatte, war Italien ihr bevorzugtes Reiseland; auf dieses Ziel hin erfanden sie den Tourismus; hier ließen sie sich mit Diplomaten und Handelshäusern an den wichtigsten Plätzen nieder. Der größte Sammler neuerer italienischer Kunst war der Konsul Smith in Venedig. Einer der erwähnten Herren hieß James Adam; er reiste mit Zeichner und Kupferstecher, ließ sich – ein bildschöner Mann – malen von Pompeo Battoni, dem teuersten Porträtisten Roms, und er kaufte im Auftrag der englischen Krone dem Kardinal Albani die große Sammlung von Zeichnungen ab, welche jener von seinem Onkel, dem Papst, geerbt hatte. Damals brauchte er Geld für die Mitgift der Tochter seiner Lebensgefährtin. Adam hatte nur diskret angefragt, und schon war der Handel, nach einigem Handeln, perfekt. Als Winckelmann davon erfuhr, war es zu spät: „Ich habe im Haus wie der Teufel gewütet" über den Verlust insgesamt und über die entgangene Möglichkeit, „etwas davon für mich zu retten." (499) Seitdem beschrieb er die Engländer bisweilen als fade und müde Tröpfe oder gar als „Steinkohlen-Seelen". (861)

Doch den Rebellen John Wilkes, der Europa bereiste, um nach einer Rede im Unterhaus der Verfolgung wegen Majestätsbeleidigung zu entgehen, empfing er auf französisch als „apôtre de la liberté" (882), als aufrechten Bürger und wackeren „Feind der itzigen Regierung in England". (693) Dieser Wilkes muß in jungen Jahren auf seine Freunde eine starke erotische Wirkung ausgeübt haben. Er übersetzte Gedichte von Anakreon und Catull und dichtete selber in ihrem Stil; seines verstorbenen Jugendfreundes Charles Churchill Schriften hat er herausgegeben als Monument ihrer Liebe. Er war in England verheiratet und reiste mit einer italienischen Geliebten, für die er Unsummen ausgab; zu Popes *Essay on Man* hatte er eine Parodie geschrieben: *Essay on Woman*. Winkkelmann scheint an ihm auch den *libertin* wahrgenommen und geschätzt zu haben.[49]

An den wichtigsten und schönsten Orten Italiens saßen nicht nur die Engländer, sondern auch die Franzosen. Bereits seit einem Jahrhundert bestand in Rom die *Académie*, an der französische Maler und Bildhauer ihr Studium abschlossen; unter den ausländischen Künstlern bildeten sie die größte Gruppe und gaben den Ton an. Ihre Schriftsteller galten als Experten der Antike, und dies trotz ihrer bekannten Tendenz, den Gipfel des Schönen allein im Weiblichen, das Wesentliche der Kunst nicht in Apoll und Faun verkörpert zu sehen, sondern in Venus und Nymphe! Dies mag einer der Gründe dafür gewesen sein, daß Winckelmann in seiner ersten römischen Zeit in engster Nachbarschaft zu Fragonard lebte, Jean Honoré Fragonard, und diesen gar nicht wahrnahm.

Der hat später den Lebensgenuß seiner Epoche dargestellt, und zwar hinreißend, aber eben vor allem in Gestalt hübscher Frauenzimmer, die in üppigen Gärten so übermütig schaukeln, daß der Rock weht und das Pantöffelchen fliegt.

Nein: „Ein Franzose ist unverbeßerlich: das Alterthum und er widersprechen einander." (151) In Rom meidet Winckelmann ihren Umgang. „Ein einziger französischer Architect ist mein guter Bekannter; aber er hat sich von seiner Nation abgesondert, um nicht lächerlich zu werden." (167) Dies war Charles Louis Clérisseau, auch er Einzelgänger und Junggeselle, der zuvor für James Adam gearbeitet hatte und davor längere Zeit noch für dessen älteren und später als Architekt bedeutenden Bruder Robert Adam, dem er in Rom und auf Reisen Helfer und Freund gewesen war. Aber weiter Winckelmann, im selben Brief: „Ein Franzose, so wie die Nation itzo ist, ist ungeschickt, ein großer Künstler, ein gründlicher Gelehrte zu werden (…). Keiner kann ein ehrlicher Mann seyn." (167)

Acht Jahre später berichtete er einem jungen deutschen Adligen: „Eben (…) führt mir Monsieur Melon einen Schwarm von reisenden Franzosen zu, die aber ihrer Nation, so wie ich dieselbe kenne, nicht völlig ähnlich sind; unter denselben ist ein junger *Duc de la Rochefoucauld*, der liebenswürdigste junge Mensch…" (738) Dieser sei, schrieb Winckelmann an Francke in Nöthnitz, „der süßeste, gesittetste und gelehrteste junge Mensch, den ich bisher kennen lernen." Er reise mit einem Maler und zwei Tutoren, mit deren einem er sich aufs allerbeste verstehe, und ihr „discorso" gehe beständig über in „burle", in Scherz und Wortspiele, wie Winckelmann einem italienischen Bekannten berichtet. (743) Ihm selber, Nicolas Desmarest, gesteht er ein Jahr später seine „prévention" gegen die „nation françoise", sein Vorurteil, von dem er und sein Herzog ihn für immer geheilt hätten. (810)

Von dem Grafen de Caylus, Kunstförderer und Altertumsforscher von Graden, den er jahrelang gescholten hatte und der seinerseits Winckelmanns Arbeiten bewunderte und das erste *Send-schreiben* über Herkulaneum ins Französische hatte übersetzen lassen, sprach er später mit Respekt. Einen anderen Kunstschrift-steller, Claude-Henri de Watelet, bat er, als dieser nach Rom kam, regelrecht um Verzeihung für seine harsche Kritik an dessen Lehr-gedicht *L'art de peindre*; denn Watelet beschenkte nicht nur die Stipendiaten der französischen Académie, er ließ sich auch von Winckelmann führen und gab ihm im Gespräch recht, „wo er ge-irret". Der war verärgert darüber, daß man in Dresden das Werk auf deutsch herausgebracht hatte, jene „Tollheit der Deutschen, alles Französische Gemengsel brüh warm, wie es zu ihnen kommt, zu übersetzen". Das habe er weniger den Franzosen als den Deut-schen mitteilen wollen, damit sie in ihm „den Patrioten unter ei-nem fremden Himmel erkennen" (753) Denn richtig gut sei das Lehrgedicht nicht, doch der Verfasser sei ein fähiger und feiner Mann. Und kurz vor seiner letzten großen Reise nach Deutsch-land erwog Winckelmann mehrmals zwei alternative Ziele: Grie-chenland — und Paris.

Sein Affekt galt zum einen der Dominanz des Weiblichen in der französischen Kunstauffassung und zum anderen der unkriti-schen Bewunderung und plumpen Imitation einer Kultur, deren Qualität er durchaus anerkannte. Kurz vor seinem Aufbruch nach Norden hatte er noch einmal zwei *milordi* zu führen, die er beide sehr schätzte; da aber drängte sich ein francophoner Geck hinzu: eine „französische Bestie aus Leipzig". (938) Sieben Jahre zuvor hatte Winckelmann bereits bündig festgestellt: „Die Sachsen sind mehr als andere Deutsche Affen der Franzosen". (449)

Kastraten und Kammerdiener

Zwei Berufsgruppen gehörten zu Winkelmanns Alltag, die ihn in besonderer Weise ansprachen, weil männlich-jugendliche Schönheit hier zählte und wo nicht gefordert, so doch von Vorteil war. Weil im Kirchenstaat Frauen auf der Bühne nicht auftreten durften, hatten hier die Kastraten das Monopol auf die Rolle der *prima donna*; und sie nutzten es nach Kräften. Frauen und Männer jubelten ihnen zu und stellten ihnen nach. Ein Begleiter des Dessauers notiert in seinem französisch geschriebenen Tagebuch: „Die Männer sind hier nicht eben schätzenswert; ich ziehe ihnen die Frauen unendlich vor, und sogar die Kastraten, wenn es darauf ankäme; unter ihnen gibt es welche, die sind wahrlich nicht zu verachten. Hören Sie, was Winckelmann neulich über sie sagte: Diese Unglücklichen! Die meisten von ihnen sterben am *mal francese*", das heißt an der Syphilis. „Das beweist, daß sie in einer gewissen Hinsicht doch nicht so unglücklich sind, wie man vermutet." (IV, 132)

Ein Kastrat war zwar impotent, das heißt in der Sprache des Vatikans, nicht „offen auf Fortpflanzung hin" — im übrigen war er offen für alles. Und er durfte auf der Bühne seine Schönheit entfalten nach Art einer Frau. Casanova war von solch einem Auftritt hingerissen und irritiert über sein schwindendes Differenzierungsvermögen. Winckelmann ging – als Diener der Kirche kostenlos – ins Theatro della Valle, „um den schönen Venanzio chi fa la parte di donna — der die weibliche Rolle spielt, zu sehen und zu hören." (624) Der hatte bereits bei der Hochzeit der Tochter der Geliebten des Kardinals gesungen, die womöglich seine eigene Tochter war, und zwar die Rolle des Imeneo, des Hochzeitsgottes Hymen, wozu Winckelmann trocken bemerkt: „forse con qualche suo diritto — vielleicht mit einem gewissen Anrecht". Denn diese Ehe, für deren festliche Schließung Albani seine kostbaren Zeichnungen nach England verkauft hatte, mußte alsbald für nicht geschlossen erklärt werden, weil die *bella Vittoria* dem Gatten auswich und nur ihrem Imeneo in rasender Leidenschaft ergeben war. (683)

Winckelmann konnte dies nachvollziehen. Als ein Star der italienischen Oper, „der schöne, ja der schönste Belli", ermordet worden war, auch aus Leidenschaft, da fragte er Stosch, wie dessen in Florenz lebende englische Verehrerin den Schlag aufgenommen habe: „Ich trauere vielleicht eben so viel um ihn als sie." (353) Immerhin verhielt er sich bei der Verfolgung seiner Ziele umsichtiger. Im September 1761 schrieb er an Berendis: „Heute speiset ein wunderschöner junger Castrate bey mir" (441), im Oktober an Usteri: „Ich lasse mir itzo das Portrait eines schönen Castraten von 14 Jahren bey mir im Zimmer machen; ich wünsche daß es gerathen mag." (444) In beiden Briefen ist auch von seiner Liebe die Rede, aber ohne Bezugsperson. So weit im Bekennen ging Winckelmann nicht; doch von seiner Leidenschaft für das Schöne, wie er es verstand, machte er ostentativ Mitteilung, und demonstrativ ließ er die lebendige Schönheit verdoppeln in der Kunstgestalt.

Malen lassen konnte man übrigens auch *ragazzi* aus der Nachbarschaft. Es gab in Rom allenthalben schöne Jugend, und in den Aktsitzungen der *Accademia del nudo maschile* konnte man einige der schönsten bewundern in antikisierenden Posen. Winckelmann berichtet nichts von Begegnungen dieser Art, aber von der Generation des Jacques Louis David und seiner Freunde, die sich als Erben Winckelmanns verstanden, wissen wir einiges über die affektiven Beziehungen zwischen Malern und Modellen.

Eine andere Berufsgruppe gab es, aus der erotische Beziehungen und Verhältnisse gleichsam von Natur erwuchsen: die Dienstboten. Arbeitskraft wurde so gering bewertet, daß selbst relativ arme Leute sich einen Diener leisten konnten. Und wenn dieser jung war, so war er meist hübsch; und manch einer war auffallend schön wie etwa jener Donato des Padre della Torre in Neapel. Winckelmann weist Usteri darauf hin und empfiehlt sogar ein diskret-direktes Kompliment an die Schönheit selbst sowie an die Fähigkeit ihrer Empfindung beim Padre. Er selbst hatte auch hier eigene Erfahrungen. Im Januar 1760 schrieb er an Stosch:

„Wie wenn ich Sie ersuchte, meinen *Peruquier*", Perückenpfleger, „den Sie kennen (…) dem Monsignore Salviati zum

Cammerdiner vorschlagen zu laßen, würden Sie dergleichen Antrag übel nehmen? Hier in Rom interessiren sich Cardinäle und Damen in dergleichen Händel, und ich habe den Jungen in dieser Absicht dem Cardinal vorgestellet." Es war ihm offenbar ein wenig peinlich, aber zugleich sehr wichtig: „Ich würde denselben dadurch loß und käme einen Schritt näher zur Weißheit, die ich als ein Vierzigjähriger Mann muß anfangen zu suchen." (345)

In vier ausführlichen Briefen lobt er des Jungen „Hertz und Gemächte"; um beider willen wisse er selbst „vor itzo und zu meiner Ruhe keinen anderen Weg" als eine entschiedene räumliche Trennung. „Ich wünschte dem Jungen zu dienen; denn wehrt ist er es; noch mehr aber weise zu werden." (348, 349)

Zipfel und Schlitz

Auch an Leonhard Usteri hatte Winckelmann diesen Jungen empfohlen, „um von einem hübschen und sehr wohlgemachten Menschen bedient zu werden". (385) Als jener ein Jahr später von Zürich aus noch einmal Einspruch erhob gegen Winckelmanns Wertung der Schönheit der Geschlechter im Vergleich, war die Antwort kategorisch: „Wir denken also in diesem einen Puncte verschieden, oder Sie urteilen unrichtig. Hätte ich anders gedacht, wäre meine Abhandlung von der Schönheit in der *Geschichte* nicht ausgefallen, wie sie gerathen ist, und ich hätte den Apollo beschreiben müssen wie es Watelet würde gemacht haben." (591)

Dann aber schickte Leonard seinen zwanzigjährigen Bruder Paul zusammen mit dem gleichaltrigen Christian von Mechel aus Basel. Winckelmann hatte wegen der Drucklegung der *Monumenti* nur wenig Zeit, die beiden zu führen; dennoch schloß er sie in sein Herz und antwortete nachher auf ihre Dankesbriefe mit der ihm eigenen Intensität. Paul Usteri redet er an als „Mein Herzlich geliebter Jüngling" (796) und dann, wegen dessen kindhaft-unschuldiger Erscheinung, als „Milchlamm" (815, 837). Als Paul dann nur noch sporadisch schrieb, ahnte Winckelmann, daß dieser bereits auf Freiersfüßen wandelte. In seinem Brief sind Mitfreude und Notbehelf musterhaft artikuliert, wobei ihn der Spitzname inspiriert zu einem Spiel mit Wörtern, das tief blicken läßt:

„Mein geliebter Usteri

Auch der kurze Zettel den Ihr mir schreibet ist mir eben so angenehm als es ein langer Brief seyn würde; und da viele Leidenschaften ihre Stärke selbst im Stillschweigen ausdrücken, welches also auch vermuthlich in der Liebe, die ich nicht kenne, geschehen kann, so schließe ich als ein Unerfahrner aus der Kürze auf die Stärke derselben in Euch und auf die Zufriedenheit die Ihr genießet, an welche ich also billig das größte Antheil nehme, und antworte also unverzüglich." Etwas von jener „Leidenschaft", die nicht ihm gilt, zieht er in dem „Stillschweigen", über das er sich eigentlich ärgern müßte, auf seine Person. Und anstelle von „Liebe", die er sehr wohl, wenn auch immer nur einseitig, erfahren hat, müßte er von „Gegenliebe" oder einer „Liebesbeziehung" sprechen, die ihm in der Tat nie zuteil geworden sind. Paul hatte ihm bereits von seinem Werben um ein Mädchen berichtet; da knüpft Winckelmann an: „ist die vorige Liebe wiederum erwachet, werde ich ein Sieges-Lied singen; ist aber die Liebe ein neu erworbenes Kleinod, werden es Freuden-Lieder werden, und ich hoffe gewiß" – reflexhaft tritt der Onkel-Instinkt auf den Plan – „das Wiegen-Lied zu hören und mit einzustimmen. Wird es ein Milchlamm mit einem Zippelchen werden, soll der Vater gepriesen werden; hat es aber ein Schlitzgen, die Mutter." (874)

Von den Zitzen des Lamms zu dem Zipfel – oder Schlitz – des künftigen Kindes: Dahinter steht in jedem Fall der Zipfel des tüchtigen Vaters. Und als das Erwartete eintraf, als Paul Usteri heiratete, wurde Winckelmann in seinen Briefen nicht müde, das teure Teil zu imaginieren als gut funktionierend und seinen

Träger anzufeuern zu freudigem Gebrauch. Einmal jedoch spielt er scherzhaft mit der Vorstellung von Impotenz, und zwar unter Hinweis auf die Abbildung 188 in den soeben erschienenen *Monumenti,* zu der er das Milchlamm bittet zu erwägen, „ob es ihm anständig ist" (899). Die Umrißzeichnung nach einer Kleinbronze aus Neapel zeigt einen spindeldürren Musiker mit einem schlaffen, aber riesigen Penis, dessen Vorhaut mit einer Schnalle verschlossen ist. Der junge Ehemann reussiert, wo Winckelmann in seinem eigenen *genre* versagt hat, wie er Casanova gestand: im Arrigieren. Er macht einen Scherz, doch es kommt kein Scherz daher ohne tieferen Ernst: Wenigstens in Gedanken möchte er den Glücklichen einmal für einen Augenblick bannen in das eigene Unglück.

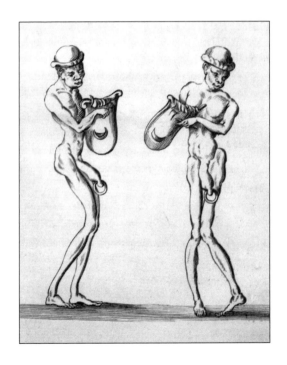

Keine Gelegenheit läßt er sich entgehen, beim Briefschreiben derart deftig an die eigenen erogenen Zonen und die anderer Männer zu rühren; selbst da, wo das Verhältnis nicht ganz so vertraulich und der Empfänger höher gestellt ist wie etwa Friedrich Wilhelm von Schlabbrendorf, erlaubt er sich den Zugriff: „Ich bin voll von Sachen, die ich in Ihren Schooß ausschütten, aber nicht schreiben kann, und ich glaube, Sie befinden sich in ähnlichen Umständen." (813)

Gegenüber Paul Usteri kommt er nach allen Scherzen solcher Art noch einmal auf Grundsatzfragen zu sprechen. Der nämlich hatte nach glänzend bestandenem Examen der Ehetauglichkeit erneut, wie einst schon sein Bruder, Winckelmanns Ansicht, welches Geschlecht denn das eigentlich Schöne sei, widersprochen. Wieder antwortet Winckelmann mit aller Entschiedenheit:

„Mein Geliebtester Usteri

(...) Über die Schönheit beyder Geschlechter wäre besser zu reden als zu schreiben." Bei den Tieren seien die Männchen immer schöner als die Weibchen, und bei den Menschen habe ihn „die Erfahrung gelehret, daß in jeder Stadt mehr schöne junge Leute als schöne Weiber sind, und ich habe niemahls so hohe Schönheiten in dem schwachen Geschlechte als in dem unsrigen gesehen. Was hat denn das Weib schönes, was wir nicht auch haben: denn eine schöne Brust ist von kurzer Dauer, und die Natur hat dieses Theil nicht zur Schönheit, sondern zur Erziehung der Kinder gemacht, und in dieser Absicht kann es nicht schön bleiben. Die Schönheit ist so gar den Männern noch im Alter eigen, und man kann von vielen alten Männern sagen, daß sie schön sind; aber niemand hat eben dieses von einer alten Frau gesaget." (868)

Venus, Faun und Pallas

In den Wettstreit um den Vorrang von männlicher oder weiblicher Schönheit, der unentschieden bleiben muß, mischt sich die

Debatte um die Differenz zwischen Natur und Kunst — und hier ist keine Frage, welche Seite den Vorrang hat. Es ist kein Zufall, daß unter Winckelmanns frühen Beschreibungen von Skulpturen keine weibliche ist; aber es spricht für seine Redlichkeit als Kunstrichter, daß in späteren Jahren sein höchstes Lob nicht selten einer idealen Frauengestalt gilt. Drei Berichte von Neuentdeckungen mögen das zeigen.

Im Jahr 1764 berichtet er Riedesel, in Rom sei eine *Venus* entdeckt worden vom Typ der *pudica*, die ihren nackten Körper schamhaft mit den Händen zu bedecken sucht. Dieses Exemplar sei ein Meisterwerk, das „alle übrige Venus, ja die Florentinische bey weiten übertrifft, und welches des Praxiteles würdig ist. Sie stellet ein junges Mädgen von völligem Gewächse vor, und ist dermaßen wohl erhalten, daß kein einziger Finger fehlet. Es ist eine entzückende Schönheit und verdiente allein eine Reise nach Rom." (664)

Nach Rom reiste mancher Bildungssucher damals auch wegen der Kurtisane Viscioletta, was „kleine Sauerkirsche" bedeutet und sich wohl auf ein Muttermal bezieht, das ihr Kennzeichen war. Wenn nun der junge Herr sein Entzücken an einer marmornen Venus ausdrücken wollte, so verglich er sie spontan mit der jungen Frau, die er kannte und die auch Winckelmann kannte und sogar bisweilen „in allen Züchten" (774) besuchte. Den Vergleich ließ dieser gelten, wenn auch nur in seltenen Fällen, „wenn die Schönheit auf einen sehr hohen Grad ist, da das höchste nur Eins seyn kann, kann und muß eine Änlichkeit unter zwey solchen Bildern seyn." Das gilt nur für das Gesicht. „Die Hure aber würde entblößt gegen der Venus als ein Scheusal erscheinen." (788) Zieht man den Überschwang des persönlichen Widerwillens gegen die Vorstellung von einer lebenden Frau in völliger Nacktheit ab, dann bleibt die Erkenntnis, daß das Aktmodell neben dem nach ihm geschaffenen Kunstwerk immer formal schwächer wirkt, weniger ausdrucksvoll, weniger schön.

In den Füssli gewidmeten *Nachrichten von den Herculanischen Entdeckungen* beschreibt Winckelmann auch neue römische Funde, darunter jene Venus: „Sie ist in vollkommenem Gewächse von jungfräulicher Bildung, und der Kopf hat den Reiz der Venus ohne Lüste, so daß dieselbe mehr Ehrfurcht als Begierde erwecket. (…) höher kann die Idee (…) nicht gehen." Dem Engländer, der sie erworben habe, werde er als oberster Aufseher über den Kunstexport die Ausfuhr nicht genehmigen. Doch dann läßt er die Statue passieren: „Bey genauerer Untersuchung zeigete sich, daß das eine Bein und beyde Arme neu sind; der Kopf ist von einer anderen Venus und ist weit unter den schönen Leib." (710)

Den Wettstreit zwischen Natur und Kunst hat Winckelmann auch bei seiner eigenen Sichtweise wahrgenommen und dargestellt in einem ernsthaften Scherz. Auf die Nachricht Riedesels aus Florenz, daß Nicolo Castellani von jenem Zauber, den sein ferner Bewunderer immer wieder beschwor, viel verloren habe, da reagierte dieser mit großem Bedauern auf die „Vergänglichkeit eines so hohen Gutes", um dann ohne Absatz fortzufahren: „Man gehet also gewisser und mit beständigern Ideen in marmornen Schönheiten, unter welchen ein Kopf eines jungen Fauns, mit zwey Hörnergen auf der Stirn, seit einiger Zeit erschienen ist, welcher alle hohe Schönheiten, die ich bisher (habe) betrachten können, übertrifft." Ein guter Bekannter, der Antiken-Restaurator und Kunsthändler Cavaceppi, besitze ihn und werde ihn vermutlich einem „Britten" verkaufen, denn: „Wer will und kann dergleichen außer dieser Nation bezahlen?" Immerhin werde er selber alles daransetzen, daß dieser Kopf nicht aus Rom gehe. (558) Auch in die Bergische Schrift nahm er ihn auf als kostbare Neuentdekkung; er habe, schreibt er dort, eine „fast noch höhere Schönheit" als die schönsten antiken Jünglingsköpfe in Rom, der des *Apoll* eingeschlossen; leider „fehlet demselben die Nase und etwas von der Oberlippe; was für einen Begriff würde dieser Kopf geben, wenn er unbeschädigt wäre!"

Ein Jahr später meldet er Schlabbrendorf, dieser Kopf sei „itzo in meiner Hand und auf ein schönes Busto gesetzet", vermutlich als Geschenk Albanis und von Cavaceppi um Nase, Lippe, Hals und Schultern ergänzt. Und nun spinnt er den Gedanken weiter, daß eine solche Plastik doch einigen Ersatz biete für verpaßtes Leben: „es ist mein Ganymedes, den ich ohne Ärgerniß nel cospetto di tutti i Santi — vor den Augen aller Heiligen küssen kann". (735) Den ersten Christen war dieser Knabenkopf ein Ärgernis als vermeintes Götzenbild; darum hatten sie ihn geschunden und weggeworfen; erst in der Neuzeit, als man ihn wieder fand, hat jemand – vielleicht Cavaceppi selber – die Hörnchen aus den Haaren herausgemeißelt, weil sich ein „Faun" besser verkauft als ein namenloser „Knabe". Katholische Heilige blicken wegen der biblischen Vorgaben auf Männerküsse ebenso ungern wie märkische Pastoren, und so hatte Winckelmann nunmehr einen *bardaße*, der zwar, im Gegensatz zu den deutschen Geliebten, nah war, doch nicht minder unnahbar.

Winckelmanns tiefen Scherz haben etliche späte Nachdichter seines Lebens in platten Ernst verwandelt, indem sie ihn beschreiben, wie er den Vatikanischen *Apoll* sehnend umarmt. Derlei ist ihm nie in den Sinn gekommen, was auch daran zu erkennen ist, daß er keine Eile hatte, das schöne Stück, da es ihm gehörte, in seine kleine Wohnung zu holen, in der sich die ersten Exemplare der *Monumenti* stapelten samt den Druckplatten. „Stellen Sie sich vor", schreibt er zwei Jahre später an Stosch, „wie eng es bey mir ist: der schöne Kopf des jungen Fauns (…) stehet noch bey dem Bildhauer, weil ich keine Handbreit finde, wohin ich denselben stellen könnte." (894)

In seiner Einleitung zu Winckelmanns *Kleinen Schriften* hat Hellmut Sichtermann diesen Gedanken umgekehrt: Man könne dessen „gesamte kunstbetrachtende und kunstauslegende Tätigkeit als solch ein ‚Küssen, ohne Ärgernis zu erregen', auffassen." Dem wäre nur hinzuzufügen, daß Winckelmann kein Ärgernis gescheut und sich selbst gar dem „Beschreien" tapfer ausgesetzt hat, was er in dem Maße leichter übers Herz brachte, wie ihm die eigentliche Praxis versagt blieb.

Sein Kunsturteil blieb im Einzelnen erstaunlich frei auch gegenüber der eigenen Leidenschaft. Dem jüngeren Bruder Volkmann schreibt er im Jahr der Erwerbung des *Faun*: „Ich muß Ihnen von einer seltnen Entdeckung Nachricht geben: Es ist ein unbeschädigter Kopf einer Pallas", einer Athena, zu dem ursprünglich ein Helm gehört hat, und zwar wahrscheinlich aus Gold, „denn die Schönheit desselben übertrifft aller itzigen Menschen Sinnen und Denken; er ist (…) so schön, daß ich mich glücklich preise, durch dieses Werk meinen Begriff noch erhöhen zu können. Der Marmor ist so weiß und hart, daß er auch in dieser Beziehung kaum seines gleichen hat. Cavaceppi hat denselben, und er", der neu entdeckte Kopf, „wirft den Kopf des schönen Fauns zu Boden." (668)

Das heißt, ihn rührt er noch mehr als jener, und zwar in einer Art und mit einer Kraft, die seiner Erschütterung entspricht beim ersten Anblick des offenen Meeres und beim ersten Blick der Liebe. Riedesel schreibt er am selben Tage, die *Pallas* sei schöner als alles, „was das menschliche Auge" je habe „sehen können, und was in eines Menschen Herz und Gedanken gekommen. Ich blieb wie von Stein, da ich ihn sahe." (669) Vermutlich hat er erwogen, den *Faun* gegen die *Pallas* zu tauschen und die Differenz nachzuzahlen, denn er sei lange „mit seinem Beutel zu Rath" gegangen, doch dann habe ein Engländer ihn gekauft; den Export aber werde er von Amts wegen „verhindern" (693).

Betrügereien

Seit der Wiederentdeckung der Antike wurden deren plastische Kunstwerke nicht nur ausgegraben und gereinigt, sondern auch ergänzt. Dies geschah oft sehr freizügig; und an mancher

Statue war mehr Neues als Altes. Und weil die Nachfrage größer war als das Angebot, schufen geschickte Handwerker und gute Bildhauer nach originalen Vorbildern Kopien oder Varianten, die dann als Altertümer verkauft wurden.

Nachdem in Pompeji und Herkulaneum auch antike Wandmalereien entdeckt worden waren, haben sich an derlei auch etliche Maler versucht. Drei solche Fälschungen sind in die *Geschichte der Kunst des Alterthums* eingegangen; als Winckelmann merkte, daß er „hintergangen worden" (753), war die erste Auflage bereits im Druck. Zwei davon waren bald eindeutig zu erkennen: Gian Battista Casanova, der jüngste Bruder des Abenteurers, jahrelang Winckelmanns Zeichner und nunmehr Akademie-Direktor in Dresden, hatte Zeichnungen von zwei angeblich neu entdeckten Wandgemälden angefertigt, die er in Wirklichkeit

– in antiker Manier – selbst erfunden hatte. Die Stiche hierzu, fast seitengroß als Mittelpunkt des Buches, sind von Winckelmann mit jener Gelehrsamkeit beschrieben, die der Maler wiederum ihm abgelauscht und dann mit Geschick in seine Bilder hinein gelegt hatte.

Schwerer nachzuweisen war der dritte Fall, dessen Gegenstand in dem Werk nicht abgebildet, nur beschrieben ist. Der Fälscher war Anton Raphael Mengs, der dies allerdings erst auf dem Sterbebett, elf Jahre nach Winckelmanns Tod, gestanden und zugegeben hat. Die Freundschaft mit Winckelmann scheint zerbrochen zu sein an dem Verdacht, den dieser hegte, wenn er ihn auch nie zum Beweis erhärten konnte. Besonders schmerzlich traf ihn, daß man versucht habe, ihn „vor der Welt lächerlich zu machen" (812), und zwar nicht nur als Stümper in seinem Fach, sondern auch als Menschen mit einer bestimmten lachhaften Schwäche.

Denn was Mengs da geschaffen hatte als Malerei auf Mauerputz, durch Zerbrechen und Kitten auf alt getrimmt und anschließend umwoben mit einer sehr komplizierten Fabel der Auffindung und Bergung, war das Inbild seiner Wünsche, dem neapolitanischen Wandbild mit der Erziehung des Achilleus durch den Kentaur Chiron nachempfunden sowie einem Detail aus dem von Raffael konzipierten und von seinen Schülern gemalten Deckenbild zum Märchen von Amor und Psyche in der *Farnesina* in Rom, wo Zeus den verliebten Liebesgott küßt. Aber hören wir Winckelmanns erste Beschreibung in einem Brief an Stosch:

„Es ist außer Rom, ich weiß nicht an welchem Orte, das allerschönste alte Gemählde entdecket, welches noch bis itzo an das Tages Licht erschienen ist, und übertrifft alles, was zu Portici ist. Es ist Jupiter, welcher den Ganymedes küßet in Lebensgröße, ja der Bardaße ist in der Größe eines schönen wohlgebildeten jungen Menschen von Achtzehn Jahren. Der Kopf desselben ist schön über allen Begriff. Es ist in *fresco* gemahlet, und da diese Entdeckung ganz insgeheim gemachet worden (ist) von ganz unwißenden Leuten, so hat man das Gemählde (…) Stückweis abgerißen (…) und diese Stücke sind wiederum zusammengesetzet." Nur wenige seien eingeweiht und ihn selbst habe es „viel Mühe gekostet, hinter diese Entdeckung zu kommen, noch mehr aber, dieselbe zu sehen, und wenn nicht" durch den Siebenjährigen Krieg „alle Werke der Kunst in Deutschland erschlagen und vernichtet würden, wäre niemand dieses Schatzes würdiger als der König in Preußen, und ich wollte dazu beytragen." (379)

Zwei Wochen später schrieb er erneut: Inzwischen habe er das Bild seinem Kardinal erklärt; die Beschreibung im vorigen Brief faßt er zusammen in einem einzigen Satz. Dessen Vorbild hatte er bei Stosch in Florenz gelesen, und zwar in der Novelle vom *Schüler Alcibiades*: „Ganymedes schmachtet vor Wollust und sein ganzes Leben scheinet nur ein Kuß zu seyn." (380) Und dieser Satz vom ganz unausdenklichen Glück steht, leicht verändert, auf Seite 277 im Kapitel *Von der Kunst unter den Griechen*.

Herbst 1767: Neapel

Zwei Dilettanti und ein Aventurier

Die deutsche Sprache hat von den Franzosen den „Amateur" und von den Italienern den „Dilettant" übernommen, erkennt jedoch in beiden Wörtern nicht die darin ursprünglich ausgedrückte Aussage wieder: daß jemand etwas tut „mit Liebe" und „mit Lust". Die Engländer hingegen, diese ersten Touristen, brachten aus Italien nicht nur Statuen und Zeichnungen mit, sondern auch den Willen, das Mitgebrachte in England zu ordnen und auszustellen, ihrer Sammel-Lust eine übergreifende Gestalt zu geben. In dieser Absicht formten sie, in freundlicher Übernahme des Wortes, mit dem sie von den Italienern bezeichnet wurden, eine *Society of Dilettanti*. Etliche ihrer Mitglieder waren durch Winckelmanns Schule gegangen; keiner hat so verständig und entschieden mitgewirkt an der Erneuerung antiker Kunstideale wie William Hamilton.

Er war 1764 als Botschafter der englischen Krone an den Königshof von Neapel entsandt worden und hatte sich bei Besuchen in Rom sogleich um Winckelmann bemüht, der ihn wiederum auf Anhieb schätzte und mit Vergnügen führte, nachdem er jene

„Bestie aus Leipzig" abgeschüttelt hatte. Als Diplomat mußte Hamilton von Neapel aus vor allem dafür sorgen, daß die noch immer in Rom lebenden katholischen Stuart ihren Vettern aus dem protestantischen Hause Hannover nicht erneut die Krone von England und Schottland streitig machten. Nach einem Jahrhundert fruchtloser Bemühungen der Rückkehr auf den Thron waren die Exilanten müde geworden und hielten sich ruhig unter dem Schutz des Papstes, so daß dem Botschafter von Neapel wie seinem Kollegen in Florenz viel freie Zeit blieb, die er ganz dem Forschen und dem Sammeln widmete.

Sein Vater war Herzog. Er selber trug als jüngerer Sohn nur den schlichten Familiennamen und hatte zu seinem Amt den Titel *Sir* verliehen bekommen; sein Anteil am Erbe der Familie war gering. Um ein Leben zu führen nach seinen Wünschen, hatte er eine reiche Frau geheiratet, die er nicht liebte, die ihm aber, nach Auskunft seines Vetters William Beckford, eine „verständnisvolle Gefährtin" wurde. Catherine, die erste Lady Hamilton, war nicht schön und immer kränklich; wie schon für Shaftesbury wurde für sie Neapel mit seinem sanften Klima zum Luftkurort. Sie war sehr gebildet und sehr fromm; das zweite wirkte retardierend bei der Würdigung der Inhalte jener Kunst, die ihr Gatte sammelte. Dafür war sie ihm überlegen an Musikalität. Er hatte bei einem großen Meister die Violine studiert und hätte als Musiker jedem Orchester Ehre gemacht; sie war Cembalistin und galt unter Kennern als ebenbürtig den größten Virtuosen der Zeit. Im gemeinsamen Musizieren scheint sich diese Ehe am innigsten verwirklicht zu haben. Kinder gab es keine.

William Hamilton sammelte Gemälde italienischer Meister und Antiken aller Art, darunter auch Gemmen, insbesondere aber Vasen, die im Königreich Neapel bei der Öffnung antiker Gräber ans Licht gekommen waren; als erster erkannte er die Schönheit ihrer Formen und die Bedeutung ihres Dekors, jener feinen figürlichen Zeichnungen in Rot auf Schwarz, die das Einzige sind, was uns erhalten ist von antiker griechischer Malerei. Rasch wurde er zum Kenner und Käufer, für Händler ein Magnet wie in Rom der alte Stosch; und wie Albani übernahm er sich bisweilen, wenn er das Angebotene unbedingt haben wollte, weshalb er auch, wie jener, zwischendurch das Erworbene *en bloc* verkaufte; den Erlös nutzte er sofort für Neuerwerbungen. Ehe seine erste Sammlung von 730 Vasen in den Besitz des Königs von England kam – sie gehört heute dem British Museum –, ließ er auf eigene Kosten ein vierbändiges Tafelwerk drucken, wo die Vasen-Bilder genau wie die Originale tonfarbig wiedergegeben waren. Mit diesem Meisterwerk der Buchkunst wollte er seine Sammlung bekannt machen und zugleich den Geschmack des Publikums und der Künstler heben; obendrein sollten Kunsthandwerker angeregt werden, dergleichen erneut zu produzieren, was dann Josiah Wedgwood tat in seiner Porzellanfabrik.

Gestaltung und Produktion der Bildbände hatte Hamilton einem Manne anvertraut, dem Winckelmann schon zuvor in Rom begegnet war, wo er auftrat als Baron du Han oder als ein Monsieur d'Hancarville, wiewohl er bloß Hugues hieß, Pierre François Hugues; ein Jahrhundert später hätte er als Kunsthistoriker eine anständige Figur gemacht, doch die reine Kunstbetrachtung war damals noch ein Fach, in dem zumeist *dilettanti* wirkten, die auf Broterwerb nicht angewiesen waren. Dieser Mann hat versucht, sich durch Hochstapelei über die Lohnarbeit eines Domestiken zu erheben.

Winckelmann berichtet seinem alten dänischen Freund Wiedewelt, er habe bei diesem vierten Aufenthalt in Neapel wieder das Museum besichtigt und sei auch in den neuesten Grabungen „überall herumgekrochen"; obendrein habe eine alte Bekanntschaft ihm neue Dimensionen erschlossen: „der berühmte vorgegebene Baron de Han, dessen eigentlicher Name d'Hancarville ist, den Sie kennen, und der sich in Neapel niedergelassen, ist mir in meinen Untersuchungen sehr nützlich gewesen; nicht weniger der Englische Gesandte, Hamilton, dieser große Liebhaber und Kenner der Alterthümer, mit dem ich verschiedene kleine Reisen gemacht habe. Dieser hat die schönste Sammlung von Vasen von gebrannter Erde und unter diesen ohnstreitig die allertrefflichste mit der schönsten und reizendsten Zeichnung von der Welt, die man nur zu sehen braucht, um sich einen Begriff von der herrlichen Mahlerey der Alten zu machen." (922)

Diesmal hat er nicht beim Padre della Torre gewohnt, sondern bei dem neuen Kollegen, „einem der größten Avanturiers", wie er anschließend an Francke schreibt; dort habe er nunmehr „eine eigene Kammer, die mit sogenannten Hetrurischen Gefäßen, welche mir eigenthümlich gehören, ausgezieret ist, und von demselben für mich vermehret werden. Dieser Mann (…) ist der Verfasser und Herausgeber des prächtigsten Werks, welches die Welt gesehen hat, unter dem Titel: *Antiquités Etrusques, Grecques et Romaines*. Es enthält daßelbe in vier großen Bänden, in forma imperiali, die gemahlten Gefäße, welche der Englische Minister zu Neapel, Hamilton, gesammlet hat, und was sich sonst von schönen Gefäßen in Neapel befindet. (…) Der erste Band ist erschienen. Die Erklärung" der Vasen und ihrer Bilder „bleibt mir vorbehalten." (936)

Wegen der Leichtigkeit des Strichs und der Sicherheit der Formulierung hielt Winckelmann, gegen die Meinung der Neapolitaner, die besten Stücke der Sammlung für griechische Importware, entstanden unter den Händen athenischer Meister. Die hochgelobte Zeichnung stellt einen Frauenraub dar; in unseren Zusammenhang paßt eine andere, die ihm aufgefallen sein muß wegen ihres Sujets. Dargestellt sind zwei junge Männer, nackt bis auf ein Stirnband mit Federn, wie es zu festlichen Umzügen getragen wurde; der eine sitzt, seitlich gesehen, auf einem Stuhl, und arrigiert, während der andere, jüngere, im Begriff ist, ihm aufzusteigen. Ein Mann und eine Frau, beide bekleidet, schauen gelassen zu. Unter allen pornographischen Darstellungen auf Vasen ist es die eleganteste; dennoch gehörte Unerschrockenheit und Durchsetzungsvermögen dazu, dieses Bild originalgetreu in die

Bände aufzunehmen. Leider ist hierzu ein Kommentar Winckelmanns nicht überliefert.

Der zweite *dilettante*, der für diesen Aufenthalt wichtig wurde, war der Baron Riedesel. Vier Jahre zuvor hatte er sich von Winckelmann führen lassen; dann war er weiter gereist und hatte von unterwegs in bewegten Dankesbriefen um weitere Exkursionen und auch um mehr Zuwendung gebeten: Er möchte nach Rom zurückkehren und von dort aus mit ihm gemeinsam die Stätten der alten Griechen bereisen, also Sizilien, die *Magna Graecia*, und das Mutterland mit seinen Städten und Inseln. Winckelmann selber hatte mehrmals von Engländern Einladungen zur Mitreise in die Levante bekommen und diese dann doch immer ausgeschlagen; seit drei Jahren spielte er außerdem mit der Idee einer Fahrt in den Norden zum Besuch seiner Freunde in Zürich, Dresden, Dessau und Potsdam. Mit Riedesel, der ohne Diener, Zeichner, Bärenführer reiste, wäre es ein Unternehmen unter Gleichen geworden, denn Winckelmann war inzwischen in der Lage, sein Teil selbst zu finanzieren. Dennoch einigten sie sich auf einen Kompromiß: Riedesel fuhr allein nach Sizilien, aber mit genauen Instruktionen, worauf er unterwegs zu achten und wonach er zu suchen habe — auch Winckelmann wußte nur das anzugeben, was er bei den antiken Autoren darüber gelesen hatte. Anschließend trafen sie sich in Neapel.

Der Baron hatte Jura studiert und wurde später Diplomat in preußischen Diensten am Wiener Hof; mit der Antike befaßte er sich, neben anderem, intensiv aus Interesse. Er heiratete und hatte vier Kinder; Winckelmanns besonderem Interesse an männlicher Schönheit kam er entgegen durch Offenheit. Sein Reisebericht, abgefaßt als Sendschreiben an Winckelmann und auf eigene Kosten sofort gedruckt, wurde von diesem freundlich gelobt; Goethe hat ihn zwei Jahrzehnte später als einzige deutschsprachige Publikation über Sizilien wie einen Reiseführer genutzt und in der *Italienischen Reise* enthusiastisch gewürdigt.

Das „Griechische Geblüt"

Der vierte Aufenthalt Winckelmanns in Neapel wurde sein längster. Beim ersten, knappe zehn Jahre zuvor, hatte sein aus Deutschland mitgebrachtes, aus Büchern angeeignetes *systema* des Verhältnisses von Breitengrad und Schönheit der Bevölkerung einen Stoß bekommen durch den afrikanisch-arabischen Einschlag der Neapolitaner. In der Zwischenzeit aber war bei ihm selber die Fähigkeit zur Empfindung des Schönen gewachsen, und die Erfahrung hatte das aus dem Mittelalter stammende Ideal strahlender Helligkeit und Hellhäutigkeit relativiert: Auch Mohren können, bleiche Britinnen hingegen müssen nicht schön sein! Vom täglichen Gang über den Strand mit seinem Naturschauspiel und den kleinen Reisen mit Hamilton sind Sätze inspiriert, die hier nicht fehlen dürfen, verfaßt als Ergänzungen für die zweite Auflage der *Geschichte der Kunst des Alterthums* und darum von entsprechender Allgemeinheit und Abstraktheit.

In Italien finde der Reisende noch heute an vielen Orten das „Griechische Geblüt" und „je mehr sich die Natur dem griechischen Himmel nähert, desto schöner, erhabener und mächtiger ist dieselbe in Bildung der Menschenkinder." Hier gebe es „wenig halb entworfene, unbestimmte und unbedeutende Züge des Gesichts, wie häufig jenseits der Alpen", so „daß der Kopf des geringsten Mannes unter dem Pöbel in dem erhabensten historischen Gemälde könnte angebracht werden".

Und dann artikuliert Winckelmann, der Schmächtige, seine Bewunderung des ihm unerreichbaren Schönen Nackenden, indem er es perspektivisch vergrößert: „Der untere Theil von Italien (…) erzeuget Menschen von prächtigen und stark bezeichneten Formen; die große Statur der Einwohner dieses Landes muß einem jeden in die Augen fallen, und das schöne Gewächs und die Stärke ihrer Leiber siehet man am bequemsten an den halb entkleideten Seeleuten, Fischern und Arbeitern am Meere". Und sofort hat der Gelehrte die wahre Dimension des Erhabenen vor Augen: den Mythos, indem er mit Blick auf die vulkanische Zone im Norden der Stadt mutmaßt, daß in solcher Landschaft und mit solchen Gestalten „die Fabel der gewaltigen Titanen entstanden sey, die mit den Göttern in den Phlegreischen Gefilden (…) gestritten haben".

Vesuv und Lazzarone

Den Blick auf Stadt und Bucht von Neapel prägten über alle Schönheit hinaus zwei Momente des Ungeheuren, das eine alltäglich und verstreut zwischen Stadt und Strand als pittoreskes Relikt antiker Zustände, das andere in unregelmäßigen Abständen jäh den Boden erschütternd und die Bucht übersprühend mit Höllendampf und Aschenregen als Urbild des Mythos von der Gigantenschlacht. Winckelmann teilt in seinen Briefen leider nichts mit, was die Andeutung in seiner Kunstgeschichte präzisieren und jenes erste Moment anschaulich machen könnte; hier hilft nur ein Blick in andere Quellen.[51]

Sir William war Experte in beidem. Dem zweiten hat er später eine zweite große und nicht minder prachtvolle Publikation gewidmet; hier war er auch der Autor, was ihm den Ehrennamen „Zweiter Plinius" eintrug nach jenem Römer, der im Jahr 79 den großen Ausbruch des Vesuvs beobachtet und beschrieben hat, bei dem jene Städte untergingen, die seit der Mitte des achtzehnten Jahrhunderts ausgegraben wurden.

Zur Beschreibung des pittoresken Menschenschlages, den es nur in Neapel gab, müssen wir über die Epoche hinausgreifen. Das erste Wort soll ein Maler haben, Ludwig Emil Grimm, der jüngste Bruder der Brüder Grimm. Er beschrieb im Jahr 1816 das Gewimmel auf dem Platz vor dem Palazzo Reale, Bürger, Soldaten, Matrosen, von eleganten Kutschen rüde bedrängt, in denen hohe Herrschaften sitzen; wenn einmal eine Dame ein Stück zu

Fuß gehen muß, so wird sie „von zehn bis fünfzehn Bettlern verfolgt, Weibern, Mädchen, Buben, Männern, alle zerlumpt und
halbnackt. Dort stehen ein paar Lazzaroni, braun von Farbe,
meist vortrefflich gewachsen, herrliche Modelle, ziehen ihre
Hemden oder Lumpen ganz aus und wieder an."[52]

Wer jedoch die Stadt mehr mit den Ohren und den übrigen Sinnen wahrnahm, der beschrieb sie als lärmend, stinkend,
chaotisch, so zum Beispiel die Komponistin Fanny Mendelssohn
im Jahr 1840: „Ich bin froh, wenn ich unseren stillen, kühlen,
schönen Balkon nicht zu verlassen brauche; die Stadt ist infer-
nalisch; man möchte sagen, die Einwirkung des Vesuv erstrecke
sich bis hierher." Damit spielt sie an auf den Mythos vom Vesuv
als Schmiede des Vulkan. Das Brodeln und Lärmen schien wie
aus der Tiefe verstärkt; und die Straßen dienten als Werkstatt, als
Marktplatz und als Rennbahn für ratternde Kutschen. Der Mei-
sterin zarter Klänge verdirbt Höllenlärm den Anblick; Grimms
„herrliche Modelle" nennt sie „Lazzaronipöbel".[53]

Er gehörte immerhin drei Jahrhunderte lang zu den Sehenswürdigkeiten Italiens. Hatte man in Florenz Gemälde, in Rom
Kirchen und Antiken bewundert, so genoß man in Neapel, dem
absoluten Süden der Bildungsreisenden, vor allem das Klima
und die Landschaft; darin aber lebte und agierte unübersehbar
der Lazzarone. So nannten ihn die Einheimischen, „armer La-
zarus"; damit war ursprünglich der Insasse eines Lazarus-Hospi-
tals gemeint, später dann jeder Obdachlose, sozial gezeichnet von
Schwären und Lumpen.

Eines aber fiel stärker auf als die Not: Die Lazzaroni legten des
öfteren das Gewand ihres Elends demonstrativ ab; Knaben und
junge Männer schienen in der warmen Jahreszeit Kleidung überhaupt zu meiden. Die Besucher aus dem Norden beschreiben es je
nach Temperament und Mut mit Entsetzen oder Entzücken. Der
Kenner der Antike sah hier Faun und Triton lebendig werden, der
Ethnologe studierte den letzten europäischen Wilden, der Bibel-

feste erkannte den Aborigen des Paradieses. Sie „entkleiden sich", schreibt zur Zeit Winckelmanns ein schottischer Arzt: „vor den Häusern am Strand und baden im Meer, ohne sich im mindesten zu genieren. Man sieht ihre athletisch gebauten Körper, wenn sie am Ufer spielen und sich tummeln, völlig nackt und ohne das geringste Schamgefühl, wie Adam im Zustande der Unschuld, während die Damen in ihren Kutschen und die Dienstmädchen und jungen Frauen dieses einzigartige Schauspiel so gleichgültig betrachten, als handele es sich um die Parade der berittenen Garde im Hyde Park."[54]

Sie waren keine Randerscheinung, keine Einzelfälle. Zu Tausenden lebten sie, landflüchtige Bauern, als Gelegenheitsfischer, Tagelöhner, Boten, Stadtführer und Bettler auf Straßen und Plätzen, wo sie sich tagsüber vermischten mit einer Bevölkerung, welche ihr Leben wesentlich unter freiem Himmel gestaltete. Sie bildeten das Lumpenproletariat der Hauptstadt des Königsreiches von Unteritalien und Sizilien mit einem Hofstaat nach spanischem Vorbild, dessen ostentative Pracht sich kraß abhob von ihrem Elend. Neapel war die drittgrößte Stadt Europas, die größte Italiens; um 1650 lebten hier 300 000 Menschen, von denen eine Dekade später die Hälfte starb an Hunger und Pest; hundert Jahre später war die Zahl wieder erreicht; und sie stieg bis 1800 auf 440 000 Bewohner.

Den ansässigen Adel und das Bürgertum störte weniger das Bild, welches die Lazzaroni boten, als deren schiere Zahl. Zeitgenössische Schätzungen reichen von vierzig- bis sechzigtausend. Wie den Ausbruch des Vesuv fürchteten die Besitzenden allzeit den Aufstand der Unbehausten. Im Jahr 1647 hatten sie ihn gewagt und unter der Leitung des Fischers Masaniello die Regierungsgewalt an sich gerissen, sie dann jedoch nicht halten können. Als politische Organisation blieb eine Bandenstruktur nach, aus der die *Camorra* hervorgegangen ist. Der Name *Lazzarone* erscheint in der Literatur erst nach dem Aufstand, der einen schönen Stoff bot für Dramen und Opern. In der Mitte der achtziger Jahre des achtzehnten Jahrhunderts publizierten namhafte französische Künstler und Autoren einen Prachtband mit gestochenen Ansichten über ihre *Voyage pittoresque* durch das Königreich beider Sizilien, mit Widmung an Königin Marie Antoinette von Frankreich; darin zeigt ein Blatt, was bald danach auch in Paris stattfand: Revolution. Unterschrift: „Masaniello stachelt die Menge auf."

Aus Furcht vor neuen Umsturzversuchen gewährte die Regierung den Ärmsten ein paar Sonderrechte und subventionierte den Brotpreis; obendrein veranstaltete sie alljährlich ein Volksfest mit dem trügerischen Namen *Cuccagna*, Schlaraffenland. Vor den Augen von König, Hof und Bürgertum wurde ein mit Lebensmitteln behängtes Baumgerippe den Ärmsten zur Plünderung freigegeben. Fünftausend Bedürftige, von Soldaten in Schach gehalten und dann losgelassen, rannten auf einige hundert Fressalien zu und kämpften um sie. Der Baum war binnen fünf Minuten geplündert; zurück blieb ein Schlachtfeld. Der junge Marquis de Sade war im Jahr 1776 unter den Zuschauern; hier übe das Volk, schreibt er, den Aufruhr als Selbstzerfleischung: „mir standen die Haare zu Berge. Zwei Männer stritten sich um eine halbe Kuh (…). Sofort sind die Messer heraus (…). Einer fällt und schwimmt in seinem Blut. Doch der Sieger kann seinen Sieg nicht auskosten. Die Sprossen, auf denen er hinauf geklettert ist, um die Beute los zu machen, geben unter ihm nach. Beladen mit der halben Kuh stürzt er selbst hinab auf seinen Fleischrivalen. Welcher tot, welcher verletzt, es ist nicht zu erkennen; man sieht nur einen Klumpen. Und schon profitieren neue Konkurrenten von dem Unglück der beiden Gefallenen; zwischen den Leibern ziehen sie das Stück Fleisch heraus und tragen es im Triumph von dannen, während noch das Blut ihrer Rivalen an ihnen hinunter rinnt."[55]

Nachleben der Antike: Aus der zweitausendjährigen Lava werden Pompeji und Herkulaneum ausgegraben, und der Lazzarone steigt als Gladiator in die Arena. Noch erlebte jede Generation einen oder zwei große Ausbrüche des Vesuv, und meist stand über dem Krater eine Rauchsäule drohend im heiteren Himmel. Dieser Garten Eden war gefährdet, nicht zuletzt auch durch seine Bewohner, deren Naturell etwas Vulkanisch-Eruptives anzuhaften schien. Neapel sei, hieß es, „un paradiso abitato da diavoli". Das bezieht sich auf die gesamte Bevölkerung, der exzessive Streitsucht vorgeworfen wurde, Faulheit, Käuflichkeit und Gaunerei. Und noch etwas!

Der Satz von den *diavoli* erscheint bereits in der frühesten Schilderung des Volkslebens aus den Jahren 1632/33, und dort wird auch der letzte und tiefste Grund des Teuflischen benannt. Leider ist über den Autor, den Franzosen Jean-Jacques Bouchard, nur wenig zu erfahren: geboren 1606, von seiner Familie mit einer Pension nach Italien geschickt und dort lange auf ein Kanonikat hoffend, gestorben in Rom als Privatier und Junggeselle. In Neapel hat er acht Monate verbracht. In seinem Bericht schreibt er heikle Ausdrücke (hier im Original und kursiv wiedergegeben) mit griechischen Buchstaben.

„Neapel wird ohne Zweifel, was die Zahl der *bougres* angeht, von Rom übertroffen, wo alle mitmachen, während es in Neapel nur die Adligen, die Philosophen und die Ärzte tun; Händler, Handwerker und das einfache Volk zeigen dazu wenig Neigung. Doch übertrifft Neapel Rom wiederum an Zahl, Schönheit und Preisfreundlichkeit der *bardaches*."

Bouchard bereits fand die Stadt unerträglich voll und laut. Das Wort *lazzarone* verwendet er, anderthalb Jahrzehnte vor dem Aufstand, noch nicht, doch das Phänomen beschreibt er genau. Er hat es regelrecht studiert, und zwar draußen am Strand, an der *Chiaia*, welche damals noch außerhalb der Stadtmauer lag. Dort mietete er ein Haus und beobachtete die Fischer. Stolz seien sie in ihren Lumpen und leicht aufbrausend, locker die Messer. Die Frauen prügelten sich untereinander und gingen nachts auf den Strich. Vom entsprechenden Verhalten der Männer schweigt er hier, doch wo sonst wären die wohlfeilen Stricher zu finden? Um so eindringlicher beschreibt er, wie nachmittags junge Burschen in malerischen Gruppen überquellende Obstkörbe den Strand entlang tragen.

„Eine andere Unterhaltung waren mir die kleinen Kinder der Chiaia, welche während der fünf heißesten Stunden des Tages nichts taten als schwimmen und durchs Wasser stapfen, um sich dann auf dem Sand von der Sonne rösten zu lassen. Und bisweilen machte Orest", so nennt er sich selber, „sich das Vergnügen, ans Ufer zu gehen und ihnen einige *Cavalli* oder *Pubbliche*", kleine Münzen, „ins Wasser zu werfen; dann sprangen sie alle ins Meer, kopfüber, wie Frösche, und tauchten, um das Geld zu fangen. Sie finden es selbst in großer Tiefe unten im Sand, und oft schnappen sie es mit ihren Zähnen.

Diese Kinder laufen den ganzen Sommer über nackt umher, nicht nur am Kai, sondern auch in den Straßen und Häusern; sie reden und essen und spielen den ganzen Tag lang mit Frauen und Mädchen, nackt vor aller Augen; dabei sind manche fünfzehn, sechzehn, siebzehn Jahre alt. Ja sogar kleine Mädchen gehen nackt und auch jede Menge erwachsener Männer, wenn sie vom Fischen heimkehren; die aber bleiben am Kai auf dem Sand. So sieht man an der Chiaia mehr Nackte als Bekleidete, (…) und zu dieser Nacktheit kommt hinzu, daß alle jungen Burschen und die unverheirateten Männer im Sommer am Strand übernachten; sie schlagen auf dem Sand ein Klappbett auf und ziehen sich einen Fischermantel über; manche schlafen in den Boten auf dem Wasser. Zu Orest sagten sie, dies täten sie um ihrer Gesundheit willen und um den Flöhen und Wanzen zu entkommen, von denen es in Neapel den Sommer über wimmelt."

Regelrecht zelebriert wird Nacktheit bei nächtlichen Festen, wenn nach dem alljährlichen festlichen Bootskorso des Adels in der Bucht zuletzt die Jugend sich selber genießt: „Es bereitet unaussprechliches Vergnügen, all das einfache Volk an den Stränden zu beobachten. Da wird getrunken, gesungen, getanzt; manche scheinen *pygiaca sacra* zu feiern, ein heiliges Arschfest, denn überall sind Grotten und Höhlen; wieder andere, weiter draußen, baden vor den Augen ihrer Frauen, welche dann ihre Maße und Dimensionen beurteilen."[56]

Ein Jahrhundert später hat Sir William Hamilton diesen Aspekt des neapolitanischen Volkslebens unverändert vorgefunden und auf seine Weise zu würdigen gewußt. Bisweilen kaufte er Vasen im Vorübergehen und ließ sie sich dann von einem Lazzarone nachtragen; der Maler Tischbein sah ihn einmal zusammen mit einem solchen einen ganzen Korb voller Vasen schleppen, der Diplomat direkt vom Hofe kommend im Festkleid mit Ordensband und Stern, der Lohnträger in Lumpen. Er selber badete jeden Morgen im Meer, was für einen Herrn von Stand unüblich war; dazu fuhr er im Boot hinaus und nahm nur seinen Burschen Gaetano mit, und zwar nackt; wenn der Affe Jack mitfuhr, mußte der Junge sein Gemächte mit den Händen vor dessen Zugriffen schützen. Zwei Jahrzehnte später war der Maler Wilhelm Tischbein zu Gast bei Hamilton und seiner zweiten Frau in seinen Sommerhaus am Posillipo; darüber berichtet er Goethe: „Nach Tische schwammen ein Dutzend Jungen in dem Meere, das war schön anzusehen. Die vielen Gruppen und Stellungen, welche sie in ihren Spielen machten! Er bezahlt sie dafür, damit er jeden Nachmittag diese Lust habe."[57]

Arkadien — hier war es! Doch mit der französischen Besatzung, vor der die Hamiltons 1799 nach England auswichen, kam Wandel auch in die Sitten. Fischer und Lohnträger gingen nicht länger nackt. Nur die Knaben hielten noch lange fest an der lazzaronischen Freiheit, wie deutsche Besucher mit Entzücken berichteten, unter anderen Wilhelm Waiblinger, Ferdinand Gregorovius und Gerhart Hauptmann.

Winckelmann hat noch das Goldene Zeitalter erlebt, und es muß in seinen Briefen entsprechende Berichte gegeben haben. Er stand auf vertrautem Fuß mit Hamilton und kannte den Prinzen Francavilla, der zum Höhepunkt der Feste in seiner Villa am Hafen die Gäste, darunter Casanova und vielleicht auch einmal Winckelmann, mit dem Anblick nackt badender Knaben entzückte. Was wir aus seiner Feder haben, sind zwei Schilderungen von jenem anderen Naturschauspiel, in dessen Aufruhr er selbst den Lazzarone gibt. Ein ausführlicher Bericht ging an Stosch:

„Die Ursach meiner aufgeschobenen Rückreise ist die Wuth des Vesuvius (…). Von dem schrecklichen Auswurfe dieses Berges (…) werden alle Zeitungen berichten, und ich begnüge mich also nur zu sagen, daß man sich in diesem Jahrhunderte dergleichen nicht erinnert. Ich befand mich zu Caserta, (…) es krachete aber alles in unserem Hause, da der Auswurf geschahe, und das ganze Land ward mit Asche bedecket, welche ein Stein-Grieß ist und dem schwarzen Streu-Sande ähnlich ist. Den Mittwoch früh gieng ich zurück nach Neapel (…).

Den Mittwoch gegen Abend gieng ich nach Portici, in Begleitung des (…) so genannten Baron de *Han*, bey welchem ich wohne und esse, und des Baron Riedesels nebst 3 Bedienten mit Fackeln und einen Führer, und dieses geschahe zu Fuße, weil wir, um bis zur Mündung zu kommen, über schreckliche Berge von alter Lava zu klettern hatten, bis wir an die neue Lava gelangeten, die wir unter der oberen verhärteten Rinde laufen sahen. Endlich aber nach dem aller beschwerlichsten Wege von zwo Stunden, den ich als guter Fußgänger in meinem Leben gemacht habe, mußten wir, um zur Mündung zu kommen, die brennend heiße Lava übersteigen, welches unser Führer sich weigerte zu thun, und da kein Mittel war ihn zu bewegen, nöthigte ihn der Stock, und de Han (…) gieng mit einer Fackel voran, und wir folgeten mit zerplatzten Schuhen, so daß uns auch die Sohlen unter den Füßen verbrannten. Da wir an der Mündung kamen fanden wir dieselbe mit der glüenden Lava vermischt, so daß die Öffnung nicht kenntlich war. Hier war ich der erste welcher sich auszog, um mein Hemde zu trocknen, und meine Begleiter thaten desgleichen. Während dieser Zeit leereten wir ein paar Flaschen Rosoli aus, und da wir trocken waren, suchten wir den Rückweg, welcher aber gefährlicher war als der Hingang."

Portici mit Schloß und Museum seien der Verschüttung und Vernichtung knapp entgangen; einen Tag lang habe es um Neapel gedonnert, als werde es von Kanonen beschossen; und dann sei die Sonne verfinstert worden durch einen Regen aus Flocken von Bimsstein. Die Arbeit hat das alles nur wenig aufgehalten: „Mein Vorsatz allhier ist, meine Geschichte der Kunst durch hiesige Denckmale vollständiger zu machen und eine ganz neue und vollständige Nachricht der Herculanischen Entdeckungen zu geben, und zwar beydes in französischer Sprache. Ich muß aber in meinen Bemerkungen sehr behutsam gehen: denn da ich wider Verhoffen den freyen Zutritt zu dem Muso erlanget habe, muß ich mich stellen, als wenn ich nichts mit sehr großer Aufmerksamkeit ansehe, welches aber dennoch geschiehet". (905)

Sechs Wochen später faßte er für Francke die Ereignisse zusammen: Neapel habe er „diesmal völlig nach meinem Sinne genossen" und an Altertümern „sehr viel neues" gesehen, worüber er noch schreiben werde; doch allein der Ausbruch des Vesuv sei die Reise wert gewesen. Und wie vor zwölf Jahren angesichts der Alpen hat er für die ungeheure Natur keine Worte: „wer es nicht gesehen, kann sich von diesem schrecklich schönen Schauspiele keinen Begriff machen." Aber dann gibt er doch einen „Begriff" in seinem Sinne, nämlich prägnante Anschauung, und zwar vermittelt über seine Ästhetik der menschlichen Gestalt: Die eigene Erscheinung wird ihm zum Sinnbild des Ganzen, zu seiner Allegorie. „Ich habe eine ganze Nacht auf dem Berge selbst, in Begleitung meines Baron von Riedesel und eines berühmten Avanturiers *d'Hancarville* zugebracht, wo wir an dem feurigen Flusse Tauben brieten, und Winckelmann hielt, wie die Cyclopen, nackend seine Abendmahlzeit." (914).

Winter 1767/68: Rom

Rastlose Arbeit

Er hatte kein leichtes Leben, das Schwerste jedoch waren die Anfänge. Ein *opsimatheis* sei er, ein Spät-Gelehrter, weil er seine Gelehrsamkeit sich nur auf Seitenwegen neben dem Broterwerb aneignen konnte — aber das schrieb er von der hohen Warte des Griechischen, welches er beherrschte wie nur wenige zu seiner Zeit. Seine Jugend habe er aus Armut nicht genießen können — doch seine Fähigkeiten sind früh erkannt und gefördert worden. Von klein auf wollte er heraus aus der Ende der Altmark in ferne, freiere Lande — in Rom war er etabliert, nicht zuletzt durch seine profunde Gelehrtheit und große Sprachenkenntnis: Hebräisch, Griechisch, Latein, Französisch, Englisch, Italienisch sowie erste Schritte ins Arabische. Die neuere europäische Literatur bis an die Schwelle der eigenen Zeit hatte er gründlich gelesen; was gegenwärtig entstand, interessierte ihn weniger. Als Leonard Usteri ihm die *Idyllen* des Salomon Gessner schenkte, staunte er, daß ein Zeitgenosse, obendrein in deutscher Sprache etwas seinem eigenen Empfinden Gemäßes poetisch darzustellen imstande sei, und als höchsten Ausdruck seines Lobes schrieb er dem Autor nach Zürich: „Mein theurer liebenswürdiger Geßner! Ich weiß, was Schreiben vor ein schweres Werck ist". (382)

Es war der Mittelpunkt seines Lebens geworden. In Rom las er weniger; an die Stelle der Bibliothek war das Museum getreten, und was ihm nach der Arbeit vor den Kunstwerken und neben seinen Dienstpflichten an Zeit blieb, das wandte er fast ganz auf das Schreiben eigener Artikel und Bücher. Der Dresdner Essay war der Stein, dem eine Lawine folgte; seit diesem großen Wurf konnte er nicht mehr aufhören mit dem Konzipieren, Entwerfen, Schreiben, Umschreiben eigener Werke; und wenn eines gedruckt war, dann hatte er in sein Manuskript bereits allenthalben Änderungen und Erweiterungen eingetragen. An seiner Kunstgeschichte hat er, mit Unterbrechungen, die ganzen zwölf Jahre hindurch gearbeitet. Während in Dresden die erste Auflage gedruckt wurde, sammelte er bereits Texte für einen zweiten Band mit Anmerkungen; als er sein Hauptwerk gedruckt in Händen hielt, ließ er sogleich leere Seiten einbinden, um aus den zwei Teilen ein Ganzes zu machen und dieses zu erweitern zu einer gründlich verbesserten zweiten Auflage. Da nun aber der Verkauf der ersten sehr schleppend ging, der Verleger Walther diese aber erst absetzen mußte, ehe er an eine zweite Auflage denken konnte, suchte Winckelmann den Umweg über die französische Sprache, in die er das Ganze selbst übersetzen wollte, um es als eigenständiges Werk auf den Markt zu bringen, das dann wiederum ins Englische übersetzt würde. Dieses mühevolle und nicht ganz lautere Unterfangen gab er bald wieder auf.

Über Reiffenstein, der als Romführer sein Nachfolger werden sollte, bemerkte er einmal: Er „unternimmt vieles und bringet nichts zu Ende". (837) Er selber unternahm weitaus mehr und

immer Wesentliches, doch alles im Bewußtsein seiner Vorläufig-
keit. Er war kein Vielschreiber und auf Knappheit und Dichte
seiner Texte bedacht, dabei aber ständig mit Schreiben beschäftigt; den mühsamen und nie vollendeten Umbau seiner Kunstgeschichte hat er regelrecht genossen: „ich bin so verliebt in diese
Arbeit, daß ich dieselbe niemahls aus der Hand lege." (880) Nebenher entstanden kleinere Schriften wie die lang geplante *Allegorie für Künstler*, die er Walther zum Druck anbot; sie sei „geen-
diget", gehe aber noch nicht auf die Post: „denn ich habe eine besondere Liebe zu dieser Arbeit und will dieselbe noch einige Zeit
für mich allein genießen, um etwas für mich allein zu behalten."
(654)

Wie einst in Deutschland mußte er auch in Italien seine Zeit
streng einteilen, denn im Hauptberuf war er nicht Autor, sondern
Gesellschafter seines Kardinals und Kurator von dessen immer
wachsender Antikensammlung; außerdem hatte ihn der Papst
zum *Scrittore* an der Vatikanischen Bibliothek ernannt, und zwar
„della lingua teutonica", also für den bedeutenden deutschsprachigen Bestand mit den Mittelalter-Handschriften der Heidelber-
ger Bibliothek. Sein Interesse aber galt der Abteilung der „lingua
graeca", zumal selbst im gelehrten Rom nur wenige das Griechische so beherrschten wie er; um diesen Posten hat er sich lange
bemüht, ohne ihn je zu bekommen. Sein wichtigstes Amt war jenes des Präfekten der Altertümer, der zu allen Grabungen im Kirchenstaat seine Genehmigung geben mußte und vor allem zu jedem Export von antiker Kunst, wozu er jedesmal in den Über-
see-Hafen *Ripa grande* gerufen wurde, um sich über Kisten und
Koffer zu beugen. Schließlich stand er dem Protokoll zur Verfügung, um Fürsten und Diplomaten zu führen und zu begleiten.
Diese konnte er nicht, jüngere Adlige wollte er nicht abweisen. So
war er denn tagsüber meistens unterwegs; zum Schreiben kam er
wie einst in Nöthnitz zum Lesen, nämlich frühmorgens und spät
in der Nacht.

Im Brief an den Vater von Heinrich Füssli hatte er den Sokrates zitiert mit dem Satz, es sei „beßer auf das Herz der Jünglinge schreiben als auf Papier", zuvor aber seinen Unterricht an dem aufgeschlossenen Schüler mit dem beglückenden Gefühl verglichen, „etwas würdiges geschrieben zu haben". (640) Sein pädagogischer Eros verließ ihn nie, obwohl es so oft an Gegenliebe fehlte; er ist aber nicht zuletzt deswegen stark ins Schreiben gerutscht, welches selber zu einem Akt der Liebe und der Zuneigung geworden. Mit dem häufigen Griff zu der Gattung „Sendschreiben" suchte er beides zu verbinden, indem er mit einem Text für alle *einen* Leser vor allen anderen ansprach. Die erhoffte Reaktion blieb bisweilen aus; so scheint Berg sich für die ihm gewidmete Schrift nie bedankt zu haben. Dafür kam bisweilen Lob und Dank für seine Arbeit von Fremden, etwa von Lessing oder dem jungen Herder.

Zu reden ist auch von seiner materiellen Existenz. Wir wissen einiges darüber, wie viel er verdiente und was zu seiner Zeit Kleidung, Kunst und Bücher kosteten; doch eine genaue Rechnung, gar der Vergleich mit heutigem Geldwert scheint kaum möglich. Er war arm geboren und hat sein Leben lang sparsam und bescheiden gelebt; er besaß wenig Bücher; in Rom trug er als Diener der Kirche schlichtes Schwarz, doch für seine Fahrten und Reisen ließ er sich elegante farbige Kleidung machen; und er erwarb selber etliche kleinere Antiken. Als er starb, besaß er ein kleines Vermögen durch den direkten Vertrieb seines großen Tafelwerkes in italienischer Sprache.

Zu eigenem Wohlstand kam einer im achtzehnten Jahrhundert entweder durch ein Hofamt oder als Kaufmann; an beide Möglichkeiten hat auch Winckelmann gedacht, nachdem er als Autor sich zwar einen Namen gemacht, aber kaum etwas verdient hatte. Der letzte Aufenthalt in Neapel, schreibt er, habe ihn mehr gekostet, als Walther in Dresden ihm je an Honoraren gezahlt habe. Das Übrige einmal in Zahlen: Sein Jahresgehalt betrug in

Seehausen wie in Nöthnitz 80 Taler; dort bekam er noch 40 Taler für Kost und Logis, hier wohnte und aß er im Gutshaus. Von Pater Rauch erhielt er von 1755 bis 1758 jährlich 200 Taler, bis 1763 nur noch 100 Taler. In der Cancelleria hatte er nur die freie Wohnung; Albani gab ihm Wohnung, Essen und 80 Scudi, das war soviel wie 120 Taler. Seit 1763 bekam Winckelmann für seine vatikanischen Ämter 320 Scudi. 1766 rechnete er insgesamt mit 560 und hoffte auf 760 Scudi. So viel verdiente sein Freund Berendis als Hofrat in Weimar schon im ersten Jahr.

Als der König von Preußen ihn aus Rom abzuwerben suchte, verlangte er 2000 Taler; denn so viel bekamen die französischen, italienischen und englischen Herren am Hof. Als Friedrich dies ablehnte mit den Worten, 1000 Taler seien „assez pour un Allemand" (IV, 95), antwortete Winckelmann mit der Geschichte eines berühmten Kastraten, dessen Honorarforderung der König zurückgewiesen hatte mit der Bemerkung, so viel bekomme in Preußen nur ein General; worauf der Sänger ausgerufen habe: „Eh bene! Faccia cantare il suo generale!" — Dann soll er seinen General singen lassen! (735)

In Winckelmanns nächster Nähe sind etliche kleine Leute groß geworden. So lebte in der *Via de' Condotti*, wo er mit Wiedewelt gewohnt hatte, der Künstler Christian Dehn, der zunächst als Gehilfe des alten Stosch das Herstellen von Gemmen-Abdrücken und den Umgang mit Antiken erlernt hatte. Später wurde Dehn neben dem Steinmetz Cavaceppi der erste große Händler mit Antiken in Rom, neben dem Steinmetz Cavaceppi, der antike Skulpturen auf eigene Faust restaurierte und großzügig ergänzte, später mit Fürstenhäusern Geschäfte machte und nebenher Zeichnungen sammelte wie ein Fürst; sein schönes Haus steht in der Via del Babuino. Nahe bei Winckelmanns erster Unterkunft bei der Kirche Trinità de' Monti lebte auch Alessandro Torlonia, der als einfacher Lohndiener begann, dann Geldwechsler wurde und schließlich als Bankier ein solches Vermögen erwarb, daß seine Familie in den Fürstenstand erhoben werden mußte. Seine Nachfahren haben den Erben der Familie Albani im 19. Jahrhundert jene Villa abgekauft, die Winckelmann mit eingerichtet hatte. Und da war noch Mengs, den sein Vater zum Malen gezwungen und zur Meisterschaft geprügelt hatte; in Dresden bekam er das Gehalt eines Hofrats, in Rom das eines Ministers, anfangs 1600 Taler im Jahr, zuletzt in Madrid 13 000 Taler. Als dem spanischen König eine ungewöhnlich schöne Kamee angeboten wurde und dieser wegen des hohen Preises verzichtete, kaufte Mengs sie und schenkte sie seiner Frau; er bezahlte 1000 Zecchinen gleich 1500 Taler — ein Drittel mehr als das, was Preußen Wickelmann als Jahresgehalt angeboten hatte.

Winckelmann war mehr an der Erforschung und Deutung von antiken Kunstwerken interessiert als am Erwerb von Vermögen. Da er aber beim Vertrieb seiner bisherigen Werke sich immer wieder „betrogen" gefühlt hatte, beschloß er, dieses bei seinem letzten, den Tafelbänden der *Monumenti Antichi Inediti* mit Abbildungen von Antiken aller Art, selbst zu besorgen. Dieses führte zunächst dazu, daß seine schöne Wohnung im Palazzo Albani sich füllte mit Stapeln von Druckplatten, gedruckten Bögen und gebundenen Exemplaren; und daß er alle seine Freunde und Bekannten, alle Besucher und Führungsgäste bat um Abnahme, möglichst gleich in mehreren Exemplaren, und um Weiterverkauf am jeweiligen Wohnsitz. Hatte er bisher im Anschluß an seine Führungen Trinkgeld stets zurückgewiesen, so nahm er jetzt alles, was ihm geboten wurde, als willkommenen Zuschuß zu den Druckkosten.

Nach Rom war er einst gegangen auf zwei bis drei Jahre und mit der Hoffnung, anschließend an den Dresdner Hof engagiert zu werden. Als aber im Friedensjahr 1763, dem Todesjahr König Augusts III., auch sein Nachfolger starb und Sachsen unter den Folgen der preußischen Angriffe litt, schien dort für ihn kein Platz mehr zu sein. Doch Landgraf Friedrich von Hessen-Kassel warb um ihn, und König Friedrich ließ mehrmals Interesse bekunden an einer Anstellung Winckelmanns in Potsdam oder Berlin; zuletzt noch suchte dessen Feindin Maria Theresia ihn nach Wien zu ziehen. Er selber dachte auch an Göttingen und Zürich. Am Ende blieb er in Rom und wollte nicht mehr weg; seine letzte große Reise brach er ab, um so rasch wie möglich wieder dort zu sein.

Der verhinderte Liebhaber hatte gelernt, einen Teil seiner Empfindung anderen Objekten zuzuwenden, indem er etwa den Kopf seines *Fauns* metaphorisch küssen wollte oder beim Betrachten antiker Gefäße „die sanft geschweiften Linien der Formen" hervorhob, die wie „an schönen jugendlichen Körpern mehr anwachsend als vollendet sind, damit unser Auge (…) seinen Blick nicht endige (…). Die süße Empfindung unserer Augen bey solchen Formen ist wie das Gefühl einer zarten sanften Haut, und unsere Begriffe werden (…) leicht und faßlich." Das Umblicken möchte Umfassen werden und der Begriff Zugriff.

Aus derselben Quelle rührt das emphatische Aufrufen patriotischer Gefühle. Als Stosch von Potsdam aus den Freund ebenfalls dorthin ziehen wollte, schwärmt dieser davon, „wie mächtig die Liebe des Vaterlandes" (726), eine ehrenhafte Berufung vorausgesetzt, sich bei ihm wieder rege, während die Hoffnung auf Dresden erloschen sei; dabei habe er „zu Sachsen eine Passion getragen, wie ich gegen den schönsten Menschen haben könnte". (647) Am Ende galt, was er bereits bei den ersten Anfragen vom Berliner Hof empfunden hatte: „Rom zu verlassen ist: mich von meinem Liebsten trennen." (557) Hierher gehört auch der Ausdruck von Rom als „Land der Menschenliebe" (551), denn nur dort hatte, was ihm Liebe war, auch Raum.

Am Ende wurde die Arbeit nicht weniger, doch ihre Einteilung leichter. Kardinal Albani nahm einen anderen Begleiter fürs Tägliche, in der Vatikanischen Bibliothek war seine Präsenz nicht mehr erforderlich. Und die beiden Bände der *Monumenti inediti* waren gedruckt; der Verkauf hatte begonnen, wenn auch zögerlich, doch „was ich nicht in 5 Jahren verkaufe, wird nach 10 Jahren vertrieben, da ich mir selbst des Beyfalls versichert bin." (864) Den ersten hatte der Papst selbst gespendet, als Winckelmann ihm in dessen Sommersitz Castel Gandolfo daraus vorlesen durfte. Aber: „Da ich nicht müßig seyn kann, fange ich itzo an (…) zu einem dritten Band zu sammlen". (826) „Die viele Arbeit macht mich stumpf, und ich fange an, seit einigen Monaten aus untrüglichen Kennzeichen den Eintritt ins Alter zu empfinden." (797) „Es ist die höchste Zeit, mich selbst und mein Leben zu genießen." (811) Immerhin „springe ich noch mit Ihnen", dem jungen Schlabbrendorf, „in die Wette über Graben und Zäune." (813)

Sitz der Ruhe

Die Konstante in Winckelmanns Leben, der Mittelpunkt und das Hauptthema der Briefe ist zu fassen in dem Wort „Arbeit", die ermüdend war und erquickend, die altern ließ und immer neue Spannkraft zeitigte, in der alles Erreichte zusammengefaßt war: Erfolg, Ansehen und Selbstwert. Daneben trat als erwünschter und ersehnter Gegensatz die schon früh und bis zuletzt beschworene „Ruhe". Gemeint ist das, was anderen Menschen die Familie ist, und zugleich die Versorgung im Alter. Diesem Leben fehlte der Begleiter. Eigentlich sollte er jung und schön sein, dazu kunstsinnig und treu. An Berg war alle Mühe verloren; später warf Winckelmann „die Augen auf einen wohlgebildeten Knaben, welchen ich gedenke zu mir zu nehmen und zu erziehen, um mir in demselben eine Gesellschaft zu bilden." (595)

Auch daraus wurde nichts, doch dann schien Riedesel in diese Rolle hinein zu wachsen; ihn habe er, wie er Francke schreibt, sich zum Freund regelrecht „erzogen". (902) Während er Berg beneidete um das zweifache Glück der Ehe und der sicheren Existenz „patriis in arvis", im alten Familiensitz, obendrein „weit von den

Thorheiten der Höfe" (885), rechnete er Riedesel vor, daß dieser ihn beneiden müsse, da er Kunst und Klima Italiens nur für die Zeit einer *Grand Tour* genießen könne und danach an einem jener törichten Höfe Anstellung suchen werde, während er, Winkkelmann, aus seiner Dürftigkeit das Beste gemacht habe: „Wäre ich in glücklichern Umständen, wie Sie, geboren, würde ich diese Wollust kurze Zeit oder gar nicht genossen haben." (641)

Sein Herz wallte noch einmal auf in Briefen an den Kupferstecher Christian von Mechel, der ihn mit dem „Milchlamm" Paul Usteri besucht und, wie jener, nach der Rückkehr in Basel sofort geheiratet hatte: „Ich bin Ihnen, wie eine zärtliche Mutter ihrem abreisenden Kinde nachsieht, von einem Orte zum anderen mit Geist und Seele gefolget". (803) Aus solchem melancholischen Nachklang der Schmerzen um Berg erwuchs eine Anfrage: „Ich werde mein Lebens-Ziel zehen Jahre hinausrücken, wenn Gott mich des Wunsches gewähret, mein Haupt in dem Schooße der Freundschaft zu Basel zu legen". (820) Hier klingt zudem noch Älteres nach, die Erinnerung an Peter Lamprecht und Ovid, an das Haupt der Venus in des Adonis Schoß.

Und als eine altvertraute Stimme sich unerwartet meldete, da antwortete Winckelmann sofort und suchte an ihr neuen Halt. Mengs, der Gedankenfreund der ersten römischen Jahre, schrieb von Madrid aus, wohin er als Hofmaler berufen worden war; Winckelmann scheint für einen Augenblick den Ärger mit dem untergeschobenen Ganymed-Gemälde oder wenigstens den Verdacht, daß Mengs der Maler sei, unterdrückt zu haben; jedenfalls ist seine Antwort *senza ritengo* und gipfelt in einer weiteren Vorstellung vom Ort seiner endlichen Ruhe. Winckelmann schrieb, am 28. März 1765, auf italienisch: „Die Nachricht, daß Sie noch vier Jahre länger in Spanien bleiben, dreht mir das Herz um. (…) Verflucht seien die gesellschaftlichen Verpflichtungen! Wenn ich dürfte, würde ich mich zu Fuß auf den Weg machen, um mich im Schoß Ihrer Freundschaft auszuruhen und dort meine Tage zu beschließen. Warum (…) lebe ich auf der Welt? Aus welchem Grund habe ich ein derart empfindliches Herz? Um mich müde zu arbeiten und Abhandlungen zu schreiben? Und während dem bleibt mir der wahre Genuss des Lebens versagt." (694)

Daneben erwog er, „villeicht in Zürich mein Leben zu beschließen", und zwar, da nicht alle Zürcher einen „Papisten" in ihren Mauern dulden würden, in einem katholischen Kloster „eine Stunde vor der Stadt". Immerhin: „Die ganze Stadt ist erböthig, an meine Aufnahme zu gedenken und mich persönlich einzuhohlen." (671) Das schrieb er an Stosch, doch Paul Usteri gab er zu bedenken, „daß Rom der einzige Ort in der Welt" sei, wo man „gut leben" könne: „So unfasslich Euch Zürchern auch diese Wahrheit immer seyn mag". (815) In einem seiner übermütigsten Briefe, ebenfalls an das „Milchlamm", schiebt er die Vorstellung von Zürich als Ruhesitz in die allerweiteste Entfernung: Er habe vor, nach seinem Tode mit seiner Haut „einen alten *tamburo* bespannen zu laßen und eurer Bibliothec zu vermachen, wo auch mein Gerippe an der Thüre stehen sollte mit zwei *crotali*, Holzklappern, in den Händen." (892)

Zürich erscheint ihm als Ort der allerletzten Ruhe mit den Alpen als Wolkentor, auf das er blicke „wie der arme Indianer", ein Zitat aus Popes *Essay on Man*, welcher „jenseit seiner Gebürge Ruhe zu finden hoffet." (802) So wieder an Paul Usteri. Und an den Bruder Leonhard, nach Klagen über seine schwere Arbeit: „in dieser Welt ist keine Ruhe, bis wir dahin kommen, wo der Indianer mit seinem treuen Hunde dieselbe zu finden hoffet." (899) Hier ist nicht mehr von Zürich die Rede, sondern vom Paradies des Heiden.

Und als das Projekt der Reise nach Deutschland endgültig zu scheitern droht, verschiebt er sein Wiedersehen mit Francke resignierend von Nöthnitz in die Ewigkeit: „Endlich wird die Ruhe kommen an dem Orte, wo wir uns sehen und zu genießen hoffen! Woran ich ohne die innigste Bewegung und ohne Freudenthrä-

nen nicht gedenken kann. Dahin will ich wie ein leichter Fußgänger, so wie ich gekommen bin, aus der Welt gehen. Ich weyhe
diese Thränen, die ich hier vergieße, der hohen Freundschaft, die
aus dem Schooße der ewigen Liebe kömmt, die ich errungen und
in Ihnen gefunden habe." (936)

Immer im Sommer, wenn Papst und Kardinäle sich in der *villeggiatura* erholten, kam Rom selbst mit seinen Landsitzen dem
Ideal sehr nahe. Winckelmann durfte wohnen, wo er wollte, und
zwar allein, entweder in Albanis kleinerer Villa am Meer in Anzio, oder in der großen, berühmten, die in der heißesten Zeit leer
stand: „Ich genieße hier eine stolze Ruhe und lebe, wie ich es mir
ehemals nicht in Träumen wünschen können". (715)

Als er endlich die Fahrt nach Deutschland antrat, dachte er
nur an eine Serie von kurzen Besuchen. Wegen einer Intrige um
das Einhalten der Fastenregeln wäre es mit Albani beinahe zum
Bruch gekommen, doch am Ende blieb dessen Hof der ultimative „Ruhesitz". Sorge machte Winckelmann einzig das hohe Alter des Kardinals, weil er fürchtete, nach dessen Tode von der Familie entlassen zu werden. Auch darum hielt er weiterhin fest an
den zwei geprüften Freunden Stosch und Riedesel.

Bildnis der Freundschaft

Ruhemomente anderer Art waren jene, da er Malern saß für
sein Porträt. Auf jedem der Bilder sieht man dem Dargestellten
seine Ungeduld an, eine feine Anspannung der Gesichtszüge, die
auf Witz und Schärfe schließen lassen und auf eine tiefgründende
Rastlosigkeit. Hier sitzt kein Herr mitten in schöner Muße, vielmehr ein Tätiger am Rande einer Zeitverschwendung.

Die Abbildungen sind nach dem Entstehungsjahr geordnet.
Das vierte Porträt wurde lange für das früheste gehalten. Ein fast
jugendlich wirkender Mann blickt aus idealisch übergroßen Augen den Betrachter an, in der Hand den Homer, in dem er soeben

gelesen zu haben scheint. Er ist mit Spitzenhemd und Mantel elegant gekleidet, trägt aber keine Perücke, sondern nur das eigene schüttere Haupthaar. So muß er ausgesehen haben um 1760. Er selber berichtet, daß ihn im Januar dieses Jahres ein Däne, Schüler von Mengs, porträtiert habe; dieses Werk ist verschollen, zwei erhaltene Zeichnungen weisen auf ein ganz anderes malerisches Konzept. Unser Gemälde aber befand sich am Ende des Jahrhunderts noch in Rom, und zwar im Nachlaß des spanischen Botschafters und Mäzens de Azara; dessen Favorit unter den römischen Künstlern war Mengs, dem er auch bis zu dessen Tod 1779 freundschaftlich verbunden war. Ihn hält die Kunsthistorikerin Steffi Roettgen für den Maler des Bildes. Leider gibt es von Winkkelmann selbst keinen Hinweis, daß er dem „Raphael" seiner Zeit gesessen habe. Wann ist dieses Bild gemalt worden?

Das erste Porträt entstand 1764; der Maler war eine Frau. Die gerade dreiundzwanzigjährige Angelica Kauffmann aus Winterthur hatte ihren ersten bedeutenden Auftrag erhalten von Caspar Füssli, dem ältesten unter Winckelmanns Zürcher Freunden. Der Dargestellte trägt ein weißes Spitzenhemd, einen antiken Ring, keine Perücke. Er liest nicht, er schreibt. Vor ihm liegt ein aufgeschlagener Folio-Band, darüber ein loses, leeres Blatt wie für einen Brief; die Feder ruht noch und der Blick geht sinnend zur Seite.

Das zweite und bekannteste Bildnis Winckelmanns ist Zeugnis einer Freundschaft und enthält darüber hinaus ein gemaltes Bekenntnis. Stosch hatte im Sommer 1766 aus Potsdam angefragt, ob er, der mit dem Honorar für seine Arbeit am Gemmen-Katalog nicht zufrieden gewesen war, sich nunmehr in seinem Auftrag und

für seine Rechnung bei einem römischen Maler seiner Wahl porträtieren lassen wolle. Winckelmann ging sofort darauf ein und wandte sich, da Mengs in Madrid weilte, an dessen Schüler und Schwager Maron; dieser verlange „für die gewöhnliche Größe von vier Palmen", etwa 40 Zentimeter, „mit einer ausgeführten Hand der gemahlten Person, 25 Zecchini". An dem Preis ließe sich, da sie „genaue Freunde" (292) seien, noch handeln.

Im April 1767 schrieb Winckelmann, Maron male ihn mit der Intention, „ein Bild der Freundschaft und der Redlichkeit" zu schaffen. Das Gesicht, das eigentliche Porträt, sei fertig, nun gehe es an Gewand und den Hintergrund. Wieder soll der Dargestellte charakterisiert werden durch seine Tätigkeit; diese aber findet, da gerade Winter ist, in ungeheizten Räumen statt. Wie er sich in Rom gegen Kälte schützte, hatte er bereits im Februar 1758 dem

Freund Berendis geschildert: „ich trage 2 Brusttücher von wolle-
nem Zeuge und gehe im Zimmer in Peltz-Stiefeln. Der Kopf sonderlich verlanget viel Wärme, und ich stecke 3 Mützen eine in die
andere." (202) Auf dem neuen Gemälde nun trägt er einen Mantel, innen weißer Pelz, außen kardinalroter Stoff; und in den Är-
meln erkennt man, anstelle sommerlicher Spitzen-Manschetten,
die Enden der Wolltücher, die er sich um die Arme gewickelt hat.
„Um den Kopf", so weiter an Stosch über das noch zu Malende,
„wird ein seidenes Tuch, an statt der Mütze, verlohren gebunden
geleget." So ist er dargestellt, und von diesem Gemälde stammen
die meisten Reproduktionsstiche und die meisten photographi-
schen Reproduktionen in Kulturgeschichten und Nachschlage-
werken. Hier sehe Winckelmann aus, hat man spöttisch bemerkt,
wie ein Marktweib.

Dabei war die Wahl eines Tuches gewiß kein Zufall. Affinität zum Weiblichen entsprach nicht nur in der Kunst Winckelmanns Ideal von männlicher Schönheit, es lag auch in seiner persönlichen Art und Erscheinung. Das klassische Muster zu solcher Kostümierung ins Ambivalente gibt er selber in jenem Brief an Stosch, wo er Marons üblichen Preis für ein Porträt mitteilt. Er habe mitten im Schreiben inne gehalten wegen eines Einfalls, „dem ich nachdenken mußte". Auf einer Gemme, deren Wiedergabe er in die zweite Auflage seiner Kunstgeschichte aufnehmen wollte, ist ein verschleierter Männerkopf zu sehen. Wer soll das sein? Der Einfall: „Es ist Hercules als Frau verkleidet bey dem (!) Omphale Königinn in Lydien" – mit der von den Malern des Manierismus weidlich ausgeschlachteten Vertauschung der Geschlechts-Symbole, die Königin trägt Keule und Löwenfell, der Heros Spindel und Schleier; Winckelmann verwechselt auch noch den Artikel – „die Lydier aber waren Nachbaren der Phrygier, und beyde Völker, der Weichlichkeit gleichmäßig ergeben, werden auch ähnliche Gewohnheiten haben." (792) Über dem angedeuteten Lächeln Winckelmanns wirkt der Kopfputz wie ein Bekenntnis zu antiker „Weichlichkeit".

Die Augen beherrschen das ganze Bild; durch dessen Altmeister-Glanz stechen sie gleichsam hindurch. Noch mehr von der Intensität dieses Blickes läßt die Vorzeichnung erahnen, welche Steffi Roettgen im Rijksmuseum zu Amsterdam entdeckt hat (hier als Frontispiz). Auf den Stichen, die nach Marons Bild entstanden, wirkt der Blick etwas glasig und der Ausdruck mokant.

Auch hier sitzt Winckelmann am Schreibtisch; er schreibt gerade mit Feder und Tinte in ein gebundenes Manuskript im Folioformat; seine Linke öffnet sich halb zum Betrachter hin. Zwischen beiden Händen liegt eine Radierung aus den *Monumenti inediti*, die in einem zweiten Exemplar den Bänden lose beigelegt war als Graphik für die Wand. Es handelt sich um die Reliefbüste des *Antinous* aus der Villa Albani, geborgen in der Villa des Kaisers Hadrian und somit Zeugnis privaten Gedenkens an den Geliebten. Das Blatt wirkt wie die Verlängerung des Pelzkragens; es ist dem Porträtierten so zugeordnet, daß dieser zu sagen scheint: Seht das Wesen der Schönheit! Hier erkennt ihr mich!

Im Jahr 1777, also fast ein Jahrzehnt nach Winckelmanns Tod, sind in Rom zwei weitere Porträts entstanden. Der Herzog von Sachsen-Gotha sandte Friedrich Wilhelm Eugen Doell, um den Meister der Beschreibung von Skulptur selber plastisch zu verewigen. Erster Anhalt war dem Bildhauer das Maronsche Porträt; dazu gab Mengs den Hinweis auf einen antiken römischen Porträtkopf in den Uffizien, der als „Cicero" gedeutet wurde und von dem er einen Gipsabguß besaß: diesem habe Winckelmann verblüffend ähnlich gesehen. So entstand aus dem Physiognomischen des Gemäldes und dem Typischen der Skulptur, unter

Kommentaren all derer, die Winckelmann gekannt hatten, ein Kopf von antikischer Idealität, aus dem Temperament und Geist sprechen.

Drei Jahre zuvor hatte Mengs dem verstorbenen Freund ein Denkmal gesetzt mit einem eigenen Essay, publiziert beim Verlag der Zürcher Freunde Orell, Gessner, Füssli & Comp., und zwar sowohl durch die Wahl des Titels *Gedanken über die Schönheit und über den Geschmak in der Malerey* wie auch in der ausdrücklichen Widmung an „Herrn Johann Winkelmann". Angeregt durch die meisterliche Arbeit des Bildhauers scheint er sich der vielen Male erinnert zu haben, wo er Winckelmann um sich und vor Augen hatte, in der ersten Zeit vor allem, als sie endlose Gespräche führten, aus denen dann Skizzen wurden zu einem gemeinsamen Werk und allmählich die Kunstgeschichte hervorging, von Winckelmann verfaßt, Mengs gewidmet. Danach hatte dieser den Freund genarrt mit dem Bild seiner Träume, dem falschen *Ganymed*, und sich zuletzt mit ihm gänzlich zerstritten. Und so malte er nun, im *paragone* mit dem Bildhauer, sein authentisches Porträt: Winckelmann alterslos und bei seiner liebsten Beschäftigung, der genauen Lektüre des Homer, an der er festhielt bis zum letzten Tag.[58]

Wie aber sah er aus? Sein Gesicht war fein, doch nicht markant wie ein italienisches, eher vom nordländischen Typus, von dem er mit dem Auge des Kunstkritikers bemerkte, die Formen seien nur „halb entworfen". Wer ihn beschrieb, kam denn auch von der Erscheinung sogleich zur charakterisierenden Dynamik. Drei solcher Bildnisse in Worten seien hier angeführt. Heinrich Füssli erinnerte sich im Alter: „Seinem Äußeren nach war Winckelmann von mittlerer Statur und festem Bau; er hatte eine bräunliche Gesichtsfarbe, lebhafte schwarze Augen, volle Lippen, eine zwanglose aber edle Haltung, und eine rasche Bewegung. Er schnupfte Tabak und war dabei sehr reinlich (…). Das Deutsche sprach er mit sächsischer Mundart; er zog aber das Italiänische vor (…). Seine Stimme war nicht laut, aber rein und deutlich; die Rede floß schnell von seinen Lippen, außer wenn er lehrte, erklärte oder beschrieb. Er gerieth leicht in Heftigkeit und bei Gegenständen seiner Bewunderung in das Pathos." (IV, 127)

Dies wird ergänzt durch Beobachtungen von Georg Heinrich von Berenhorst, einem Begleiter des Fürsten von Anhalt-Dessau, in dessen auf französisch geführtem Tagebuch. Darin heißt es zu Winckelmann: „c'est un homme plein de feu — der Mann hat Temperament und kann kaum über längere Zeit reden, ohne sich zu erregen. (…) es ist nicht ratsam, ihm zu widersprechen, vor allem bei Tisch, wenn ihm als einem echten Deutschen der Wein", unverdünnt, während die Italiener ihn mit Wasser mischen — „zu Kopf steigt." Dann komme es vor, daß er in Gegenwart von Prinzen einen König als Dummkopf bezeichne. „Die einfachen Leute scheinen ihn nicht zu mögen; seine heftige Art mag einer der Gründe sein, zudem finden es die Herren Römer schimpflich, daß ein ‚Vandale' ihnen ihre Altertümer erklärt, und zwar mit einer Gelehrtheit, die alle ihre Kenntnisse übersteigt (…). Winckelmann ist mittelgroß, ziemlich mager mit leicht gebeugtem Rükken; seine Augen sind grau und lebhaft, die Backenknochen treten hervor; die Nase ist gebogen; er hat Narben von den Blattern; sein Gang ist rasch und hastig." (IV, 132)

Im November 1767 war der sächsische Architekt Christian Traugott Weinlig nach Rom gekommen; am 26. Dezember berichtete er einem Freund: „Endlich, mein Theuerster, habe ich auch den so berühmten Abt Winckelmann persönlich kennen lernen. Mit welchen ganz andern Begriffen verbinde ich hier seine Schriften, als ich in Dresden zu thun fähig war! Gleich in den ersten Tagen meines hiesigen Aufenthalts gieng ich ihn zu sehen in dem Pallast des alten Kardinals Alexander Albani. Ich ward in ein kleines Zimmer, sein Museum gebracht. Ein heiliger Anblick! Alte Basreliefs, Büsten, Kupfer, Skripturen und Bücher lagen auf seinem Schreibetische und auf dem Bette herum. Über dem Schreibetisch hieng sein von Herrn Maron gemahltes Porträt. Kurz darauf erschien er selbst. Stellen Sie sich einen Mann von mittlerer Größe, hagern Gesicht und leutseligen Umgang vor! Die Art, mit der er mich empfieng, nahm mich den ersten Augenblick für ihn ein. Er denkt ganz im alten Griechischen und Römischen Styl und geräth über die Neuern leicht in Eifer." (IV, 134)

Frauen und der „Böse Feind"

Can I say everything that comes into my head (…) if Posterity stands behind my chair and peeps over my shoulder?
(Horace Walpole an Lady Ossory)

In Winckelmanns Leben gab es wenig Frauen. Er selbst hat deren Rolle in den Briefen bisweilen etwas aufgebauscht um des *decorum* willen und wegen der *posterity*. Da war die alte Fürstin Albani, Schwägerin des Kardinals, mit der er bei Aufenthalten in der kleineren Villa am Meer bei Anzio gern zu Mittag aß. Da war die alternde Herzogin von Orford, Schwägerin von Horace Walpole, die, von ihrem Mann getrennt, in Neapel ganz ihren Neigungen lebte; deren berühmteste wiederum war jener Kastrat Belli, dessen Tod dann beide um die Wette betrauerten. Sie hatte eine Expedition nach dem alten Griechenland vorbereiten lassen mit Winckelmann als Führer und im letzten Moment alles abgesagt. Mehrmals sei er ihr Gast gewesen und habe auch „bey ihr geschlafen, das ist, in ihrem Landhause: denn sie verdienet keine Übertretung mehr." (921) Außerdem halte sie in ihrem Gefolge einen „Bereiter aus Florenz". (905)

Die schönste junge Frau in Rom, die Kurtisane Viscioletta besuchte er, weil viele seiner Besucher sie zu sehen wünschten und sie dann begeistert verglichen mit einer antiken Venus, was ihn wiederum veranlaßte, energisch auf die Differenz zwischen Kunstwerk und lebendiger Gestalt hinzuweisen; in der zweiten Kategorie sei sie in der Tat „etwas vollkommenes". (786)

Dann erschien Angelica Kauffmann. Sie kam durch ihr Winkkelmann-Porträt zu erstem Ruhm und dankte es ihm, indem sie seine Vorstellungen in Bilder umzusetzen suchte mittels feinem und wohl durchdachtem Antikisieren; später als gefragte Malerin agierte sie auf dem Kunstmarkt verkaufend und kaufend in großem Rahmen wie der Bildhauer Cavaceppi, ja wie der ihn weit überflügelnde Canova. Winckelmann freute sich über „mein schönes Portrait von der Mademoiselle Kaufmannin" (668); einmal sprach er auf Anfrage von ihr als der „lieben Angelica", von der er jedoch „keine Nachricht" habe. (766) Seine dritte Reise nach Neapel machte er zusammen mit ihr und dem Bruder Volkmann aus Hamburg; ihn erwähnt er mehrmals, sie mit keinem Wort.

Ferner gab es jene Frau, die sich als einzige rühmen konnte, von Winckelmann einen Brief bekommen zu haben: Margherita Mengs. Als Gattin des besten römischen Freundes war sie in fester Hand; er selber war der ideale Hausfreund, tollte mit den Kindern und hielt zu der Mutter einen natürlichen Abstand. Als Mengs Hofmaler in Madrid wurde, zog sie ihm nach; dort aber wurde sie krank. Zur Heilung kam sie auf ein Jahr allein nach Rom, woraus sich unversehens eine heikle Nähe ergab. Die Einzelheiten sind festgehalten in einem Brief an Stosch.

Voraus zu schicken ist, daß die Freunde einander ihr Liebesleben mitzuteilen pflegten, und zwar immer nur in Andeutungen. Zum Beispiel am 30. Januar 1760: Stosch, damals noch in Florenz, hatte von seinem Verhältnis zu einer „Porzia" berichtet; Winckelmann fragt: „Ist sie von Stande? Ich verrathe Sie nicht. Kannten Sie dieselbe schon, als ich bey Ihnen war? Warum habe ich sie nicht auch gesehen?" Und dann der Schwenk auf sich selbst und zu einer Erfahrung, die er mit den meisten Leuten seines Schlages teilt: „Ich habe viel Stunden verlohren das schöne Gesicht und Gewächs in Rom, von welchem ich oft geredet zu sehen, aber vergebens. Ich werde sterben ohne Genuß. Wenn Sie

Ihre Schönheit küßen, so dencken Sie, wenn es möglich ist, mitten im Kuß an mich und wünschen mir ein gleiches." (349)

Die Frage scheint nie beantwortet worden, der Anlaß nicht eingehender Rede wert gewesen zu sein. Später saß Stosch eben so junggesellig in Potsdam wie Winckelmann in Rom. War „Porzia" eine Finte? Ein Porzio? In das Hin und Her ihrer zärtlichen Korrespondenz gehörte offenbar das Weib als obligates zweites Thema. Als ein solches figuriert in einem Brief vom Februar 1765 Margherita Mengs.

Schon mehrmals habe er ihm schreiben wollen: „sonderlich neulich, da ich (…) eine Opera hörete, war mein ganzer Geist mit Ihrem Bilde beschäftiget, und ich wurde dermaßen mit zärtlicher Rührung gegen Sie übergoßen, daß ich zurück treten mußte, um den Thränen ihren Lauf zu lassen. Ohngeachtet ich itzo verliebt bin, und das Bild der Liebsten gegenwärtiger hätte seyn sollen, fühlete ich nichts als nur den Freund, und meine Seele, die sich von Jugend an nur mit der Freundschaft beschäftiget, gab mir damahls selbst ein überwiegendes Zeugniß, daß sie, wenn sie entzückt ist, sich zu den Ursprung und auf dem Gipfel und Throne der Freundschaft erhebet, und daß hierin ihr höchster Genuß bestehe. Ich kann Ihnen diese Rührung unmöglich verschweigen; denn mein Geist blieb die gantze Nacht in Bewegung und ergoß sich, wo sie in Wehmut Linderung findet; ich stand auf von meinem Lager, ich warf mich wiederum nieder, und ich schien in Seeligkeit zu schwimmen."

Vor einem Jahrhundert haben die Germanisten solche Tränen von Mann zu Mann für reine Schnörkel gehalten, für literarische Konvention eines empfindsamen Jahrhunderts. Hier aber weint einer wirklich, nämlich aus Rührung über Trost in seiner Einsamkeit. Diesen Stosch hat er zwar nie so geliebt wie Berg; doch ihre Emotionen haben sie geteilt. Es war Gegenliebe der vernünftigeren Art, ähnlich dem Gottvertrauen; die Tränen bekunden Dankbarkeit für Nähe in Gedanken, für Einigkeit im Seelischen, für das Versprechen von Halt und Treue, für die Aussicht auf künftige gemeinsame „Ruhe".

Dem folgt komplementär der Bericht von einer Affäre mit einer dritten Person, triumphierend zwar wegen der für ihn neuen Dimension, doch trockenen Auges. Winckelmann hat zu künden von einer „Liebsten", von „der Liebsten". Er kostet es weidlich aus: „Nach diesem wahrhaften Berichte" über die Zähren der Freundschaft „wird Ihnen es nicht unangenehm seyn, von meiner Liebe zu hören. Diese ist endlich auf ein Weib und auf eines Freundes Ehegenossin, auf des Mengs Frau gefallen."

Endlich. Ein Weib. Des Mengs Frau. Voller Stolz meldet er es, ohne dieser Frau auch nur einmal ihren Vornamen zuzubilligen. „Diese kam vor einem Jahre aus Spanien nach Rom, ihre Gesundheit wieder her zu stellen, die sie wieder erlanget und im September von neuen nach Madrid abreisete." Das Ganze liegt also ein halbes Jahr zurück. Während dieser Zeit hatte er an Heinrich Füssli geschrieben und beiläufig am Ende mitgeteilt, „die Mengs" habe einen „Anstoß von Melancholie, welches mir meine beste Zeit verliehren macht". (667) Im Brief an Stosch heißt es: „So schön sie ist, habe ich dieselbe vorher sehr gleichgültig angesehen, bis ihr Umgang (…) Vertraulichkeit erweckete, (…) so daß wir außer Rom mehr als einmahl auf eben dem Bette Mittags-Ruhe hielten."

So nah war ihm noch keine Frau gewesen. Gelegenheit macht Liebe, hier war die Gelegenheit. „Diese Frau wurde endlich unsinnig aus Mangel des besten, und ihr Mann, der (…) vermuthen konnte, daß bey erlangter Gesundheit dies wollüstige Blut übermächtig werden würde, sucht ihr das höchste Zeugniß seiner Liebe zu geben und trat mir alle seine Rechte auf dieselbe ab, mit dem Verlangen, die Keuschheit dem Leben nachzusetzen." Es wäre demnach kein Ehebruch gewesen, vielmehr eine Geste der Freundschaft und der Caritas. Doch auch diesmal blieb der Freund sich selber treu: „In diesem Umständen aber unterstützte mich meine Tugend; die Frau kam nach ein paar Monaten wieder zu sich selbst und konnte ihre Rückreise antreten." (690)

Die Frau. Noch in der Erinnerung hält er sie von sich weg. Hier ist er begehrt worden, hier hätte er alles haben können. Er wollte nicht, er konnte nicht, an ein Arrigieren war nicht zu denken! Da war nicht Liebe, nicht Gegenliebe; *Anteros*, der hier gefragte, erstickt in Peinlichkeit. Ob der Schreiber auch an jene zwei Jahre zurück liegende Begegnung dachte, als ein anderer sich seiner Glut abwiegelnd entzog?

Zwei Jahre nach dieser Begebenheit konnte er eine heitere, glückliche Variante vermelden; beide zusammen sind angeführt worden als Beleg für Winckelmanns eigentliche, tief verborgene Heterosexualität. Wieder berichtet er einem Mann von intimem Umgang mit einer Frau. Der ganze Brief kündet von Lebenslust und Übermut; die Einfälle überstürzen sich und lassen tief blikken, nicht allein durch direktes An- und Aussprechen, sondern auch implizit durch das Springen des Gedankens.

Dazu noch einmal Horace Walpole, der es gewohnt war, sich schreibend auszusprechen, ohne je das Eigentliche, sein Eigentliches zu präzisieren, nämlich seine Neigung zu Männern. Er beherrschte die Kunst der indirekten Formulierung, des Zitierens, der Anspielung, der Umschreibung, des Ausweichens im Nahdranbleiben; einmal aber kam ihm der Verdacht, das scheinbar leichtfüßige Springen von Einfall zu Einfall könnte mehr Wünsche des Herzens verraten, als dem Verstand lieb ist, der sich sorgt um das Bild der eigenen Person in der Geschichte: „Darf ich alles sagen, was mir so in den Kopf kommt, wenn *Posterity*, wenn Frau Nachwelt hinter meinem Stuhl steht und mir neugierig über die Schulter blickt?"[59] Von dem, was Winckelmann in jenem Brief Paul Usteri über sich mitteilt, werden dieser und seine Freunde nur die Hälfte verstanden haben; die Nachwelt hingegen liest den Brief mit Staunen. Es ist der bereits zitierte vom August 1767.

Er beginnt mit Dank an die Zürcher, die mehrere Exemplare der *Monumenti* gekauft und bezahlt haben. Doch Paul selbst sei zu tadeln, denn er schreibt nicht und hätte doch Wichtiges mitzuteilen, nämlich seine bevorstehende Heirat. Über Mechel in Basel habe er davon erfahren, warum nicht von Paul selbst? Im übrigen sei er zwar „von Arbeit gekrümmet und verrunzelt", stehe aber kurz vor seiner Abreise nach Sizilien, ja, die Reise könnte noch viel weiter führen! „Die Strafe, mein lieber Paul", nämlich für das Verschweigen dessen, was ihn, Winckelmann, gerade bei einem Unschuldslamm erregt, „ist vor der Thüre. Ein Mädgen, die bey mir zu Falle kam und das verlohr was Ihr einem tugendhaften Kinde zu verderben gerüstet steht, sagte: Der Teufel hat mich geritten. Ich möchte bey nahe auch so sagen. Der Böse Feind reitet mich itzo (…)."

Ein Mädchen? Das ist noch nicht die „Strafe", wohl aber der Gegentrumpf zum Zürcher Liebesglück. Die Parallele ist ausgedacht, um den Empfänger zu treffen: Was Du kannst, das kann ich auch! Den hübschen Satz vom Teufelsritt hatten in Rom gefallene Mädchen und gefällige Knaben parat; nach allem, was wir von Winckelmann wissen, kann bei ihm nur ein *ragazzo* der Anlaß gewesen sein; oder er dichtet sich auf den Leib, was er von anderen gehört hat. Das Bild vom „Reiten" führt dann über die sodomitische Klippe hinweg in metaphorisches Freigelände: „Der Böse Feind reitet mich itzo mit Gedanken einer Reise nach Griechenland, und noch mächtiger als der leidige Teufel ist Riedesel, welcher mir keine Ruhe lässt."(899)

Hinter dem *succubus* steht ein gutwilliger junger Herr, erprobter Reiter, durchaus kein „Bereiter". Das Reisen selber aber wirkt sexuell stimulierend; es ruft bei ihm, wie er Stosch schreibt, eine regelrechte „Reise-Schwangerschaft" (807) hervor; es weckt Lust auf Neues und zugleich Angst vor Untreue gegenüber dem „Liebsten"; das aber ist und bleibt Rom! Ob ein Teufelsritt im Fleische stattgefunden hat oder nicht: Für Winckelmann könnte die Reise selbst zu etwas Gleichwertigem werden!

Den Zürchern hatte er im Zusammenhang mit der lang geplanten Reise nach Norden seinen Besuch versprochen; dieser Ritt würde weniger teuflisch ausfallen, doch die größere Lust winkt von Griechenland her. „Ich lieg im Streit und widerstreb, wie die frommen Lutherischen singen, hilf o Herr, hilf dem Schwachen." Und es droht Gefahr! „Es ist mir bange für meine Haut, die ich gerne theurer verkaufen wollte; denn die Türken fragen nichts nach dergleichen Leder." Das ist Lutherisch gedacht und konfus: In Griechenland herrschen die Türken, die im Ruche stehen, ihren christlichen Besuchern die Konversion zum Islam aufzunötigen, was bei Männern verbunden ist mit der Abgabe von dem Stückchen Haut, nach der jene nichts fragen. Die Reise nach Griechenland würde wenigstens ein Abenteuer um das Genitale mit sich bringen. Ob das Unschuldslamm die Pointe überhaupt verstanden hat? Winckelmann aber, einmal im Schwung, setzt eins drauf und spinnt über das vergröbernde „Leder" den wahrhaft groben Gedanken aus, mit „demselben einen alten *tamburo* bespannen zu laßen", damit die Zürcher ihn durchwalken können in ihrer Bibliothek. „Ihr sehet also, daß ich als ein guter Christ an mein Ende gedenke. Ihr sollt im Testamente auch nicht vergeßen werden." (892)

Noch einmal die Etappen: Paul steht zum Reiten gerüstet — Winckelmann will als Teufel fungiert, will selber ein Mädchen geritten haben — er selbst werde vom Teufel geritten — hinter diesem warte ein Freund — von Teufel und Freund sei er schwanger mit einer Griechenlandreise — auf der werde die Haut, nach welcher die Muslime nichts fragen, in Gefahr geraten — in Gefahr auch jene, nach der manche Türken gern fragen — zur Ruhe kommen werde diese erst bei den Freunden in Zürich; die dürfen dann dort auf ihr trommeln.

Ovid und Metastasio

In den Briefen aus dem Jahr, welches sein letztes werden sollte, häufen sich Klagen über das Altern bei unvermindertem Arbeitspensum; daraus haben spätere Leser einen prophetischen Unterton heraushören wollen, so als habe Winckelmann sein jähes Ende vorausgeahnt. Doch es gibt andere Passagen, aus denen auf ungebrochene Lebenskraft spricht und unverminderte Lust an seinem Tun. Zwei Zitate sollen diese komplexe Befindlichkeit deutlich machen.

Mit dem ersten folgen wir einem Rückgriff Winckelmanns auf seine Arbeitsweise in Deutschland. Denn er traf, mitten in seinen laufenden Arbeiten, Vorbereitungen zu einem weiteren und ganz andersartigen Schreib-Projekt; aus seinen Heften mit Auszügen aus Dichtung und Historiographie stellte er eine Auswahl von Zitaten zusammen, zumeist Ratschläge und Einsichten der Lebensweisheit, die er offenbar für eine Autobiographie verwenden wollte. Unter dem Titel *Collectanea zu meinem Leben* sind 67 Zitate aufgelistet, die meisten nach griechischen Autoren. Eines soll hier stehen, ein lateinisches, Nr. 52, aus den *Heroides* des Ovid:

Et data sunt vitae fila severa meae
— Sie (die Parzen) haben meinem Leben strenge Schicksalsfäden bereitet.

Noch einmal zitiert Winckelmann auf seine Weise und in seinem Sinne. Bei Ovid steht das so nicht. Dessen *Sappho* erinnert ihren fernen Geliebten *Phaon* daran, wie glücklich sie einst mit ihm, dem herrlichen Jüngling, gewesen sei, und er mit ihr, nachdem sie ihn verliebt gemacht habe, nicht durch ihre wenig schöne Erscheinung, sondern mit ihrer Dichtung, mit ihrem Liedern. Nun leide sie rasende Trennungsschmerzen — und für Schmerzen sei sie gar nicht geschaffen! Ihr Herz sei einzig zum Lieben gemacht, und dies für immer:

sive ita nascenti legem dixere Sorores,

nec data sunt vitae fila severa meae[60]

— das haben bei der Geburt mir die Parzen versprochen,

meinem Leben sind nicht streng die Fäden gespannt.

Aus der im Schmerz noch scherzenden Aussage der Dichterin formt Winckelmann seine resignative Klage. *Sie* war geschaffen zum Glücklichsein — *er* ist es durchaus nicht. So sah er sich im Unglück um Peter Lamprecht; doch das Zitat ragt als Erinnerung in das gegenwärtige Lebensgefühl hinein. Nimmt man alle Selbstaussagen in Schriften und Briefen zusammen, so halten sich am Ende die Klagen über das Versäumte und die Freudentöne über das Erreichte die Waage. Im Brief vom 1. Juli 1767 schildert er dem alten Freund Berendis in Weimar neben einem Fehlschlag eine Serie von Erfolgen. Nach Berlin, das seine Arbeit nicht angemessen honorieren wolle, werde er im Herbst nur zu seinem Vergnügen reisen; sein Weg führe dann über Weimar und Dessau bis Rheinsberg zum Prinzen Heinrich, und zurück entweder über England oder über Brüssel und Paris in die Schweiz und von dort nach Rom. Die *Monumenti* hätten guten Absatz, sein Ansehen wachse. Er könne noch viel berichten, müsse sich jedoch kurz fassen, da er neben der Arbeit eine gewaltige Korrespondenz zu erledigen habe: „ich glaube daß ich mehr Briefe abfertige als eine ganze Deutsche Universiät in corpore." Nachschrift: Eben bestellt Göttingen vier Exemplare!

Und dann gesteht er dem Freund eine seiner „letzten Thorheiten": in ihm sei „die alte Lust" auf Griechenland erwacht; statt im Norden alte Freunde zu besuchen, würde er gern dorthin reisen; und Riedesel suche ihn dazu zu überreden. „Der leidige Böse Feind könnte mich reiten (…). Große Dinge würde ich machen, wenn ich nur 10 Jahre weniger hätte. Unterdeßen bin ich frölich wie ich irgend gewesen bin, und ich setze mit an, wo getrunken wird. ‚Se in Ciel, benigne stelle' — Ich entsehe mich vor Eure Deutsche Cathedral-Ernsthaftigkeit; ich hätte sonst noch verschiedenes geschrieben." (870) In Rom pflegte er morgens beim Aufstehen die alten Luther-Choräle zu singen — abends sang er unter Freunden beim Wein italienische Oper, etwa die erste Arie aus Metastasios *Eroe cinese* — Der Held aus China. Dieser selbst, gewarnt vor unerhörter Gefahr für sich und seine Liebe, hofft auf Bewährung und frohes Finale:

Ah se in Ciel, benigne stelle,
La pietà non è smarrita,
O togliete mi la vita,
O lasciatemi il mio ben.
— Ach, wenn im Himmel, ihr schützenden Sterne,
Der fromme Sinn nicht ganz ausgestorben ist,
So nehmt mir entweder das Leben
Oder bewahrt mir das Liebste.

Wer so singt, der verzagt nicht am Leben. Nicht er als Person scheint gefährdet, wohl aber sein Existenzgrund, die Kirche als Staat. Sein letzter Blick auf Rom gipfelt in der Voraussage dessen, was hundert Jahre später vollendet sein wird: „La macchina, Amico, va in rovina – Die Maschine, mein Freund, geht in die Binsen; ich meine die der Priester; in fünfzig Jahren gibt es vielleicht weder Papst noch Priester." Von der *rovina*, dem „Ruin" des Systems kommt er auf eine ebenfalls metaphorische „Säule" und von da auf die reale Ruinenlandschaft: „Die Gärung ist am Fuß des Säule angelangt, kochend und blubbernd, und Rom wird eine Wüste werden. Einige verrückte Engländer werden sich aus Sport einfallen lassen, sogar die Trajanssäule nach London transportieren zu wollen." (938) Den Ausdruck „Sport" verstand man damals nur, wenn man wie Stosch des Englischen mächtig war. Wie die Italiener die *opera* erfunden haben, so die Engländer den *sport*; Winckelmann führt das Wort in die deutsche Sprache ein in seiner früheren Bedeutung, die im heutigen deutschen Sprachgebrauch wiederzugeben wäre *Fun*.

Frühjahr 1768: Die Reise bis Wien

„Mein Herz spricht nein!"

Bis zuletzt war alles in der Schwebe. Würde er überhaupt reisen? Nach Deutschland? Nach Frankreich? Nach Griechenland? Es hing nicht allein von ihm ab, doch den Ausschlag für Deutschland gab am Ende jenes „Herz", das zu Riedesels Drängen „nein" (902) gesagt hatte, und zwar zu Gunsten der deutschen Freunde und Förderer. Im März 1768 fiel die Entscheidung; und alsbald gingen an Schlabbrendorf, Stosch und Franke die Ankündigungen heraus mit anschwellendem Paukenwirbel von „Zufriedenheit" über „Wollust" zu „Freundschaft". In seinem letzten Brief aus Rom vom 6. April teilt er Stosch Einzelheiten mit: In zwei Wochen werde er über Venedig, Verona, Augsburg, München, Wien, Prag, vielleicht Dresden, gewiß Leipzig erst mal bis Dessau fahren; dorthin bittet er ihn zu kommen und mit ihm dann Braunschweig und Göttingen zu besuchen. Er werde sich nicht als Abbate kleiden, vielmehr als Mann von Welt „mit einem Degen an der Seite" (949).

Winckelmann reiste mit Cavaceppi, der mit ein paar handlichen Antiken im Gepäck und dem Katalog seines Lagers eine Verkaufsreise antrat, die ihn wohlhabend machen sollte. Ein Jahr später ließ er den Katalog drucken; im Vorwort schildert er seine

Reise mit Winckelmann. In Bologna, Venedig, Verona besuchten sie die besten Sammlungen. Dann ging es in die Alpentäler, und die Hochstimmung des Freundes erlosch: „auf einmal sehe ich, wie sich sein Ausdruck verändert, und er sagt mit pathetischer Stimme: Guardate amico che horrori! — Seht nur, Amico, wie grässlich! Wie maßlos hoch die Berge!"

Einst waren sie ihm erschienen als das Tor zum Land der Verheißung — nunmehr bekam die Gegenrichtung den Gegensinn: Jetzt ging es ins Land der „Märteley" (764) und der Selbstverleugnung! Und die Erhabenheit „erschrecklich schöner Berge" (121) wurde drohend wie ein Höllentor. Böse Erinnerungen kamen hoch und überschatteten die Vorfreude auf das Wiedersehen mit den Freunden. Nun wurde ihm alles Menetekel.

„Wenig später, da wir schon auf deutschem Boden sind, fängt er wieder an: Was für eine alberne Bauweise! Sehen Sie nur, wie spitz die Dächer sind! So redete er und war ganz außer sich." Cavaceppi lobt die Urgestalt der Alpen und die weise Einrichtung von Schrägdächern in schneereichen Zonen; er zitiert Catull: „doch alles vergebens: er erklärte, er fände keine Ruhe, wenn er weiter führe, und schlug vor, nach Italien zurückzukehren." (IV, 136)

Der Antikenhändler reiste in Absicht und Hoffnung auf große Geschäfte; er konnte kein Deutsch und ihn kannte keiner; nur Winckelmann würde ihm Zugang zu den Fürsten und Kunstfreunden verschaffen. Er suchte ihn umzustimmen und schob und zerrte ihn mit aller Kraft bis Augsburg, bis München, bis Regensburg, bis Wien. Dort wurde Winckelmann schwer krank; dann kam er, kaum genesen, am Hof zu hohen Ehren. Maria Theresia und ihr Kanzler Fürst Kaunitz boten ihm eine Stellung, wie er sie in Preußen einst erhofft hatte — er dankte, äußerte sich hinhaltend und ließ sich fürstlich beschenken. Er besichtigte die Bibliothek und die drei großen Kunstsammlungen, dann trennte er sich von Cavaceppi und trat allein die Rückreise an. Noch in Wien schrieb er die letzten erhaltenen Briefe.

Bereits von Regensburg aus hatte er Albani seine baldige Rückkehr angekündigt und seinen Kupferstecher gebeten, die Wohnung aufzuräumen; nun kam das Schwerste, die Absagen. Als Kaunitz und Cavaceppi gemeinsam ihn noch einmal umzustimmen suchten, habe er nur gezittert und wie verwirrt dagestanden mit „Augen wie ein Toter". An Franz von Anhalt-Dessau schrieb er am 14. Mai:

„Durchlauchtigster Fürst, Gnädigster Herr!

Nach fünf ganzer Wochen einer beschwerlichen Reise sind wir endlich in Wien angelangt, und ich bin mit einer großen Schwermuth befallen, die mehr als einen Grund hat, und so viele Gewalt ich mir auch von Augspurg an gethan habe, dieselbe zu unterdrücken, so sehe ich kein ander Mittel zu meiner Beruhigung als nach Rom zurück zu gehen. Ich küsse meinem Fürsten mit der innigsten Wehmut die Hände, und schicke meinen Gefährten Cavaceppi, (…) Mit Vorbehalt, Ew. Durchlaucht aus Rom umständlicher zu schreiben, bin ich mit der höchsten Verehrung

Ew. Fürstl. Durchlaucht Unterthäniger Knecht

Winckelmann." (954)

Am selben Tag an Stosch:

„Mein edler liebster Freund (…)

Diese Reise (…) hat mich außerordentlich schwermüthig gemacht, und da es nicht möglich ist, mit der nöthigen Bequemlichkeit dieselbe zu machen und fortzusetzen, folglich kein Genuß ist, so ist für mich kein Mittel mein Gemüth zu befriedigen und die Schwermuth zu verbannen, als nach Rom zurück zu gehen. Ich habe mir von Augspurg an die größte Gewalt angethan, vergnügt zu seyn, aber mein Herz spricht nein und der Wiederwillen gegen diese weite Reise ist nicht zu überwältigen. Der Genuß der Ruhe würde bey Ihnen, Mein Herz, nur von kurzer Dauer seyn, und ich müßte auf der Rückreise in hundert Städten anhalten und eben so oft von neuen zu leben anfangen. Haben Sie Geduld mit mir, mein Freund. Da mir dieser mein sehnlicher Wunsch vergället worden, so bin ich überzeuget, daß für mich außer Rom kein wahres Vergnügen zu hoffen ist, da ich es mit tausend Beschwerlichkeiten erkaufen muß. Mein Gefährte Cavaceppi (…) will (…) seine Reise über Dessau bis Berlin fortsetzen, wo er (…) Ihren Beystand ausbittet. Können Sie ihm einen Zutritt zum Könige verschaffen, würde dies dem Könige mehr als ihm vortheilhaft seyn (…). Es ist derselbe im Stande mit alten Werken (…) den ganzen Pallast des Königs zu besetzen. (…)

Mein Herz! Viel mehr wollte ich schreiben, aber ich bin nicht wie ich zu seyn wünsche, und suche in wenigen Tagen mit der Land-Kutsche auf Trieste und von da zu Wasser nach Ancona abzugehen. Ich küsse Ihnen mit der innigsten Wehmuth die Hände

Ihr ewiger W." (955)

Juni 1768: Triest

Tod und Teufel

Winckelmann, dem wohlbekannten, wurde durch sein jähes Sterben die Unsterblichkeit des Ruhmes zuteil. Die Tat selbst ist dokumentiert und vielfach nacherzählt worden; der Deutungen gibt es viele, vom Auftragsmord durch die Jesuiten bis zur Panikreaktion eines Strichers. Das für Mit- und Nachwelt einzig Greifbare, die Akten des anschließenden Mordprozesses, ergeben folgendes Bild.[61]

Am 1. Juni 1768, einem Mittwoch, kommt Winckelmann gegen Mittag mit der Kutsche aus Laibach in Triest an und steigt ab im ersten und einzigen Hotel der Stadt, der *Osteria Grande*. In der Stadt kennt er niemanden. Seinen Namen verschweigt er, läßt sich eintragen als „Signor Giovanni" und bekommt Zimmer 10 mit Blick auf den Hafen. Zimmer 9 bewohnt seit einem Tag Francesco Arcangeli aus Venedig, eingetragen unter dem Namen „Angelis". Sie lernen sich kennen an der *Table d'hôte* des Hotels und werden von nun an eine Woche lang zusammen gesehen; man hält sie für gute Freunde. Im Hafen erkundigt sich *Signor Giovanni* bei den im Hafen liegenden Schiffen nach der nächsten Passage. Eine Woche muß er warten; dann, am Dienstag, bietet sich ihm eine Überfahrt nach Ancona für den nächsten Tag; er bucht, bezahlt seine Hotelrechnung und hält sich bereit, um gegen Mittag mit seinem Gepäck an Bord zu gehen.

Am Mittwoch, dem 9. Juni, gegen 10 Uhr morgens, hört der Kellner Andreas Harthaber aus einem Zimmer im ersten Stock Lärm und dann das Geräusch eines schweren Sturzes. Er geht hinauf zu Zimmer 10 und öffnet die Tür. Winckelmann liegt auf dem Boden, Arcangeli kniet neben ihm und hat die Hände an Winckelmanns Brust. Sofort springt er auf und rennt hinaus, indem er den Kellner beiseite stößt. Der rappelt sich auf und eilt dem Gast zu Hilfe, doch der steht bereits, und Harthaber sieht, daß jenem das Blut aus der Brust rinnt, und er hört ihn röcheln: „Guarda, guarda, cosa mi ha fatto — sieh nur, was er mir angetan hat!"

Der Kellner rennt um Hilfe. Ein Stubenmädchen hört Stöhnen im Flur und sieht Winckelmann, der mit Blut übergossen ist und blau im Gesicht; auch sie rennt los, um Hilfe zu holen. Der Diener eines anderen Gastes nimmt die zugezogene Schlinge um seinen Hals wahr und löst sie. Leute kommen, stützen ihn und bringen ihn auf sein Zimmer. Ein Arzt sucht mit rohem Eiweiß die Adern zu verstopfen und mit Verbänden den Blutfluß einzudämmen. Ein Kapuzinerpater nimmt die Beichte ab, damit er die Kommunion empfangen kann. Da er das Bewußtsein verliert, bekommt er zuerst die Letzte Ölung, später dann, als er wieder ansprechbar wird, auch das Abendmahl. Anstelle des Staatsanwaltes, der nicht aufzufinden ist, erscheint der Stadtrichter; das Zimmer ist so voller Leute, daß der Polizeichef sie auffordern muß, Platz zu machen.

Der Richter beginnt die Befragung: Wer er sei. Der Verletzte erwidert, er könne nicht sprechen, kaum atmen; im Koffer sei sein Paß. Zum Hergang der Tat sagt er dann röchelnd und mit Mühe: „Dieser Schurke, der im Zimmer nebenan wohnte, machte sich mit mir bekannt und befreundete sich mit mir. Ich zeigte ihm große Silbermünzen und auch zwei Goldmünzen, deren eine große mir die Kaiserin in Schönbrunn geschenkt hat, mit dem Bildnis des Fürsten von Liechtenstein darauf. Heute morgen kam der genannte Schurke in mein Zimmer und bat mich, ihn diese Münzen sehen zu lassen und ihm zu sagen, wer ich sei, und nachdem ich ihm gesagt hatte, daß ich kein Aufsehen noch meinen Namen wissen lassen wollte, warf er mir unvermutet eine Schlinge oder einen Strick um den Hals, um mich zu erwürgen. Als ich mich dagegen, so gut ich konnte, wehren und um Hilfe rufen wollte, versetzte er mir mit einem Messer Stiche; wie viele, weiß ich nicht; dann floh er, nachdem er mich in meinen gegenwärtigen Zustand gebracht hatte."

Auf dem Paß, ausgestellt in Wien am 28. Mai, steht in Latein mit italienischem Einschlag: „Johann Winckelmann, Präfekt der Altertümer von Rom, kehrt in die Heilige Stadt zurück."

Vor dem Richter und einem Notar sowie dem Arzt und einem Stadtschreiber als Zeugen macht er sein Testament: Legate an seinen Kupferstecher, an einen weiteren Bekannten in Rom, an den Hoteldiener und an die Armenkasse zu Triest; alles übrige vermacht er seinem Herrn, dem Kardinal Albani. Danach spricht er nicht mehr. Das Blut ist nicht zu stillen, er verliert mehrmals das Bewußtsein. Um vier Uhr stirbt er.

Im Hotel werden die Tatwaffen gefunden: ein blutiges Messer und der Strick. Im Gepäck findet sich Geld in verschiedenen Währungen, eine goldene Uhr und andere kostbare Gegenstände, feine Kleidung, antike Gemmen, Hausrat, Briefe, Manuskripte und gedruckte Bögen sowie, als gebundene Bücher, die Komödien des Plautus, die Epigramme des Martial, die *Ilias* und die *Odyssee* sowie die eigene Kunstgeschichte, mit leeren Blättern durchschossen, darauf die handschriftlichen Änderungen für die zweite Auflage. Alles zusammen wird bei der Testamentsvollstrekkung auf rund 800 Scudi geschätzt: ein kleines Vermögen. Noch einmal dieselbe Summe liegt in einem Versteck in Rom, worüber ein Zettel informiert.

Der Täter ist in Panik geflohen, ohne etwas mitzunehmen; auf der Straße nach Laibach haben ihn Soldaten, da er sich ohne Passierschein verdächtig macht als Spion, festgehalten und den Namen nach Triest gemeldet, wo sein Träger polizeilich gesucht wird; eine Woche nach der Tat ist er wieder dort. Verhöre beginnen, dann folgt der Prozeß.

Francesco Arcangeli stammt aus einem Dorf bei Florenz, ist 38 Jahre alt, hat bei einem Grafen in Wien als Koch gearbeitet und dort aus dem Schreibtisch seines Herrn mit einem Nachschlüssel Geld gestohlen, ist bald darauf gefaßt worden, saß im Gefängnis, kam wegen einer Generalamnestie vorzeitig frei, aber mit der Auflage, nie wieder österreichisches Gebiet zu betreten. Zunächst ging er nach Venedig, wo er eine Beziehung zu einer Frau hat oder zu haben vorgibt; von dort aber ging er nach Triest, das damals zu Österreich gehörte; so übertrat er die Auflage und mußte erneute Verhaftung fürchten. Hier kennt er einen Pater, der ihn zuvor im Gefängnis zu Wien betreut und ihm für die Zeit danach Beistand versprochen hat. Er nimmt ein Zimmer im Hotel, Nummer 9, und lernt alsbald *Signor Giovanni* kennen, den Herrn von Zimmer 10.

Sie essen gemeinsam mit den übrigen Gästen in kleiner Runde am Wirtstisch. Wer wen zuerst anspricht, ist unklar. Vor den Augen aller Zeugen und der ganzen Stadt sind sie vom ersten Tag an immer zusammen; sie wirken wie gute Freunde.

Im Prozeß versucht Arcangeli zunächst, seine Tat, die er nicht leugnen kann, darzustellen als Notwehr und Affekthandlung; sie hätten Streit bekommen, er sei furchtbar getreten worden und habe im Zorn sein Messer gezogen. Dem widersprechen die Indizien: Das blutige Messer lag in Zimmer 10, die makellose Lederscheide dazu in Zimmer 9; er hat also das blanke Messer mit Vorsatz in seine Westentasche gesteckt, das er am Abend zuvor, mit Vorsatz, gekauft hatte, und zwar in einem Laden, wo früher am Tage *Signor Giovanni* sich in seiner Gegenwart ein Messer gekauft hatte zum Bleistiftspitzen. Am selben Abend hatte Arcangeli außerdem noch in einem anderen Laden Bindfaden gekauft, um daraus jenen Strick zu drehen, der sein Opfer am Schreien hindern sollte.

Auf jedes Indiz reagiert der Täter mit Tränen. Verzweifelt klammert er sich an den eigenen Affekt: Er habe sich wehren müssen gegen etwas Unheimliches, etwas Ungeheuerliches. Von Anfang an habe einer den anderen verdächtigt, das Opfer den Täter als „Spitzel", dieser das Opfer als Juden, als Ketzer, als „uomo sospetto und uomo di mal'affare", als einen „verdächtigen und anrüchigen Menschen". Und der andere habe ja in der Tat von Anfang an seine Identität verschwiegen und schien Ungeheures zu verbergen. Auf seinem Tisch habe aufgeschlagen ein Buch gelegen in einer ihm völlig unverständlichen Sprache — Homer. Wenn sie unterwegs in eine Kirche traten, habe er nie das Kreuzzeichen geschlagen wie ein guter Katholik. Mit der Kaiserin und dem Kanzler Kaunitz sei er verbunden gewesen durch Kenntnis und Aufdeckung von Intrigen und Gefahren; zum Dank habe er goldene und silberne Medaillen bekommen, diese aber dann erst nicht vorzeigen wollen zum Beweis; dann habe er sie doch gezeigt, am letzten Tag, im letzten Augenblick.

In der Reihe der Beschuldigungen und Verdächtigungen fehlt eine, die gerade hier hätte hilfreich sein können. Die Abwehr einer sodomitischen Attacke wurde im Reich der Maria Theresia von jedem Richter einem Angeklagten hoch angerechnet; der Vorwurf, wenn beweisbar oder auch nur plausibel, konnte alle implizierten Taten und Werte umkehren, er konnte auch einen ausgewiesenen Schurken reinwaschen von Schlimmerem. Doch wer ihn erhob gegen einen anderen, mußte damit rechnen, daß er auf ihn selber zurück fiel. Im Jahr 1751 hatte einer der Brüder von Horace Walpole in London einen jungen Mann vor Gericht gebracht, nachdem dieser versucht hatte, ihn zu erpressen mit eben dem Vorwurf: sexuell genötigt und mißbraucht worden zu sein. Da jener nichts beweisen konnte und vor Gericht die Aussagen der Brüder Walpole viel mehr Gewicht hatten, fiel auf diese selbst nur ein häßlicher Schatten, auf den Erpresser aber die volle Schande; er wurde verurteilt, zwei Tage lang am *pillory*, dem Schandpfahl zu stehen, Zielscheibe des Volkszorns in Gestalt von Schimpfreden, faulen Tomaten und Steinen. Denkbar ist, daß Arcangeli auch dieses Motiv benutzt hat und daß es auf Wunsch des Fürsten Kaunitz in den Gerichtsakten, deren Abschrift er angefordert hatte, unterdrückt worden ist. Wahrscheinlich aber hat der Täter diesen möglichen Rettungspunkt von sich aus gar nicht berührt.

Arcangeli hat sich beide Katastrophen selbst bereitet, beide ausgelöst vom Wunsch nach Glück und Wohlstand. Zweimal hat er sich fangen lassen, das erste Mal, als er bald nach dem Diebstahl zurück ging nach Wien, wo man ihn kannte; das zweite Mal, indem er im Hotel abstieg, ohne das nötige Geld zu haben. Nur einen Tag habe er bleiben wollen, sonst wäre er zum Prellen der Zeche oder zu einem neuen Diebstahl genötigt gewesen. *Signor Giovanni* aber habe ihn festgehalten und regelrecht vereinnahmt; den Diener habe er für ihn machen müssen! Am 3. Juni ging er zu seinem Pater und bat ihn dringend, ihm Geld zu leihen und dafür einen Ehering, der nicht der seine war, als Pfand zu nehmen; doch der Pater gab nur einen Teil der benötigten Summe. Eine Stunde vor der Tat bat er eines der Stubenmädchen, lachend, um 20 Zecchinen, fast 40 Scudi; sie hat dies, lachend, abgelehnt. Lachen mußte er beim Gedankenspiel mit Auswegen aus seinem Zwang; es war ein Ruf um Hilfe, aber wo sollte ein Stubenmädchen so viel

Geld hernehmen? Zuvor hatte er schon einmal lachen müssen, als er nämlich *Signor Giovanni* vorschlug, die Medaillen an der Wirtstafel zu zeigen: Da wäre er außer Gefahr gewesen!

In seiner Tasche steckt ein Brief an seine „liebe Frau" in Venedig; die Ehe ist nur fingiert, der Brief soll geordnete Verhältnisse suggerieren. Der Plan einer Flucht per Boot nach Istrien hinüber war schon vorher am Preis gescheitert. Der Gedanke zur Tat war ihm gekommen, als Signor Giovanni ein Messerchen kaufte: Wink und Drohung. Er hatte seinen Vorsatz noch am Abend desselben Tages ausführen wollen und für das Schlimmste Vorsorge getroffen, dies aber dilettantisch und wie unter Zwang. Dann bekam er Angst und verschob die Ausführung auf den nächsten Morgen. Beim Verhör erkennt er selbst, daß er die Medaillen einfach hätte stehlen können; denn *Signor Giovanni* hatte ihm bereits das Kästchen gezeigt, es dann jedoch nicht aufgemacht, sondern wieder in den Koffer gelegt, den aber offen stehen lassen. Im letzten Augenblick – das Schiff nach Ancona lag zur Abfahrt bereit, das Gepäck sollte geholt werden – bestand Arcangeli darauf, daß jener es noch einmal heraus holte und den Inhalt offen legte. Und dann stürzte er in den Strudel seiner Tat und vergaß darüber den von ihr erhofften Lohn; er wußte nicht mehr, was er von diesem Manne wollte.

Zweimal spricht er von seiner *vaghezza*, von „Lust" auf die Medaillen. Und zweimal von Teufel: „il Diavolo mi ha aciecato — der Teufel hat mich verblendet". Da ist er wieder, der Arrangeur unerhörter Gelegenheiten! War der Bauernsohn aus der Gegend von Florenz ein *Florenzer*? War er, mit Stupsnase und derber Figur, anziehend? Der große deutsch-römische Kunstgelehrte pflegte allen Männern, die sich ihm freundschaftlich zuwandten, auch den verheirateten, auch den verwachsenen, mit einer Herzlichkeit zu begegnen, die nicht jeden Mannes Sache war; es muß um ihn ein Fluidum gewesen sein, das für manches anders strukturierte Gemüt zu stark war, das Substrat seines Eros, das Nachzittern all dessen, was er sich versagte. Diese Ausstrahlung muß Arcangeli empfunden haben, sei es als Bedrohung, sei es als Verlockung, vielleicht als beides zugleich. Der Mord begann *a tergo*, wurde zum *amplexus* und endete als *penetratio*. Ein zeitgenössischer Kommentar trifft es genau: „Ein Winckelmann kann einem verloffenen Koche seine Pretiosen weisen! — welche Distraction!" (IV, 154 b)

Am 18. Juli wird über die Tat das Urteil gesprochen: die Todesstrafe. Der Täter soll öffentlich hingerichtet werden, aber nicht auf die aller furchtbarste und schimpflichste Weise. Er soll nicht auf dem Scheiterhaufen bei lebendigem Leibe verbrannt, er soll nur gerädert werden, und dies nicht von unten nach oben, wobei der Scharfrichter mit seinem Wagenrad zuerst die Füße zerschmettert, dann die Beine und so fort; sondern von oben nach unten, den Kopf zuerst; beim ersten Stoß tritt der Tod ein. Während des Prozesses erkrankt Arcangeli an schwerem Fieber und Durchfall; bei der Verkündigung des Urteils tobt er. Am 20. Juli, einem Mittwoch, zur Stunde seiner Tat und unter den Fenstern des Tatorts, besteigt er, nach außen gefaßt, den Richtblock; durch eine Ansprache voller Reue und Gottesfurcht zieht er, zum ersten Male in seinem Leben, „aller Augen und Zuneigungen auf sich".

An seiner Tat aber haftet ein untilgbarer Rest von Distraction. Sie ist die schauerliche Parodie der eingangs geschilderten Szene in Rom. Wie Giacomo Casanova im Jahr 1760, so erblickte der Kellner Harthaber im Jahr 1768 Winckelmann morgens auf seinem Zimmer in unziemlicher Verstrickung mit einem jüngeren Mann.

Verklärung, Aufklärung

Die Nachricht von Winckelmanns Ermordung hat die Zeitgenossen kaum weniger erschüttert als dreizehn Jahre zuvor die vom Erdbeben in Lissabon. Unter den zeitgenössischen Trauerschriften und biographischen Würdigungen sind zwei bemerkenswert, weil sie nicht nur das Echo der Epoche wiedergeben, sondern zugleich deren Reaktion mitbestimmen und somit der moralischen Bewertung von Fall und Person eine eigenartige Wendung geben. Beide Verfasser sind Zeitgenossen; beide gedenken hier des Idols ihrer Jugend. Beide stilisieren den Verstorbenen zu einem Heros von antikischen Dimensionen, gefallen im Dienst für das Schöne und von nun an dessen unsterblicher Anwalt.

Johann Gottfried Herder, 1744 geboren, hatte 1767 den Autor Winckelmann anonym rezensiert, und zwar in jenem damals neuartigen Ton der Leidenschaft, der Winckelmann am Brief des Malers Füssli brüskiert hatte; hier nennt er ihn „pindarisch". (926) Der Anonymus, den Winckelmann für einen Schweizer hielt, hatte seinerseits an Winckelmann vor allem dessen „Schreibart" gelobt: Er habe seine Schriften „mit Feuer" entworfen und mit „glücklichem Phlegma" ausgeführt; sein Eros ziele auf das Männer-Verbindende: das Nationale: „So wie die Attischen Jünglinge an dem Altar der Pallas Aglavros ihrem Vaterlande den Eid der Liebe schwuren: so hat die Muse auch auf seine

Schriften geschrieben: dem Vaterlande geweiht." Das nimmt voraus, was Jacques Louis David, selber ein glühender Verehrer Winckelmanns und diskret glimmender Männerfreund, im Jahr 1814 malen wird: Nackte Spartaner beküssen und betanzen den Heldentod der französischen Jugend bei Waterloo.

Herder verfaßte noch in Riga einen *Lobgesang auf meinen Landsmann Johann Winkelmann bei der Nachricht seiner Ermordung*, den er dann, nach einigen Änderungen, in seine Schrift zum zehnjährigen Todestag unter dem Titel *Denkmal Johann Winckelmann's* übernahm. Dort wechselt er bei der Beschreibung des Sterbens von essayistischer Distanz zu direkter persönlicher Ansprache: „Du strecktest deinen Arm in die Ferne, um Freundschaft zu finden, Griechische Freundschaft, die Du Dir wünschtest. Da kam der Tod und faßte und umschlang Dich mit eisernem Arm". Mit dem Wort „Ferne" sind die deutschen Freunde gemeint und zugleich der Mörder im fernen Triest; „Griechische Freundschaft" ist beides, der Anlaß zur Reise und das Motiv der Tat.

Nach dieser Doppel-Deutung wechselt Herder erneut die Bezugsebene, indem er Winckelmann mit Herkules vergleicht: „Er rechnete, dachte ich" bei der Nachricht vom Tode „hier sein Leben nur, seit er in Welschland gelebt hatte, und hielt das übrige für verlohren; jetzt fühlt er, auch in Welschland wars noch nicht gelebt, und lebt die zweite schönere Himmelsjugend, wo was er in Stein liebte, Leben und Wahrheit ist, und sein Herkules —

nach Neid und langer Quaal
der ewigen Jugend Freudegemahl
da ruhet. Drachen hat er bezwungen,
Gräuel der Erde, Ungeheuer zerrungen,
Mit sieben Kränzen hinaufgeschwungen
Flammengeläutert ruht er, überdenkt,
Auf seinen Heldenstab gesenkt,
Den Traum des Erdelebens, nun, nach Neid und Quaal
Der ewgen Jugend Freudegemahl."[62]

Der Pfarrer Herder sieht, im Sinne einer christlichen Leichen-
predigt, den Verstorbenen im Paradies, allerdings in einem heidnischen. Herkules hatte Verhältnisse mit Knaben und Mädchen;
wie Jesus war er als Mensch geboren und als Mensch, auf einem
Scheiterhaufen, den furchtbarsten Tod gestorben, um danach erst
ein Gott zu werden. Herder heiligt Winckelmann in der Parallele: Wie der Tierbezwinger und Aufräumer Herkules habe er im
Leben kämpfen und sich quälen müssen, und aus dem Sterben
sei auch er „flammengeläutert" hervorgegangen. Als Herder dies
schrieb, hatte ein überführter Sodomiter nach heilig-römischem
Reichsrecht dem Feuertod verwirkt. In diesem Sinne war Winkkelmanns Sterben ein Martyrium, und darum sitzt er von nun auf
ewig droben in der Glorie.

Johann Wolfgang Goethe war achtzehn, als er im Juni 1768
zu Leipzig bei dem Maler Oeser der Ankunft Winckelmanns mit
Freuden entgegen sah — die Nachricht von seinem Tod sei über
ihn gekommen „wie ein Donnerschlag bei klarem Himmel". Dieser Satz steht in seiner Autobiographie *Dichtung und Wahrheit*.
Fünf Jahre vor der Beschreibung des eigenen Lebens und damit
fast vier Jahrzehnte nach dem Ereignis und der Erschütterung hat
Goethe über Winckelmann einen Essay verfaßt, dessen Ansatz
wie eine gezielte Erwiderung auf Herders Apotheose wirkt.

Äußerer Anlaß waren die Briefe Winckelmanns, welche der
verstorbene Hofrat Berendis der Herzogin von Sachsen-Weimar
vermacht hatte, die sie an Goethe weitergab mit der Bitte um Veröffentlichung. Goethe selber nutzte die Gelegenheit, einmal etwas
zu unternehmen in Abgrenzung gegen die damals aufkommende
Romantik. Gemeinsam mit drei Gesinnungsfreunden, Klassizisten wie er selbst, wollte er in einem Sammelband dasjenige
dem Gedächtnis der Zeitgenossen bewahren, was durch die neue
Mode verlorenzugehen drohte. Winckelmann sollte der Haupt-
zeuge sein für die soeben vergangene Epoche, darum der Titel:
Winckelmann und sein Jahrhundert.

In seinem eigenen Beitrag, einem biographischen Essay, schlägt er einen leichten, sachlichen Ton an, ohne die eigene Emphase zu verleugnen. Seine Aussagen zur Person hatte er anhand der damals greifbaren Buchausgaben der Briefe gewonnen, darunter auch jener an Berg. Goethes Winckelmann erscheint schlicht als „Mensch". Das Wort eröffnet und regiert den Text. Vom „Andenken merkwürdiger Menschen" über die „gewöhnlichen Menschen" geht der Gedanke zu den „besonders begabten Menschen". Dann folgt das Motto dieses Buches: „Unser Winkkelmann war von dieser Art." Mit ihm sei nicht nur alles gut, sondern auch alles in Ordnung gewesen: „In ihn hatte die Natur gelegt, was den Mann macht und ziert."

„Antik" sei er gewesen im Denken, denn er habe seine vielen disparaten Kenntnisse noch einmal wie die Alten in eine Synthese zu bringen vermocht, ja in eine Harmonie des Wissens und Lebens. Und diese Harmonie macht ihn zum Mittelpunkt des Kosmos und zu dessen eigentlichem Sinn: „Wenn die gesunde Natur des Menschen als ein Ganzes wirkt, wenn er sich in der Welt als in einem großen, schönen, würdigen und werten Ganzen fühlt, wenn das harmonische Behagen ihm ein reines freies Entzücken gewährt — dann würde das Weltall, wenn es sich selbst empfinden könnte, als an sein Ziel gelangt aufjauchzen und den Gipfel des eigenen Werdens und Wesens bewundern. Denn wozu dient alle der Aufwand von Sonnen und Planeten und Monden, von Sternen und Milchstraßen, von Kometen und Nebelflecken, von gewordenen und werdenden Welten, wenn sich nicht zuletzt ein glücklicher Mensch unbewusst seines Daseins erfreut?"

Das ist nicht christlich gedacht, es folgt altgriechischen Vorstellungen von der *Eudaimonia*, vom glücklichen Leben. Winkkelmann gilt Goethe als der exemplarische Beweis für das Gelingen der ganzen Schöpfung. Und dies sieht er im Einklang mit dessen Vorliebe für männliche Schönheit, selbst dort noch, wo es scheint, als sei er ihr zum Opfer gefallen. Wie Herder formuliert auch Goethe doppelsinnig: Den Wunsch, alte Freunde wieder zu sehen, setzt er im Wort „Trieb" gleich mit jenem, der einen solchen Mann in Triest in solche Gesellschaft und in den Tod getrieben hat.

Anders als Herder ergreift Goethe jedoch ausdrücklich Partei. Vorbereitend behandelt er zunächst den „Makel" des Konfessionswechsels, den er in dem Naturell Winckelmanns als eines „gründlich gebornen Heiden" erloschen sieht. Es folgt unter der Rubrik *Freundschaft* ein Blick auf die Veranlagung als Charakterzug: So war er, und dem entsprechend ist er gestorben. Sein Ende sei nur ein Sprung vom Weg des Erfolges „zu den Seligen" gewesen, nur „ein kurzer Schrecken, ein schneller Schmerz", insgesamt dennoch ein Ende in Würde; er habe „als Mann gelebt" und sei „als vollständiger Mann von hinnen gegangen".

Goethe hat als erster Autor überhaupt Winckelmanns Liebe zu jungen Männern anerkannt: Sie sei konstitutiv für sein Werk und darüber hinaus ein ehrenwerter Zug seines Charakters. Das hat manchen Archäologen, manchen Kulturhistoriker nicht davon abgehalten, diesen Zug als peinlich für das Leben, abträglich dem Werk hinzustellen, und darum ihr Urteil über Winckelmann mit einer Prise Verachtung zu würzen. Diese aber stammt immer noch aus biblischem Grund. Wenn Friedrich Schleiermacher im Jahr 1799 seine Reden *Über die Religion* den „Gebildeten unter ihren Verächtern" widmet, so irrt er insofern, als denen, die er ansprechen möchte, die Religion nicht verächtlich war, sondern gleichgültig. Verachtung aber drohte ihm selber und folgte ihm noch jenseits des Grabes. Der Theologe Adolf von Harnack warnte seine Studenten vor der Theologie Schleiermachers, weil dieser homosexuell gewesen sei.[64]

Sich als Freund Winckelmanns zu erklären erforderte lange Zeit den Mut einer Selbstanzeige. Im neunzehnten Jahrhundert wagten dies der Lyriker August von Platen[65] und der englische Kulturhistoriker Walter Pater[66]. Die ersten, die im zwanzigsten

Jahrhundert Winckelmann als Schwulen rühmten, waren beide Visionäre nationaler Erneuerung im Geist des Lyrikers Stefan George. Berthold Vallentin entwirft in seiner geistesgeschichtlichen Studie *Winckelmann* das konservative Ideal einen Heros, der auf einer „höheren Menschenstufe" steht und erhaben ist über die „trüben Begierden eines entarteten Bürgertums". Der Mangel, unter dem er gelitten hat, soll sein Adel sein. Max Kommerell sagt es noch krasser und wählt dazu eine fiktionale Darstellung. In Blankversen meditiert Winckelmann am Abend vor seinem Tod über den Sinn seines Lebens, den erst die Zukunft zeigen werde:

> Ein ungeheures brausen der erneuung
> Macht böden bersten, macht gewalten frei.
> Gebrandmarkter begierde rasend volle
> Sind führer euch zu neuer welt, und seher
> Alle wie ich an gleicher not verfrühte.

Das ist aus dem Geist der lyrischen Anthologie *Menschheitsdämmerung* und behauptet, in Prosa übersetzt: Schwule werden die Macht ergreifen! Ihr ultimativer „Führer" aber wird auftreten als der Antichrist.

> Hingehn muß ein jahrhundert eh wer kommt
> Der nach mir trägt das herz auf gleichem flecke.
> Er bringt was mir geschwant hat, zum vollstrecke.
> UND DER VERWORFNE STEIN
> WIRD STEIN DER ECKE.

Winckelmanns Trost in Triest ist die Aussicht auf den künftigen Stefan George: er wird es richten! Was aber hat dieser, im Jahr 1928, gerichtet? Er hat das Verachtete gerühmt in Versen, deren vollen Sinn nur Eingeweihte verstanden. Seine Schüler haben das Thema variiert. Von den Kündern Deutscher Größe kam keine Befreiung. Einen Schritt in diese Richtung tat nach einem halben Jahrhundert ein anderer Winckelmann-Biograph, Parteigänger des Menschenrechts: Hans Mayer.

Der Titel der vorliegenden Darstellung, jener Verszeile entlehnt, bezieht sich nicht auf die Person, sondern auf das Werk, welches der Erforschung von Verfallenem und Verworfenem galt. Wie Winckelmann dem Vatikanischen *Torso* in seiner Beschreibung die alte Form und Würde rekonstruiert, so macht er als erster die Beschädigungen, die das Bild von seinesgleichen im christlichen Abendland bekam, kenntlich und damit – in Gedanken – rückgängig. Und so soll die heidnische Antike hier das letzte Wort haben in seiner Formulierung zum Thema Distanz und Verlust, Leitmotiven dieses Lebens und Schreibens. Aus seiner absoluten Ferne spricht er zu uns von dem, was ihn selbst angetrieben hat: Schmerz der Trennung und Trost im Gedenken.

Vermittler ist noch einmal Goethe, der in seiner Winckelmann-Schrift aus einem Brief Wilhelm von Humboldts zitiert. Der, preußischer Gesandter in Rom, sah mit Schaudern voraus, was dort im Verlauf des Jahrhunderts an allen größeren antiken Bauten vollzogen werden sollte auf Kosten des Gesamtbildes der Stadt. Wir Menschen der Neuzeit, schreibt er, unterlägen einer „Täuschung", wenn wir meinten, es genüge, das Forum Romanum freizuschaufeln, um uns selbst unmittelbar in die Antike zu versetzen: „Nur aus der Ferne, nur von allem Gemeinen getrennt, nur als vergangen muß das Altertum uns erscheinen. Es geht damit wie (…) mit den Ruinen: wir haben immer einen Ärger, wenn man eine halb versunkene ausgräbt; es kann höchstens ein Gewinn für die Gelehrsamkeit auf Kosten der Phantasie sein."

Denselben Gedanken setzt Winckelmann an den Schluss des Werkes, welches mehr als alle anderen die Antike interpretiert als ein im Ganzen Vergangenes, seine *Geschichte der Kunst des Alterthums*. Humboldt variiert Winckelmann, der aber findet das Motiv, einmal mehr, bei Ovid. Er entnimmt es den *Metamorphosen*, aus einer Geschichte von Liebe, Trennung und Wiederfinden in verwandelter Gestalt, die er seinen Zwecken anverwandelt. König Keyx von Trachis, Sohn des Aeolus, Gastgeber des Peleus, lebt in Frieden mit der Welt und in häuslichem Glück mit seiner Frau Alkyone. Einmal aber muß er hinaus ins feindliche Leben, und zwar zu Schiff, worüber die Gattin verzweifelt, denn sie ahnt Schiffbruch und seinen Tod. Er verspricht, binnen zweier Monate zurückzukommen und küßt sie zum Abschied; doch der wird für ewig sein. Sie sinkt in Ohnmacht; als sie erwacht, noch Tränen im Auge, sieht sie den Geliebten vom Heck des entschwindenden Schiffes aus ihr zuwinken, und sie winkt zurück, aber:

> haec quoque ut haud poterat spatio submota videri,
> vela tamen spectat summo fluctantia malo[67]
> – Sie erkennt ihn nicht mehr, kaum das Schiff, wohl aber, für einige Zeit noch, das ausgespannte Segel.

Als Winckelmann seine Kunstgeschichte abschloß, war er nicht sicher, daß sie in Dresden überhaupt gedruckt werden konnte. Die Stadt war von den Preußen schwer beschossen, das Land Sachsen durch den Siebenjährigen Krieg wirtschaftlich geschwächt. Wie sein Freund Francke und die Dresdner die Ruine der Kreuzkirche vor Augen hatten, so blickte er auf die Trümmer des alten Rom. Jene konnte wieder aufgebaut, diese würden allmählich ausgegraben werden; aber etwas war für immer zerstört. Der Neubau einer Kirche ist eine Replik oder eine Kopie, immer aber eine Variante aus eigenem Zeitgeist. Auch die antiken Skulpturen, die in Rom überdauert hatten, waren Kopien und Varianten vom Griechischem in römischem Geist. Und so imaginiert Winckelmann ans Ende seines Werkes die eigene Metamorphose: Bei Ovid werden die liebenden Gatten Keyx und Alkyone in Meeresvögel verwandelt; in seinem Vergleich stellt er sich selbst dem Leser – wie einst Peter Lamprecht, wie Friedrich von Berg – als Liebende vor, der ihr Geliebter endgültig entschwindet. Kunstbetrachtung ist Trauer um Verlorenes und Trost in Gestalt einer Rekonstruktion, die manches vom einstigen Reichtum bewahrt und – recht verstanden – noch immer ein Schatz ist.

„Ich bin in der Geschichte der Kunst schon über ihre Grän-
zen gegangen, und ohngeachtet mir bey Betrachtung des Unter-
gangs derselben fast zu Muthe gewesen ist wie demjenigen, der in
Beschreibung der Geschichte seines Vaterlandes die Zerstörung
desselben, die er selbst erlebet hat, berühren müßte, so konnte
ich mich dennoch nicht enthalten, dem Schicksale der Werke der
Kunst, so weit mein Auge gieng, nachzusehen. So wie eine Liebste an dem Ufer des Meeres ihren abfahrenden Liebhaber, ohne
Hoffnung, ihn wieder zu sehen, mit bethränten Augen verfolget
und selbst in dem entfernten Segel das Bild des Geliebten zu sehen glaubt. Wir haben, wie die Geliebte, gleichsam nur einen
Schattenriß von dem Vorwurfe unserer Wünsche übrig; aber desto größere Sehnsucht nach dem Verlohrnen erwecket derselbe,
und wir betrachten die Copien der Urbilder mit größerer Aufmerksamkeit, als wie wir in dem völligen Besitze von diesem nicht
würden gethan haben."

Nachwort

Mein Interesse an Winckelmanns Leben weckte Ende der siebziger Jahre ein Fund bei einem Antiquar in Kassel: die Jahresgabe der Winckelmann-Gesellschaft zu Stendal aus Anlaß der zweihundertjährigen Wiederkehr des Todestages im Jahr 1968, die ins Deutsche übersetzte und kommentierte *Mordakte Winckelmann*. Ich war nach längerer Tätigkeit als Germanist im Ausland zurückgekehrt ins Elternhaus; von dort zog ich nach Berlin, um mich dort zu etablieren als freier Schriftsteller mit Themen zur Literatur und zur bildenden Kunst.

Ich nahm mir vor, Winckelmanns Sterben darzustellen. Um erst einmal Kenntnisse zu erwerben über sein Leben und Wirken, wurde ich im Jahr 1980 Mitglied der Winckelmann-Gesellschaft. Diese war 1940 durch die Verfügung eines Stendaler Bürgers gegründet worden und in der Zeit der DDR gesamtdeutsch und international geblieben. Dort habe ich die Sammlung der Schriften, Dokumente und Kunstwerke einsehen und benutzen können, deren Volumen inzwischen angewachsen war zu einem bedeutenden Archiv, dem Fundus des Winckelmann-Museums.

Mein erster Impuls war: Das wird ein Film! Ich schrieb ein Drehbuch und ersann Bilder und Sequenzen, in denen mein Winckelmann zu seinem Recht kommen sollte über das harte Ende seines Lebens hinaus in einer neuheidnischen Apotheose mit Trauben stampfenden nackten Winzerburschen. Das *script* war ein *flop*; das Interesse blieb. So schrieb ich zunächst Artikel für Zeitschriften und Sendungen für den Funk, gedacht als Vorstufen zu einer Biographie. Bei der Suche nach der definitiven Form habe ich mehrere Anläufe genommen, ehe dann, im Jahr 2003, dieses Buch entstand. Das Vergnügen daran, den alten Vorsatz endlich verwirklicht zu haben, wird getrübt durch den Umstand, daß viele Beobachter der Latenzzeit inzwischen verstorben sind. Ihre Namen möchte ich hier wenigstens nennen.

Die Freiheit zum Arbeiten in Muße verdanke ich meiner Mutter Dorothea von Wangenheim mit ihrer nie erschöpften Geduld. Das Betrachten von Skulpturen, den Sinn für Plastik lehrte mich der Bildhauer Peter Großbach, der als Schüler von Gustav Seitz, als Bewunderer von Gerhard Marcks und Hans Wimmer selber noch gegenständlich arbeitete; wir waren dreißig Jahre lang befreundet. Der Romancier Hubert Fichte hat als Ethnologe auch die deutsche Auslands-Germanistik erforscht und beschrieben; von Westafrika zog er mich in seine hamburgische Sphäre und in die arcana seiner Kunst, weit ab von Winckelmann. Der Kunsthistoriker Hermann Wiesler, selber ein Experte der älteren Kunstgeschichte, warb intensiv für die Kunstproduktion der Gegenwart, dem guten Alten das kühne Neue beistellend in seiner unerhörten Berliner Wohnung. Hans Brockmann in der Heinrich-Heine-Buchhandlung am Bahnhof Zoo gab Lesetips und ernsten Rat. Der Archäologe Hellmut Sichtermann, mit Eloquenz für die Anerkennung von Winckelmanns Art und deren Nutzen für die Kunst-Historie werbend, hat in seiner *Kulturgeschichte der klassischen Archäologie* bedauert, daß die Briefe Winckelmanns noch nicht ausgewertet worden seien unter diesem Aspekt, womit auch mein Vorhaben, von dem er wußte, gemeint war. Drei geliebte Freunde afrikanischer Herkunft haben das Projekt freundschaftlich und bisweilen ungeduldig begleitet: René Poman, Architekt aus Martinique, Dakar, Paris; Martin Moss, Sänger und Schauspieler aus New York und Berlin; André Alexander, Discjockey aus San Francisco und Berlin.

Leichter ist's, von Lebenden zu sprechen. Der Archäologe Max Kunze leitete damals das Winckelmann-Museum in Stendal und später das Berliner Pergamon-Museum; ihm verdanke ich einige der wichtigsten Anregungen zu meiner Arbeit. In Köln wirkte bis zur Pensionierung Hansgeorg Oehler, der, ebenfalls klassischer Archäologe, als Mahner unermüdlich und als Kritiker verläßlich war. Förderung durch Rat und Publikation verdanke ich ferner dem Pädagogen Wolfgang Popp, dem Philologen Dirck Linck und dem Historiker Wolfram Setz, alle drei als Herausgeber und Redakteure mitverantwortlich für die Zeitschrift Forum. Homosexualität und Literatur. Zwei Kunsthistoriker haben das Typoskript lektoriert, zuerst Janni Müller-Hauck, und zuletzt, im Auftrag des Verlags, Johannes Rößler, Kenner der Materie und Stilist von Graden. Was an Fehlern und Mängeln geblieben ist, liegt allein beim Autor. Am Gelingen beteiligt war Amad Weiland von Wangenheim.

Berlin, im August 2005

Jean Grandjean, Zeichnung 1779. Der Niederländer, in Rom aktiv seit 1752, schuf diese Zeichnung im Atelier des Bildhauers Alexander Trippel, der lebende Modelle Posen antiker Stauen einnehmen ließ.

Anmerkungen

Hauptquelle meiner Darstellung ist: Johann Joachim Winckelmann, *Briefe*, in Verbindung mit Hans Diepolder hrsg. von Walther Rehm. 4 Bde., Berlin, 1952–1957. Ich zitiere nach den Nummern dieser Ausgabe, aus Bd. 4: *Dokumente zur Lebensgeschichte* mit IV und Nr.

Die Übersetzungen sind, soweit nicht anders angegeben, von mir.

1 Der Archäologe und Theologe Friedrich Münter notiert in seinem Tagebuch im September 1782, ein Bekannter habe ihm die Ausgabe der Briefe Winckelmanns an Stosch gezeigt, und zwar das Exemplar des Herausgebers, woran zu sehen gewesen sei, „wie er sie", die Briefe, „hat kastriren müssen. Winckelmann trieb Päderastie und liebte besonders einen sehr schönen Knaben, an den auch ein italienischer Brief vorkömmt." (Winckelmann, *Briefe*, Bd. III, S. 589).

2 Jacques Casanova de Seingalt, *Histoire de ma vie,* Wiesbaden / Paris 1960 ff., dort Bd. IV, S. 196 ff. Nach dieser ersten Ausgabe des originalen Textes entstand die neue Übersetzung von Heinz von Sauter: Giacomo Casanova, *Geschichte meines Lebens,* Berlin 1964.

3 Benvenuto Cellini, *Mein Leben.* Die Autobiographie eines Künstlers aus der Renaissance. Aus dem Italienischen von Jacques Laager, Zürich 2000, S. 579 (Zweites Buch, Abschnitt 70).

4 Vgl. Bernd-Ulrich Hergemöller, *Mann für Mann*. Biographisches Lexikon zur Geschichte von Freundesliebe und mannmännlicher Sexualität im deutschen Sprachraum, ([1]Hamburg 1998) [2]Frankfurt am Main 2001, S. 74.

5 Vgl. Louis Crompton, *Homosexuality and Civilisation*, Cambridge (Mass.) / London 2003, S. 462f.

6 Casanova de Seingalt, *Histoire de ma vie,* Bd. 11, S. 277ff.

7 Karl Philipp Moritz, *Anton Reiser.* In: Ders., *Werke.* Bd. I, Frankfurt am Main 1981, S. 140.

8 Aristophanes, *Die Wolken,* Verse 973ff.

9 Ovid, *Amores,* Erstes Buch, Elegie I, Vers 20.

10 Ovid, ebenda, V, 13, 23.

11 Ovid, *Amores,* Zweites Buch, X, 5.

12 Ovid, *Amores,* Drittes Buch, VII, 26, 74, 77.

13 Ovid, ebenda, III, 1, 12, 23–26, 31–32.

14 Ovid, *Amores,* Erstes Buch, III, 15–16.

15 Johann Friedrich Degen, *Anakreons und Sapphos Lieder nebst andern lyrischen Gedichten*, Leipzig 1821, S.   (Nr. 29).

16 Ovid, *Heroides. Briefe der Leidenschaft,* Dido an Aeneas, Vers 183.

17 Ovid, *Heroides,* Ariadne an Theseus, Vers 43.

18 Ovid, *Heroides,* Medea an Jason, Vers 57.

19 Ovid, *Heroides,* Laodamia an Protesilaos, Vers 1.

20 Ovid, *Amores,* Erstes Buch, III, 15.

21 Ovid, *Metamorphosen,* Zehntes Buch, Verse 527f., 533f., 558f.

22 Homer, *Ilias,* Zwanzigstes Buch, Verse 233–235.

23 Homer, *Ilias,* Dreiundzwanzigstes Buch, Verse 556f.

24 Marsilius Ficinus, *Über die Liebe oder Platons Gastmahl,* übersetzt von Karl Paul Hasse, Leipzig 1914 (Hamburg 2004), Kap. 9, 15.

25 Theokrit, Idyllen XXIX, 33f., zit nach: Hermann Beckby (Hg.), *Die griechischen Bukoliker: Theokrit, Moschos, Bion,* Meisenheim am Glan 1975.

26 Theokrit, Idyllen XII, 34, ebenda.

27 Vergil, Zweites Hirtengedicht.

28 Petronius, *Satyrica,* Abschnitt 105, 7.

29 Petronius, ebenda, Abschnitt 114, 8 und 11.

30 Petronius, ebenda, Abschnitt 129, 1.

31 Petronius, ebenda, Abschnitt 83, 4.

32 Michel de Montaigne, *Essais,* Buch I, Kapitel 28. Aus dem Französischen von Johann Daniel Tietz, Leipzig 1753/54 (Reprint Zürich 1992).

33 vgl. Montaigne, *Essais,* Buch III, Kapitel 5.

34 vgl. Carl Justi, *Winckelmann und seine Zeitgenossen,* Bd. 2, Drittes Kapitel.

35 Johann Wolfgang von Goethe, *Wilhelm Meisters Lehrjahre,* Erstes Buch, Kapitel 17. Das hier beschriebene Gemälde hat er in Kassel gesehen; es wird heute Antonio Bellucci zugeschrieben. Winckelmann berichtet im Brief 144 von einem Bild des Lairesse, das in Dresden eine zeitlang zur Ansicht hing, dann aber an den Händler zurückging.

36 Horace Walpole, *Selected Letters,* hrsg. von William Hadley, London 1926, S. 5f.

37 Jean-Jacques Barthélemy, *Voyage en Italie de M. l'abbé Barthélemy,* de l'académie française, de celle des inscriptions et belles-lettres, et auteur du voyage d'Anacharsis, Paris 1801, (5. Brief).

38 Christian Gottlob Heyne in: *Die Kasseler Lobschriften auf Winckelmann,* hrsg. von Arthur Schulz, Berlin 1963, S. 23.

39 Götz Lahusen, *Winckelmanns Reisen nach Neapel und seine Bemerkungen zu den bronzenen Kaiserstatuen (…) in Portici.* In: *Geschichte und Ästhetik.* Festschrift für Werner Busch zum 60. Geburtstag, hrsg. von Margit Kern, Thomas Kirchner und Hubertus Kohle, Berlin 2004, S. 164.

40 Antonio Rocco, *Der Schüler Alkibiades*. Ein philosophisch-erotischer Dialog, übersetzt und mit einem Dossier hrsg. von Wolfram Setz, Hamburg 2002, S. 13ff., 105. Auf S. 121 ist vom „pizzicore" des Penis die Rede.

41 William Shakespeare, *Troilus and Cressida*, II, 2: „This is the monstruosity in hve, lady, that the willis infinite, and the execution confined; that the desire is boundless, and the act a slave to limit."

42 John Cleland, *Fanny Hill. Memoirs of a Woman of Pleasure* ([1]London 1749), hrsg. von Peter Sabor, Oxford / New York 1985, S. 156.

43 Cleland, *Fanny Hill,* Notes S. 191.

44 Alois Hirt, *Über die Bildung des Nackenden bey den Alten*. In: Abhandlungen der Preussischen Akademie der Wissenschaften. Philosophisch-historische Klasse, Berlin 1822, S. 289–304. Das Buch des Archäologen Nikolaus Himmelmann, *Ideale Nacktheit,* Opladen 1985, behandelt nur Werke der Neuzeit mit Antikebezug. In seinem Artikel *Heroische Nacktheit* (In: Ders., *Minima Archaeologica*. Utopie und Wirklichkeit der Antike, Mainz 1996, S. 92–102), leitet er die Darstellung schöner männlicher Nacktheit bei den Griechen ab aus deren Art, ihrer männlichen Toten zu gedenken, die später auf männliche Götter und seit Alexander dem großen auf Menschen übertragen wurde, aber „aus der Antike ist kein literarisches Zeugnis bekannt, das den Sinn dieser Darstellungsweise erläutern würde."

45 Georg Wilhelm Friedrich Hegel, *Ästhetik*, Dritter Teil, Zweiter Abschnitt, II 1c.

46 Ovid, *Festkalender,* Buch II, Februar, Vers 357f.

47 Männliche Geschlechtsteile abgemeißelt: Bei Führungen am Pergamon-Altar anfang der neunziger Jahre fiel es mir auf; der Direktor des Museums, Max Kunze, hat meine Vermutung bestätigt.

48 Heinrich Detering, *Das offene Geheimnis*. Zur literarischen Produktivität eines Tabus von Winckelmann bis zu Thomas Mann, Göttingen 1994, S. 67, 77.

49 Timothy Mowl, *Horace Walpole*. The great outsider, London 1996, S. 171f. Zu Andrew Baxter und Baron d'Holbach als Verehrern des jungen Wilkes: George Sebastian Rousseau über einen „Homosocial University Club" in Leiden: *,In the House of Madame Vander Tasse on the Long Bridge'*. A Homosocial University Club in Early Modern Europe. In: Kent Gerard / Gert Hekma (Hg.), The Pursuit of sodomy. Male homosexuality in Renaissance and Enlightenment Europe, New York / London 1989.

50 vgl. Brian Fothergill, *Sir William Hamilton*. Diplomat, Naturforscher, Kunstsammler, München 1971.

51 Nachfolgendes basiert auf den Artikel *Der bräunliche Lazzaron*. In: Gerhard Härle (Hg.), Grenzüberschreitungen. Friedenspädagogik, Geschlechter-Diskurs, Literatur – Sprache – Didaktik. Festschrift für Wolfgang Popp zum 60. Geburtstag, Essen 1995.

52 Ludwig Emil Grimm, *Erinnerungen aus meinem Leben,* hrsg. von Wilhelm Praesent, Kassel 1950, S. 145.

53 Fanny Mendelssohn, *Italienisches Tagebuch,* hrsg. von Eva Weissweiler, Neuwied 1985, S. 150, 147.

54 John Moore, *A View of Society and Manners in Italy.* In: Robert Anderson, The works of John Moore, M. D., with memoirs of his life and writings. Bd. 2, Edinburgh 1820, S. 362; zit nach Wolfgang Leppmann, *Winckelmann.* Eine Biographie, Frankfurt am Main / Berlin 1971, S. 166.

55 Donatien-Alphone-François, Marquis de Sade, *Voyage d'Italie.* In: Italies. Anthologie des voyageurs francais aux XVIII et XIX siècles, hrsg. von Yves Hersant, Paris 1988, S. 574.

56 Jean-Jacques Bouchard, *Journal II. Voyage dans le Royaume de Naples 1632,* hrsg. von Emanuele Kanceff, Turin 1977, S. 271.

57 Johann Wolfgang von Goethe, *Italienische Reise,* 10. Juli 1787.

58 Zum Porträt von Maron vgl. Claudia Tutsch, *„Man muß mit ihnen, wie mit einem Freund, bekannt geworden seyn..."* Zum Bildnis Johann Joachim Winkkelmanns von Anton von Maron, Mainz 1995; zum Portrait von Mengs Steffi Roettgen, Anton Raphael Mengs, 1728–1779. Bd. 1: Das malerische und zeichnerische Werk, München 1999.

59 Horace Walpole an Lady Ossory, 27. September 1778. In: Walpole, *Selected Letters,* S. 227.

61 nach Ovid, *Heroides,* Sappho an Phaon, Vers 81f.

62 nach *Mordakte Winckelmann.* Die Originalakten des Kriminalprozesses gegen den Mörder Johann Joachim Winckelmanns (Triest 1768), aufgefunden und im Wortlaut des Originals in Triest 1964 hrsg. von Cesare Pagnini, übersetzt und kommentiert von Heinrich Alexander Stoll, Berlin 1965.

63 zitiert nach *Die Kasseler Lobschriften auf Winckelmann,* S. 31ff.

63 Friedrich Schleiermacher, *Über die Religion. Reden an die Gebildeten unter ihren Verächtern* (1799), Hamburg 1958.

64 vgl. Johann Hinrich Claussen, Sündenbock. In: Frankfurter Allgemeine Zeitung, vom 31. März 2004.

65 vgl. August von Platen, *An Winckelmann.*

66 vgl. Walter Pater, *Studies in the history of the Renaissance,* London 1873.

67 Ovid, *Metamorphosen,* Buch XI, Vers 469f.

Bibliographie

Johann Joachim Winckelmanns Schriften:

Gedancken über die Nachahmung der Griechischen Wercke in der Mahlerey und Bildhauer-Kunst, Dresden 1755; Nachdruck mit zwei weiteren Essays, Dresden 1756.

Nachricht von den alten herkulanischen Schriften. Beitrag zu der Zeitschrift DAS NEUESTE AUS DER ANMUTIGEN GELEHRSAMKEIT, 1758.

Erinnerung über die Betrachtung der Werke der Kunst. Beitrag zu der Zeitschrift BIBLIOTHEK DER SCHÖNEN WISSENSCHAFTEN UND KÜNSTE, 1759.

Von der Grazie in den Werken der Kunst, ebenda.

Nachricht von dem berühmten Stoßischen Museo in Florenz, ebenda.

Beschreibung des Torso im Belvedere zu Rom, ebenda.

Anmerkungen über die Baukunst der alten Tempel zu Girgenti in Sizilien, ebenda.

Description des Pierres Gravées du feu Baron de Stosch, Florenz 1760.

Anmerkungen über die Baukunst der Alten, Leipzig 1762.

Sendschreiben von den Herculanischen Entdeckungen, Dresden 1762.

Abhandlung von der Fähigkeit der Empfindung des Schönen in der Kunst, und dem Unterrichte in derselben, Dresden 1763.

Geschichte der Kunst des Alterthums, Dresden 1764.

Nachricht von den neuesten Herculanischen Entdeckungen, Dresden 1764.

Versuch einer Allegorie, besonders für die Kunst, Dresden 1766.

Anmerkungen über die Geschichte der Kunst des Alterthums, Dresden 1767.

Monumenti Antichi Inediti spiegati ed illustrati, Rom 1767.

Im Lauf des 19. Jahrhunderts sind vier Werkausgaben erschienen. Die erste kritische und umfassende erscheint seit 1996 im Verlag Philipp von Zabern in Mainz: Johann Joachim Winckelmann, *Schriften und Nachlaß,* hrsg. von Stephanie-Gerrit Bruer (bis 1997), Adolf Heinrich Borbein (ab 2001) und Max Kunze, Bd. 1: „*Von der Restauration der Antiquen*". Eine unvollendete Schrift Winckelmanns, 1996; Bd. 2: *Herkulanische Schriften,* Teil 1: Sendschreiben von den herculanischen Entdeckungen. Teil 2: Nachrichten von den neuesten herculanischen Entdeckungen. Teil 3: Briefe, Entwürfe und Rezensionen zu den herkulanischen Schriften, 1997, 2001; Bd. 3: *Schriften zur antiken Baukunst,* 2001; Bd. 4: *Geschichte der Kunst des Altertums.* Teil 1: Text, 2002; Bd. 5: *Ville e Palazzi di Roma.* Antiken in den romischen Sammlungen. Teil 1: Text und Kommentar, 2003

Biographik

Unter den biographischen Darstellungen zu Winckelmann ragt heraus: Carl Justi, *Winckelmann. Sein Leben, seine Werke und seine Zeitgenossen*, 3 Bde., Leipzig 1866–1872; die zweite überarbeitete Auflage: Leipzig 1898, die dritte: Leipzig 1922, die vierte: Leipzig 1943, und die fünfte: Köln 1956, hrsg. von Walther Rehm, tragen den Titel *Winckelmann und seine Zeitgenossen*. Zum Thema Sexualität äußert sich Justi in der ersten Ausgabe mit größter Umsicht, in der überarbeiteten zweiten fast gar nicht. Das scheint wachsender Intoleranz beim lesenden Publikum geschuldet, erstaunt aber bei einem Autor, der später in seinem großen Buch über Michelangelo diesen Aspekt am Schluß geradezu würdigt.

Ein Jahrhundert später verfaßt ist die Monografie von Wolfgang Leppmann, *Winckelmann. Eine Biografie*, Frankfurt am Main / Berlin / Wien 1971 ([1]New York 1970). Leppmann schreibt in einer Zeit fortschreitender Liberalisierung und paßt sich ihr an. In der ersten deutschen Auflage fragt er auf Seite 55, ob Winckelmann „damals schon homosexuell war"; in der zweiten, München / Bern 1982, lautet die Frage: Wie weit war sich Winckelmann „zu dieser Zeit über seine homophile Veranlagung klar geworden"?

Aus der umfangreichen Literatur zu Winckelman seien vier Werke genannt, in denen die Erotik behandelt wird. In seinem Buch *Außenseiter*, Frankfurt am Main 1975, vergleicht Hans Mayer die Unterdrückung und die Emanzipation der Frauen, der Homosexuellen und der Juden in der Neuzeit. Das dritte Kapitel der zweiten Abteilung handelt von Winckelmanns Tod und der dadurch verursachten „Enthüllung" der Existenz von Homosexualität in homophober Umwelt. Mayers Thesen haben die heutige Diskussion eröffnet.

Dem folgt die Epochendarstellung von Paul Derks, *Die Schande der heiligen Päderastie*. Homosexualität und Öffentlichkeit in der deutschen Literatur 1750–1850, Berlin 1990. Winckelmann erscheint hier in eigenen Texten und, als Typus, in der Diskussion der Nachwelt zu diesem Thema.

Heinrich Detering untersucht unter dem Titel *Das offene Geheimnis*. Zur literarischen Produktivität eines Tabus von Winckelmann bis zu Thomas Mann, Göttingen 1994, Werke von sieben homosexuellen Autoren, beginnend bei Winckelmann, die ihr Schreiben als „Camouflage" nutzen, als getarnte Selbstdarstellung.

In seiner *Kulturgeschichte der klassischen Archäologie*, München 1996, entwirft Hellmut Sichtermann die Geschichte des Faches und dessen homoerotische Impulse mit Winckelmann als Mittelpunkt; als Titel hatte er vorgesehen „Winckelmanns Wissenschaft".

Zitierte und weiterführende Literatur

Horst Bredekamp, *Antikensehnsucht und Maschinenglauben*. Die Geschichte der Kunstkammer und die Zukunft der Kunstgeschichte, Berlin 1993. (Winckelmann als Überwinder frühneuzeitlicher Theorien der Weltordnung).

John Cleland, *Fanny Hill. Memoirs of a Woman of Pleasure* ([1] London 1749), hrsg. von Peter Sabor, Oxford / New York 1985.

Il Cortile delle statue. Der Statuenhof des Belvedere im Vatikan. Akten des internationalen Kongresses zu Ehren von Richard Krautheimer, Rom, 21.–23. Oktober 1992, hrsg. von Matthias Winner, Bernard Andreae, Carlo Pietrangeli, Mainz 1998. (Seine Gestalt zur Zeit Winckelmann).

Thomas Crow, *Emulation*. Making artists for revolutionary France, New Haven / London 1995. (Die Maler um Jacques Louis David als Männerbund im Geiste Winckelmanns).

Louis Crompton, *Homosexuality and Civilisation*, Cambridge (Mass.) / London 2003.

Das Feigenblatt. Milleniumsausstellung, Glyptothek München, 18. Juli – 29. Oktober 2000. Texte von Peter Prange und Raimund Wünsche, München 2000. (Zur Geschichte von Scham und Zensur).

Elisabeth Décultot, *Untersuchungen zu Winckelmanns Exzerptheften*. Ein Beitrag zur Genealogie der Kunstgeschichte im 18. Jahrhundert, Stendal 2004.

Heinrich Detering, *Das offene Geheimnis*. Zur literarischen Produktivität eines Tabus von Winckelmann bis Thomas Mann, Göttingen 1994.

John Fleming, *Robert Adam and his Circle in Edinburgh & Rome*, London 1962. (Englische Klassizisten im Rom Winckelmanns).

Brian Fothergill, *Sir William Hamilton*. Diplomat, Naturforscher, Kunstsammler, München 1971.

Francis Haskell / Nicholas Penny, *Taste and the Antique*. The lure of classical sculpture 1500–1900, New Haven / London 1981. (Katalog der vor und nach Winckelmann am höchsten geschätzten antiken Skulpturen)

Gerald Heres, *Winckelmann in Sachsen*. Ein Beitrag zur Kulturgeschichte Dresdens und zur Biographie Winckelmanns, Berlin 1991.

Bernd-Ulrich Hergemöller, *Mann für Mann*. Biographisches Lexikon zur Geschichte von Freundesliebe und mannmännlicher Sexualität im deutschen Sprachraum, ([1] Hamburg 1998) [2] Frankfurt am Main 2001.

Hans Mayer, *Außenseiter*, Frankfurt am Main 1975.

Norbert Miller, *Strawberry Hill*. Horace Walpole und die Ästhetik der schönen Unregelmäßigkeit, München / Wien 1986.

Mordakte Winckelmann. Die Originalakten des Kriminalprozesses gegen den Mörder Johann Joachim Winckelmanns (Triest 1768), aufgefunden und im Wortlaut des Originals in Triest 1964 hrsg. von Cesare Pagnini, übersetzt und kommentiert von Heinrich Alexander Stoll, Berlin 1965.

Timothy Mowl, *Horace Walpole.* The great outsider, London 1996.

Alex Potts, *Flesh and the Ideal.* Winckelmann and the origins of art history, New Haven / London 1994. (Kunstbeschreibung und -produktion als Stilisierung erotischer Strebungen).

Antonio Rocco, *Der Schüler Alkibiades.* Ein philosophisch-erotischer Dialog, übersetzt und mit einem Dossier hrsg. von Wolfram Setz, Hamburg 2002.

Steffi Roettgen, *Anton Raphael Mengs, 1728–1779.* Bd. 1: Das malerische und zeichnerische Werk, München 1999; Bd. 2: Leben und Wirken, München 2003.

Hellmut Sichtermann, *Kulturgeschichte der klassischen Archäologie*, München 1996.

Claudia Tutsch, *„Man muß mit ihnen, wie mit einem Freund, bekannt geworden seyn...“* Zum Bildnis Johann Joachim Winckelmanns von Anton von Maron, Mainz 1995.

Berthold Vallentin, *Winckelmann*, Berlin 1931. (Winckelmann als Wegbereiter eines besseren Deutschlands).

Horace Walpole, *Selected Letters*, hrsg. von William Hadley, London 1926; Ders., *Selected Letters*, hrsg. von Wilmarth Sheldon Lewis, New Haven / London 1973.

Henning Wrede, *Die „Monumentalisierung“ der Antike um 1700*, Stendal 2004. (Zur Geschichte der Erforschung des Altertums, vermittelt in knapper Form eine Vorstellung vom epochalen Schritt Winckelmanns zur Kunst-Geschichte)

Abbildungen

Frontispiz: Anton von Maron, Rötelzeichnung zum Porträt 1767, Rijksmuseum Amsterdam (identifiziert von Steffi Roettgen).

S. 13 Vignette aus: Winckelmann, *Geschichte der Kunst des Alterthums,* über dem Kapitel *Von dem Wesentlichen der Kunst,* S. 141. Abgebildet ist eine Kamee mit dem Paar Ariadne und Bacchus.

S. 31 Gérard Scotin, L'Indifférent. Radierung nach dem gleichnamigen Gemälde von Antoine Watteau.

S. 37 Bartolomeo Pinelli, Antinous schreitet zum Selbstopfer im Nil, Zeichnung um 1805, aus: (Kat.) *Bartolomeo Pinelli, 1781–1835, e il suo tempo,* hrsg. von Maurizio Fagiolo und Maurizio Marini, Rom 1983, Nr. 2, S. 51.

S. 41 Roland von dem Rathaus in Stendal.

S. 53 Winckelmanns Abschrift von Anakreon: *Male mir den Bathyllos...,* Staats- und Universitätsbibliothek Hamburg.

S. 71 Kleine Herkulanerin, Skulpturengalerie Dresden, aus: Walter-Herwig Schuchardt, *Die Epochen der griechischen Plastik,* Baden-Baden 1959, Nr. 84.

S. 77 Jacques Louis David, Achill bestattet Patroklos, Zeichnung, Louvre Paris; danach entstand in Rom 1779 ein Gemälde, heute in Dublin.

S. 109 Titelblatt der Erstausgabe: Winckelmann, *Gedancken über die Nachahmung der Griechischen Wercke in der Mahlerey und Bildhauer-Kunst,* Dresden 1755.

S. 119 Reisekutsche.

S. 127 Antinous im ägyptischen Stil, Marmor, 2. Jh., aus dem Kapitolinischen Museum. Die Skulptur bespricht Winckelmann in seiner *Geschichte der Kunst des Alterthums* (1. Aufl. S. 35, 62). Abgebildet ist die Wiedergabe als Zeichnung von Giandomenico Campiglia (1692–1775), den Winckelmann nicht erwähnt, dessen Arbeiten er aber gekannt haben muß; sie waren in ihrer Zeit an Exaktheit und Schönheit unübertroffen. Foto Galleria Carlo Virgilio, Rom.

S. 139 Laokoon, Marmor, 1. Jh., mit erhobenem Arm wie zu Winckelmanns Zeit. Foto Anderson.

S. 141 Apollon vom Belvedere im Vatikan, Marmor, 2. Jh. Foto Anderson.

S. 147 Giandomenico Campiglia, Zeichnung um 1734, zum Stich des Antinous vom Kapitolinischen Museum, Marmor, 2. Jh., aus: (Kat.) *Disegni romani dal XVI al XVIII secolo,* hrsg. von Simonetta Prosperi Valenti Rodinò, Rom 1995.

S. 149 Torso vom Belvedere, Marmor, 1. Jh. v. Chr. Foto Alinari.

S. 153 Priap, Terrakotta, Museo Archeologico Nazionale Neapel.

S. 165 Venus Medici, Marmor, 1. Jh. v. Chr., Uffizien Florenz.

S. 187 Titelblatt der Erstausgabe: Winckelmann, *Geschichte der Kunst des Alterthums,* Dresden 1764.

S. 193 Barberinischer Faun, Marmor, griechisch, um 220 v.Chr.

S. 205 Chiron unterrichtet den Knaben Achill, Wandbild aus Herculaneum, heute Museo Archeologico Nazionale Neapel.

S. 239 Statuette eines Musikers, Radierung aus: Winckelmann, *Monumenti Antichi Inediti spiegati ed illustrati,* Rom 1767.

S. 245 Anton Raphael Mengs, Zeus und Ganymed, Tempera auf Putzgrund, Rom 1762.

S. 249 Straßenszene bei einem Fest, Wiedergabe eines Vasenbildes, aus: *Antiquités Etrusques, Grecques et Romaines, tirées du Cabinet de M. William Hamilton,* hrsg. von Pierre-François Hugues, dit d'Hancarville, Neapel 1766–1767. Nachdruck: Köln 2004, S. 182–183.

S. 265 Winckelmanns Faun. Winckelmann ließ Zerstörungen an Nase und Lippe sowie die eigentliche Büste von dem Bildhauer Cavaceppi ergänzen. Der Kopf steht heute in der Glyptothek München — ohne die Ergänzungen; diese sind eingearbeitet in den hier abgebildeten Gipsguß der Glyptothek, zur Zeit Winkkelmann-Museum Stendal.

S. 276 Angelika Kauffmann, Rom 1764.

S. 277 Anton von Maron, Rom 1767.

S. 278 Friedrich Wilhelm Eugen Doell, Rom 1777.

S. 279 Anton Raphael Mengs, Gedenkbild um 1777.

S. 281 Das Relief Antinous Albani, Radierung aus: Winckelmann, *Monumenti Antichi Inediti spiegati ed illustrati,* Rom 1767, dem Band außerdem als Blatt beigelegt.

S. 295 Reisekutsche.

S. 299 Messerstecherei. Ausschnitt aus einer Radierung von Giuseppe Vasi, Rom. Sammlung Schloß Nöthnitz.

S. 321 Jean Grandjean, Zeichnung 1779, aus: Richard J. Campbell / Victor Carlson, *Visions of Antiquity.* Neoclassical figure drawings, Los Angeles 1993, S. 82.

Matthes & Seitz Berlin

Gerne senden wir Ihnen unser Gesamtverzeichnis:
Matthes & Seitz Berlin, Göhrener Str. 7, D - 10437 Berlin
www.matthes-seitz-berlin.de   info@matthes-seitz-berlin.de

© MSB Matthes & Seitz Berlin Verlagsgesellschaft mbH
   Göhrener Str. 7, 10437 Berlin, info@matthes-seitz-berlin.de
Alle Rechte vorbehalten

Satz: Torsten Metelka, Berlin
Druck und Bindung: Elbe Druckerei Wittenberg GmbH
Umschlaggestaltung: neo design consulting, Bonn,
unter Verwendung eines Winckelmann-Portraits von Angelika Kauffmann

ISBN 3-88221-861-4